# 山手学院中学校



## 〈収録内容〉

2024 年度 ……………………… A日程（算・理・社・国）

2023 年度 ……………………… A日程（算・理・社・国）

2022 年度 ……………………… A日程（算・理・社・国）

DL 2021 年度 ……………………… A日程（算・理・社・国）

DL 2020 年度 ……………………… A日程（算・理・社・国）

DL 2019 年度 ……………………… A日程午前（算・理・社・国）
※国語の大問二は、問題に使用された作品の著作権者が二次使用の許可を出していないため問題を掲載しておりません。

DL 平成 30 年度 ……………………… A日程（算・理・社・国）

便利な DL コンテンツは右の QR コードから

解答用紙　過去年度　国語の問題は紙面に掲載 ⇒

※データのダウンロードは 2025 年 3 月末日まで。

※データへのアクセスには、右記のパスワードの入力が必要となります。 ⇒ 509865

## 〈合格最低点〉

| | 4 科 | 2 科 |
|---|---|---|
| 2024年度 | 231点 | 128点 |
| 2023年度 | 228点 | 127点 |
| 2022年度 | 234点 | 140点 |
| 2021年度 | 221点 | 117点 |
| 2020年度 | 214点 | 118点 |
| 2019年度 | 230点 | 131点 |
| 2018年度 | 245点 | 132点 |

# 本書の特長

## 実戦力がつく入試過去問題集

- ▶ 問題 …………… 実際の入試問題を見やすく再編集。
- ▶ 解答用紙 …… 実戦対応仕様で収録。
- ▶ 解答解説 …… 詳しくわかりやすい解説には、難易度の目安がわかる「基本・重要・やや難」の分類マークつき（下記参照）。各科末尾には合格へと導く「ワンポイントアドバイス」を配置。採点に便利な配点つき。

### 入試に役立つ分類マーク

**基本** 確実な得点源！
受験生の 90%以上が正解できるような基礎的、かつ平易な問題。
何度もくり返して学習し、ケアレスミスも防げるようにしておこう。

**重要** 受験生なら何としても正解したい！
入試では典型的な問題で、長年にわたり、多くの学校でよく出題される問題。
各単元の内容理解を深めるのにも役立てよう。

**やや難** これが解ければ合格に近づく！
受験生にとっては、かなり手ごたえのある問題。
合格者の正解率が低い場合もあるので、あきらめずにじっくりと取り組んでみよう。

## 合格への対策、実力錬成のための内容が充実

- ▶ 各科目の出題傾向の分析、合否を分けた問題の確認で、入試対策を強化！
- ▶ その他、学校紹介、過去問の効果的な使い方など、学習意欲を高める要素が満載！

**解答用紙ダウンロード** 解答用紙はプリントアウトしてご利用いただけます。弊社ＨＰの商品詳細ページよりダウンロードしてください。トビラのＱＲコードからアクセス可。

**UD FONT** 見やすく読みまちがえにくいユニバーサルデザインフォントを採用しています。

# 山手学院中学校

生徒数　602名
〒247-0013
神奈川県横浜市栄区上郷町460
☎ 045-891-2111
根岸線・京浜東北線港南台駅
徒歩12分
東海道線大船駅　バス7分

## 新しい教育を実践<br>交換留学制度のある<br>グローバルな学院

| URL | https://www.yamate-gakuin.ac.jp/ |
|---|---|

プロフィール

### 国際性を重視し 世界を視野に捉える

中学校が昭和1966年、高校が1969年に開校、と比較的新しい学校だ。そのため常に、固定観念にしばられない、新しい教育体制を展開している。

建学の精神は「世界を舞台に活躍でき、世界に信頼される人間の育成」で、この実現のために、国際交流やクラブ活動、土曜講座など、体力、精神力、創造性の育成にも力を注いでいる。

環境

### 環境に恵まれた 高台のキャンパス

横浜・港南台の丘陵に位置し、緑が多く、抜群の環境である。6万㎡の敷地には、特別教室棟やグラウンドをはじめ、体育館、プール、テニスコート、コンピュータ教室、視聴覚教室、学生食堂などの設備が充実している。また、池や噴水などの憩いの場もある。

カリキュラム

### 特別進学コースなど 多彩なコースを設置

“自ら学ぶ姿勢を育てる”ことを目標に、6年間を2年ごとに区切り、前期・中期・後期と位置づけた進学カリキュラムを編成。中学では、特に英語教育を重視しており、週5時間の授業のほか、「英語」とは別に週2時間の外国人講師による「English」の授業も行っている。また、中3・高1では英語・数学で習熟度別授業を導入。中3より特進クラスを設置し、高2より国公立文系・理系選抜、文系・理系の6クラス編成となる6ヵ年一貫コース。

学校生活

### クラブ活動を 積極的に支援

スポーツを通して、強靱な気力や体力を身につけ、創造の喜びを体験することを重視しており、クラブ活動を積極的に支援している。

[スポーツ系]　空手道、剣道、サッカー、柔道、水泳、卓球、ダンス、チアリーダー、テニス、バスケットボール、バドミントン、マウンテンバイク、軟式野球、ラグビー、陸上競技

[文化系]　アニメーション、囲碁・将棋、演劇、華道、合唱、茶道、写真、書道、吹奏楽、箏曲、美術、ねころ、文藝創作、ボランティア、理工学、生物

進路

### 難関大進学者多数 現役合格率も高い

合格実績が年々上昇し、難関国公立・私立大に多数が進学しており、特に理数コースでは、医・歯・薬・理・工といった理系学部への現役合格者が多い。また、指定校推薦の大学も多い。

国際化

### 大きな財産になる グローバルな交流

広く世界に視野を向けた国際人の育成を教育の柱にしており、北米研修プログラムや交換留学生制度、オーストラリアホームステイ、ニュージーランド留学制度、シンガポールイマージョンプログラムなど、積極的に国際交流を行っている。北米研修プログラムは、ホームステイをし、地元の学校に通うもので、語学の習得はもちろん、異国の文化を肌で感じることができる。

**2024年度入試要項**

試験日　2/1午前・午後（A日程・特待選抜）
2/3午前（B日程）
2/6午前（後期）

試験科目　国・算または国・算・理・社（A・B日程・後期）　国・算（特待選抜）

| 2024年度 | 募集定員 | 受験者数 | 合格者数 | 競争率 |
|---|---|---|---|---|
| A日程 | 80 | 302 | 119 | 2.5 |
| 特待選抜 | 60 | 572 | 336 | 1.7 |
| B日程 | 40 | 260 | 127 | 2.0 |
| 後期 | 20 | 288 | 46 | 6.3 |

# 過去問の効果的な使い方

① **はじめに**　ここでは，受験生のみなさんが，ご家庭で過去問を利用される場合の，一般的な活用法を説明していきます。もし，塾に通われていたり，家庭教師の指導のもとで学習されていたりする場合は，その先生方の指示にしたがって，過去問を活用してください。その理由は，通常，塾のカリキュラムや家庭教師の指導計画の中に過去問学習が含まれており，どの時期から，どのように過去問を活用するのか，という具体的な方法がそれぞれの場合で異なるからです。

② **目的**　言うまでもなく，志望校の入学試験に合格することが，過去問学習の第一の目的です。そのためには，それぞれの志望校の入試問題について，どのようなレベルのどのような分野の問題が何問，出題されているのかを確認し，近年の出題傾向を探り，合格点を得るための試行錯誤をして，各校の入学試験について自分なりの感触を得ることが必要になります。過去問学習は，このための重要な過程であり，合格に向けて，新たに実力を養成していく機会なのです。

③ **開始時期**　過去問との取り組みは，通常，全分野の学習が一通り終了した時期，すなわち6年生の7月から8月にかけて始まります。しかし，各分野の基本が身についていない場合や，反対に短期間で過去問学習をこなせるだけの実力がある場合は，9月以降が過去問学習の開始時期になります。

④ **活用法**　各年度の入試問題を全問マスターしよう，と思う必要はありません。完璧を目標にすると挫折しやすいものです。できるかぎり多くの問題を解けるにこしたことはありませんが，それよりも重要なのは，現実に各志望校に合格するために，どの問題が解けなければいけないか，どの問題は解けなくてもよいか，という眼力を養うことです。

## 算数

どの問題を解き，どの問題は解けなくてもよいのかを見極めるには相当の実力が必要になりますし，この段階にいきなり到達するのは容易ではないので，この前段階の一般的な過去問学習法，活用法を2つの場合に分けて説明します。

☆偏差値がほぼ55以上ある場合

掲載順の通り，新しい年度から順に年度ごとに3年度分以上，解いていきます。

ポイント1…問題集に直接書き込んで解くのではなく，各問題の計算法や解き方を，明快にわかるように意識してノートに書き記す。

ポイント2…答えの正誤を点検し，解けなかった問題に印をつける。特に，解説の **基本** **重要** がついている問題で解けなかった問題をよく復習する。

ポイント3…1回目にできなかった問題を解き直す。同様に，2回目，3回目，…と解けなければいけない問題を解き直す。

ポイント4…難問を解く必要はなく，基本をおろそかにしないこと。

☆偏差値が50前後かそれ以下の場合

ポイント1～4以外に，志望校の出題内容で「計算問題・一行問題」の比重が大きい場合，これらの問題をまず優先してマスターするとか，例えば，大問②までをマスターしてしまうとよいでしょう。

## 理科

理科は1から順番に解くことにほとんど意味はありません。理科は，性格の違う4つの分野が合わさった科目です。また，同じ分野でも単なる知識問題なのか，あるいは実験や観察の考察問題なのかによってもかかる時間がずいぶんちがいます。記述，計算，描図など，出題形式もさまざまです。ですから，解く順番の上手，下手で，10点以上の差がつくこともあります。

過去問を解き始める時も，はじめに1回分の試験問題の全体を見通して，解く順番を決めましょう。得意分野から解くのもよいでしょう。短時間で解けそうな問題を見つけて手をつけるのも効果的です。くれぐれも，難問に時間を取られすぎないように，わからない問題はスキップして，早めに全体を解き終えることを意識しましょう。

## 社会

社会は1から順番に解いていってかまいません。ただし，時間のかかりそうな，「地形図の読み取り」，「統計の読み取り」，「計算が必要な問題」，「字数の多い論述問題」などは後回しにするのが賢明です。また，3分野（地理・歴史・政治）の中で極端に得意，不得意がある受験生は，得意分野から手をつけるべきです。

過去問を解くときは，試験時間を有効に活用できるよう，時間は常に意識しなければなりません。ただし，時間に追われて雑にならないようにする注意が必要です。“誤っているもの”を選ぶ設問なのに“正しいもの”を選んでしまった，“すべて選びなさい”という設問なのに一つしか選ばなかったなどが致命的なミスになってしまいます。問題文の“正しいもの”，“誤っているもの”，“一つ選び”，“すべて選び”などに下線を引いて，一つ一つ確認しながら問題を解くとよいでしょう。

過去問を解き終わったら，自己採点し，受験生自身でふり返りをしましょう。できなかった問題については，なぜできなかったのかについての分析が必要です。例えば，「知識が必要な問題」ができなかったのか，「問題文や資料から判断する問題」ができなかったのかで，これから取り組むべきことも大きく異なってくるはずです。また，正解できた問題も，「勘で解いた」，「確信が持てない」といったときはふり返りが必要です。問題集の解説を読んでも納得がいかないときは，塾の先生などに質問をして，理解するようにしましょう。

## 国語

過去問に取り組む一番の目的は，志望校の傾向をつかみ，本番でどのように入試問題と向かい合うべきか考えることです。素材文の傾向，設問の傾向，問題数の傾向など，十分に研究していきましょう。

取り組む際は，まず解答用紙を確認しましょう。漢字や語句問題の量，記述問題の種類や量などが，解答用紙を見て，わかります。次に，ページをめくり，問題用紙全体を確認しましょう。どのような問題配列になっているのか，問題の難度はどの程度か，などを確認して，どの問題から取り組むべきかを判断するとよいでしょう。

一般的に「漢字」→「語句問題」→「読解問題」という形で取り組むと，効率よく時間を使うことができます。

また，解答用紙は，必ず，実際の大きさのものを使用しましょう。字数指定のない記述問題などは，解答欄の大きさから，書く量を考えていきましょう。

# 算数　出題傾向の分析と合格への対策

## ●出題傾向と内容

近年は，【1】が四則計算，逆算などの計算問題，【2】が各分野からの基本的な小問3～4題，【3】～【7】が応用問題の大問となっており，大問1題につき設問3題程度であり，全部で20問となっている場合が多い。

「平面図形」・「立体図形」・「速さ」・「割合」・「数の性質」・「場合の数」・「規則性」の出題率が高く，出題範囲は広い。【1】，【2】には奇をてらったような問題はないが，難しい問題が含まれる場合があり，【3】以降では応用力，思考力，柔軟性が試されている。

【1】「四則計算」，【2】「短行問題」で確実に得点し，時間配分に気をつけて解ける問題から解いていくことがポイントである。

### ✔学習のポイント

難易度の高い問題も交ざっているので，最初から順番に解いていくことにこだわらず，できる問題から素早く解いていくこと。

## ●2025年度の予想と対策

【1】，【2】が独立問題，【3】以降が応用の大問という出題形式が，このところ続いている。

対策としては，まず基礎をしっかりと身につけ，弱点分野を残さずムラのない学習をすることである。そして，各分野の基本レベルの演習を数多くこなし，確実に解けるようにしておこう。難度の高い問題より，むしろ代表的な問題をくり返し解いて解法パターンを身につけよう。また，ここ数年は，新たな思考力を試す「論理」に関する問題が増える傾向にあるので注意したい。「過去問」の間違えた問題を反復して解き直そう。

▼年度別出題内容分類表

※　よく出ている順に☆，◎，○の３段階で示してあります。

| 出題内容 | | | 2020年 | 2021年 | 2022年 | 2023年 | 2024年 |
|---|---|---|---|---|---|---|---|
| 数と計算 | | 四則計算 | ◎ | ○ | ○ | ○ | ◎ |
| | | 概数・単位の換算 | | ○ | ○ | | |
| | | 数の性質 | | ☆ | ◎ | ☆ | ☆ |
| | | 演算記号 | | | | | |
| 図形 | | 平面図形 | ○ | ☆ | ☆ | ☆ | ○ |
| | | 立体図形 | ☆ | ☆ | ☆ | ☆ | ☆ |
| | | 面積 | | | ○ | ◎ | |
| | | 体積と容積 | | | ◎ | | ☆ |
| | | 縮図と拡大図 | | | ◎ | | |
| | | 図形や点の移動 | | | ○ | | |
| 速さ | | 三公式と比 | | ☆ | ☆ | ☆ | |
| | 文章題 | 旅人算 | | | ○ | ○ | |
| | | 流水算 | ☆ | | | | |
| | | 通過算・時計算 | | ☆ | | ○ | |
| 割合 | | 割合と比 | ☆ | ☆ | ☆ | ☆ | ☆ |
| | 文章題 | 相当算・還元算 | | | | | |
| | | 倍数算 | | | | | |
| | | 分配算 | | | | | |
| | | 仕事算・ニュートン算 | ☆ | | ☆ | | ☆ |
| 文字と式 | | | | | | | |
| 2量の関係(比例・反比例) | | | | | | | |
| 統計・表とグラフ | | | | ☆ | ☆ | ☆ | |
| 場合の数・確からしさ | | | ◎ | ☆ | ○ | ☆ | |
| 数列・規則性 | | | | | ☆ | ☆ | ☆ |
| 論理・推理・集合 | | | ○ | | | | ☆ |
| その他の文章題 | | 和差・平均算 | | | | ○ | |
| | | つるかめ・過不足・差集め算 | | | | | ☆ |
| | | 消去・年令算 | | | | | |
| | | 植木・方陣算 | | | ○ | ◎ | |

# 算数 ——グラフで見る最近５ヶ年の傾向——

最近５ヶ年に出題されたすべての問題を内容別に分類・集計し，全体に対して何パーセントくらいの割合になっているかを示しました。

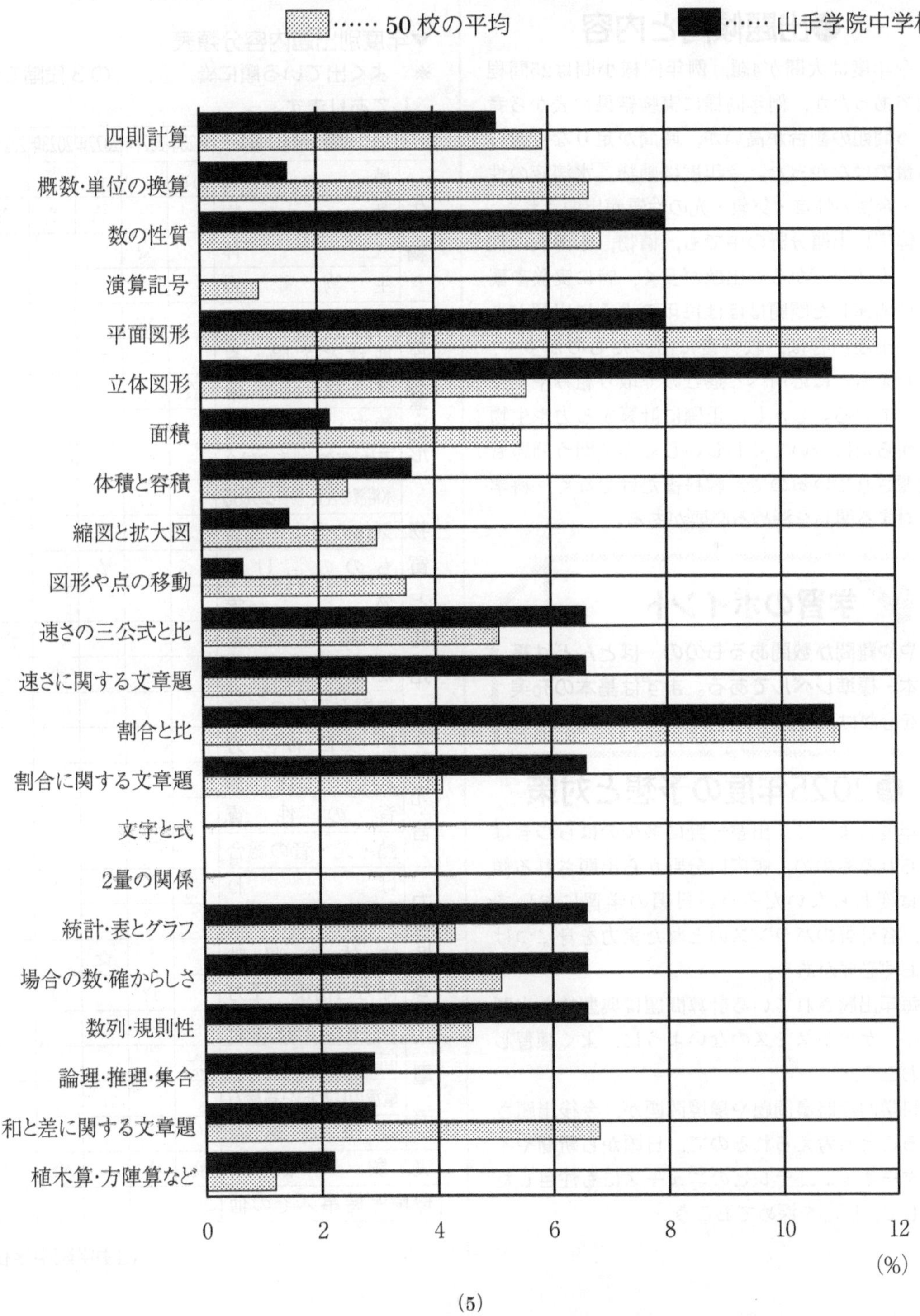

# 理科　出題傾向の分析と合格への対策

## ●出題傾向と内容

今年度は大問が4題，例年同様小問は25問程度であったが，例年同様に実験結果や表から考える問題の割合が高いが，時間が足りなく感じる量ではなかった。今年度は動物，水溶液の性質・金属の性質・気象・光の性質が出題された。

幅広い出題分野の中でも，植物，水溶液の性質，天体などからの出題が多く，特に実験や観察に関連した問題はほぼ毎年のように出題がある。出題内容は，教科書に沿ったものが多く，それをもとに応用へと進むので取り組みやすくなっている。しかし，正確に計算する力や生物のからだについてくわしいしくみを問う問題も出題されているので，教科書だけでなく，科学に対する関心を深める必要がある。

### ✔学習のポイント

やや難問が数問あるものの，ほとんどは基本・標準レベルである。まずは基本の充実を心がけよう。

## ●2025年度の予想と対策

年度によって，出題分野に多少のばらつきは見られるものの，幅広い分野から出題される傾向は変わらないだろう。日頃の学習においては，各分野のバランスのとれた実力を身につけておく必要がある。

毎年出題されている計算問題は典型的な出題だが，ケアレスミスのないように，よく練習しておこう。

科学的な時事問題や環境問題が，今後出題されることも考えられるので，日頃から新聞やインターネット，テレビのニュースにも注目したりして，関心を深めておこう。

▼年度別出題内容分類表

※　よく出ている順に☆，◎，○の３段階で示してあります。

| 出題内容 | | 2020年 | 2021年 | 2022年 | 2023年 | 2024年 |
|---|---|---|---|---|---|---|
| 生物 | 植物 | ☆ | | ☆ | | |
| | 動物 | | | ☆ | ☆ | ☆ |
| | 人体 | | ☆ | | | |
| | 生物総合 | | | | | ○ |
| 天体・気象・地形 | 星と星座 | | ☆ | | | |
| | 地球と太陽・月 | | ☆ | ☆ | ☆ | ☆ |
| | 気象 | ☆ | | | | ◎ |
| | 流水・地層・岩石 | | | | | |
| | 天体・気象・地形の総合 | | | | | |
| 物質と変化 | 水溶液の性質・物質との反応 | | ☆ | | | ◎ |
| | 気体の発生・性質 | ☆ | | | | |
| | ものの溶け方 | | | ☆ | | |
| | 燃焼 | | | | | |
| | 金属の性質 | | | | | ☆ |
| | 物質の状態変化 | | | | ☆ | |
| | 物質と変化の総合 | | | | | |
| 熱・光・音 | 熱の伝わり方 | | | | | |
| | 光の性質 | | | | | ☆ |
| | 音の性質 | | | | | |
| | 熱・光・音の総合 | | | | | |
| 力のはたらき | ばね | | | | ☆ | |
| | てこ・てんびん・滑車・輪軸 | | | | | |
| | 物体の運動 | | | ☆ | | |
| | 浮力と密度・圧力 | | ☆ | | ◎ | |
| | 力のはたらきの総合 | | | | | |
| 電流 | 回路と電流 | ☆ | | | | |
| | 電流のはたらき・電磁石 | | | | | |
| | 電流の総合 | | | | | |
| 実験・観察 | | ☆ | ☆ | | ☆ | ◎ |
| 環境と時事／その他 | | | | | | |

山手学院中学校

# 理 科 ——グラフで見る最近5ヶ年の傾向——

最近5ヶ年に出題されたすべての問題を内容別に分類・集計し，全体に対して何パーセントくらいの割合になっているかを示しました。

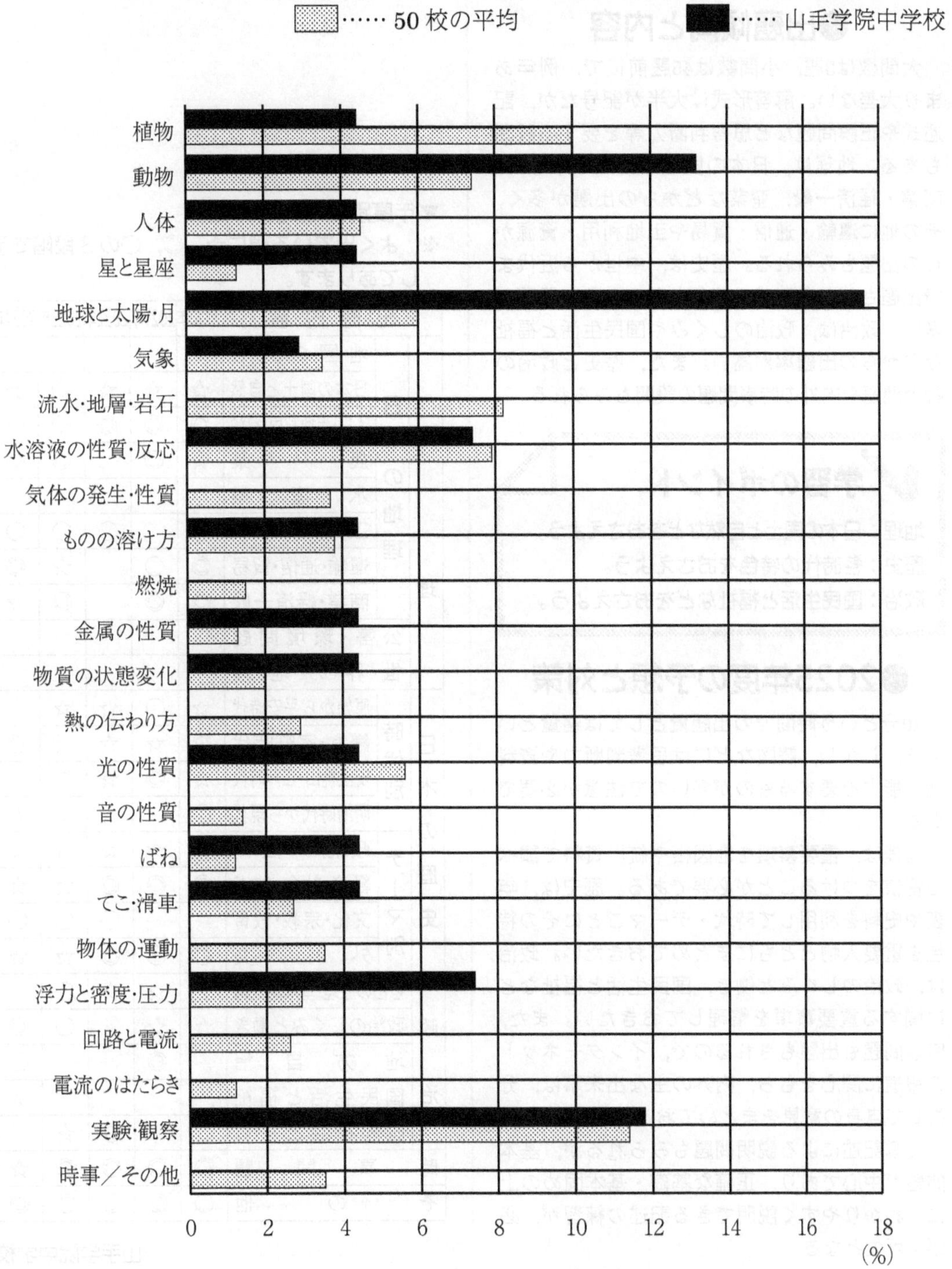

# 社 会　出題傾向の分析と合格への対策

## ●出題傾向と内容

大問数は3題，小問数は45題前後で，例年あまり大差ない。解答形式は大半が記号だが，記述式や正誤問題など思考判断力等を要する設問もある。地理は，日本の国土と自然を中心に，商業・経済一般，産業などからの出題が多く，その他に運輸・通信・貿易や土地利用・資源からの出題もみられる。歴史は，中世から近代まで出題され，各時代の特色となるものの設問が多い。政治は，政治のしくみや国民生活と福祉などからの出題率が高い。また，歴史と政治の融合問題や内外の時事問題の設問もみられる。

### ✔学習のポイント

地理：日本の国土と自然などをおさえよう。
歴史：各時代の特色をおさえよう。
政治：国民生活と福祉などをおさえよう。

## ●2025年度の予想と対策

40分という時間での出題量としては適量といえる。しかし，読図などには思考判断力や資料活用能力を要するものが多いので注意が必要である。

地理は，重要事項を地図帳や統計資料で調べる習慣をつけることが必要である。歴史は，年表や史料を利用して時代・テーマごとにその特色を重要人物とともにまとめておきたい。政治は，政治のしくみと働き，国民生活と福祉などに関する重要事項を整理しておきたい。また，時事問題も出題もされるので，インターネットの報道に関心をもち，内外の主な出来事は，分析して自身の意見をまとめておこう。

文章記述による説明問題もみられるが，基本問題が中心であり，正確な基礎・基本固めの上に，わかりやすく説明できる記述の練習が，必要不可欠となる。

▼年度別出題内容分類表

※　よく出ている順に☆，◎，○の３段階で示してあります。

| 出題内容 | | | 2020年 | 2021年 | 2022年 | 2023年 | 2024年 |
|---|---|---|---|---|---|---|---|
| 地理 | 日本の地理 | 地図の見方 | | | | | |
| | | 日本の国土と自然 | ☆ | ☆ | ☆ | ◎ | ☆ |
| | | 人口・土地利用・資源 | ◎ | ◎ | ◎ | ◎ | ◎ |
| | | 農業 | ☆ | ◎ | | ◎ | ◎ |
| | | 水産業 | | | | | |
| | | 工業 | ○ | | ○ | ○ | ○ |
| | | 運輸・通信・貿易 | ◎ | ○ | | ☆ | ◎ |
| | | 商業・経済一般 | ◎ | ◎ | | ◎ | ☆ |
| | 公害・環境問題 | | | | | | |
| | 世界の地理 | | | | | | |
| 日本の歴史 | 時代別 | 原始から平安時代 | ☆ | ○ | ☆ | ☆ | |
| | | 鎌倉・室町時代 | ◎ | ☆ | ☆ | ☆ | ◎ |
| | | 安土桃山・江戸時代 | ☆ | ◎ | ☆ | ◎ | ☆ |
| | | 明治時代から現代 | ○ | | ☆ | ☆ | ☆ |
| | テーマ別 | 政治・法律 | ☆ | ☆ | ☆ | ☆ | ☆ |
| | | 経済・社会・技術 | ◎ | ◎ | ◎ | ☆ | ☆ |
| | | 文化・宗教・教育 | | | ○ | ○ | ○ |
| | | 外交 | ◎ | ○ | ◎ | ☆ | ☆ |
| 政治 | 憲法の原理・基本的人権 | | | ☆ | ☆ | ○ | |
| | 政治のしくみと働き | | ☆ | ☆ | | ○ | ◎ |
| | 地方自治 | | | ◎ | | | ○ |
| | 国民生活と福祉 | | | | | | ☆ |
| | 国際社会と平和 | | | | ◎ | ☆ | |
| 時事問題 | | | ◎ | ◎ | ◎ | ◎ | ☆ |
| その他 | | | ○ | ◎ | ◎ | ◎ | ◎ |

山手学院中学校

# 社会 ——グラフで見る最近５ヶ年の傾向——

最近５ヶ年に出題されたすべての問題を内容別に分類・集計し，全体に対して何パーセントくらいの割合になっているかを示しました。

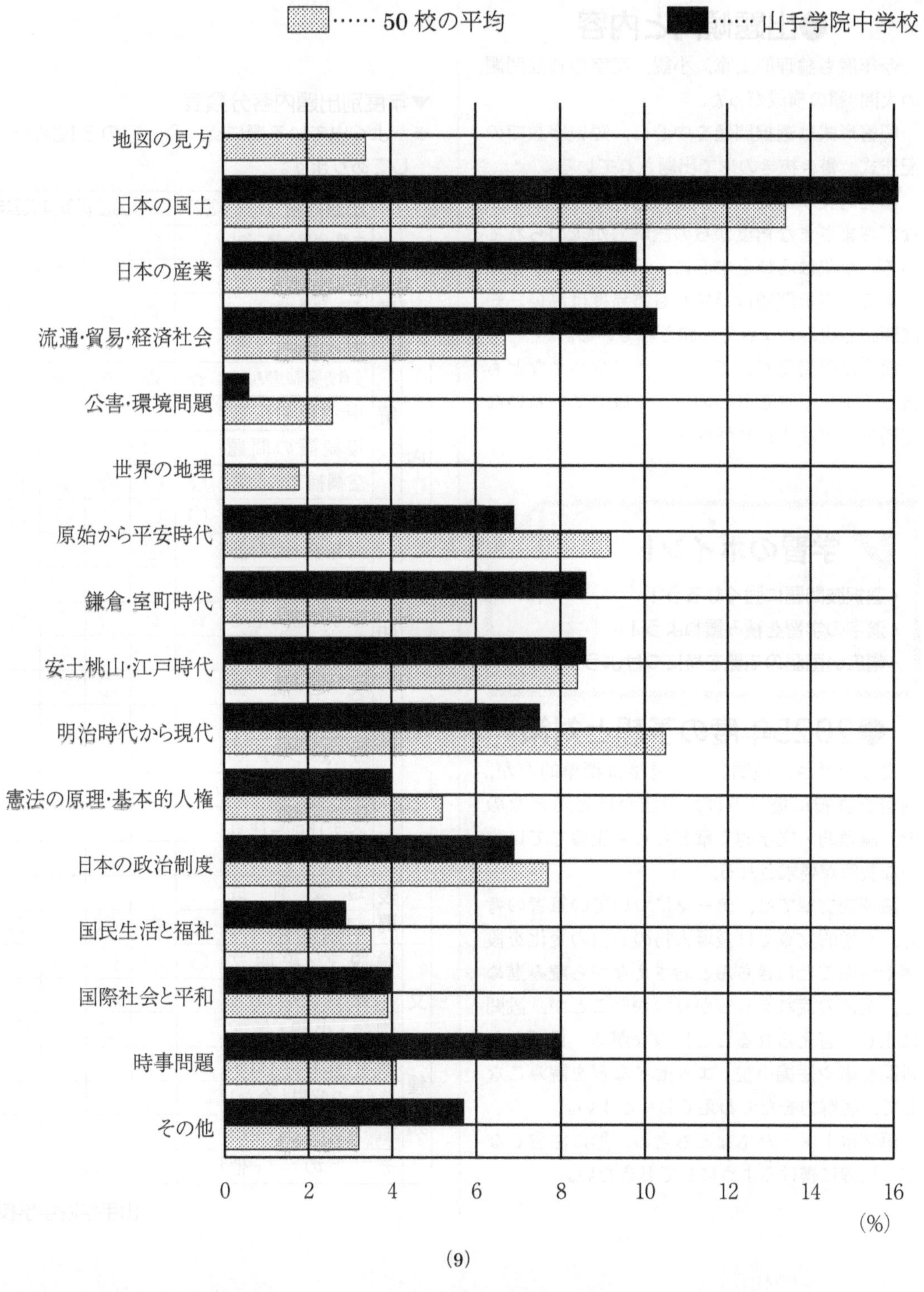

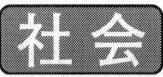

# 国語　出題傾向の分析と合格への対策

## ●出題傾向と内容

今年度も論理的文章，小説，漢字の独立問題の大問3題の構成だった。

解答形式は選択問題を中心に，短い字数での記述式，書き抜きの形で出題されている。

論理的文章は要旨や細部の読み取り，指示語などさまざまな角度からの読解力が求められている。小説は心情を中心に，丁寧な読解が必須である。選択問題はいずれも難易度は高い。知識問題も組み込まれて出題されている。

漢字は難易度だけでなく，トメやハネなども厳しくチェックされるので，正確でていねいな記述を心がける必要がある。

### 学習のポイント

- 選択肢問題に強くなろう！
- 漢字の学習を積み重ねよう！
- 幅広い国語の知識を身につけよう！

## ●2025年度の予想と対策

文章の長さ，設問数，難易度は標準的だが，内容を詳細に掘り下げた問題がほとんどなので，論理的・文学的文章どちらも正確でていねいな読解が要求される。

論理的文章では，テーマについての筆者の考え，文学的文章では登場人物の心情の変化を段落や場面ごとにきちんとおさえながら読み進めて，全体の流れをしっかりつかむことが，設問に正しく答えられることにつながる。日頃から新聞記事や短編小説，エッセイなどを読みこなして，読解力をたくわえておくとよい。

漢字はトメ・ハネなども含め，形に注意しながら正確に書けるようにしておきたい。

▼年度別出題内容分類表

※　よく出ている順に☆，◎，○の３段階で示してあります。

| 出題内容 | | | 2020年 | 2021年 | 2022年 | 2023年 | 2024年 |
|---|---|---|---|---|---|---|---|
| 内容の分類 | 読解 | 主題・表題の読み取り | | ○ | | | ○ |
| | | 要旨・大意の読み取り | ○ | | ○ | ○ | ○ |
| | | 心情・情景の読み取り | ◎ | ☆ | ☆ | ☆ | ☆ |
| | | 論理展開・段落構成の読み取り | | | | | |
| | | 文章の細部の読み取り | ☆ | ☆ | ☆ | ☆ | ☆ |
| | | 指示語の問題 | | | ○ | ○ | |
| | | 接続語の問題 | | ○ | ○ | ○ | ○ |
| | | 空欄補充の問題 | ◎ | ◎ | ☆ | ☆ | ☆ |
| | 知識 | ことばの意味 | ○ | ○ | | ◎ | ○ |
| | | 同類語・反対語 | | ○ | | | |
| | | ことわざ・慣用句・四字熟語 | | | | | ○ |
| | | 漢字の読み書き | ☆ | ☆ | ☆ | ☆ | ☆ |
| | | 筆順・画数・部首 | | | | | |
| | | 文と文節 | | | ○ | | |
| | | ことばの用法・品詞 | ◎ | | | | |
| | | かなづかい | | | | | |
| | | 表現技法 | | | | | |
| | | 文学作品と作者 | | | | | |
| | | 敬語 | | | | | |
| | 表現 | 短文作成 | | | | | |
| | | 記述力・表現力 | ◎ | ◎ | ◎ | ◎ | ◎ |
| 文の種類 | | 論説文・説明文 | ○ | ○ | ○ | ○ | ○ |
| | | 記録文・報告文 | | | | | |
| | | 物語・小説・伝記 | | | ○ | ○ | ○ |
| | | 随筆・紀行文・日記 | ○ | ○ | | | |
| | | 詩（その解説も含む） | | | | | |
| | | 短歌・俳句（その解説も含む） | | | | | |
| | | その他 | | | | | |

山手学院中学校

# 国語 ——グラフで見る最近5ヶ年の傾向——

最近5ヶ年に出題されたすべての問題を内容別に分類・集計し，全体に対して何パーセントくらいの割合になっているかを示しました。

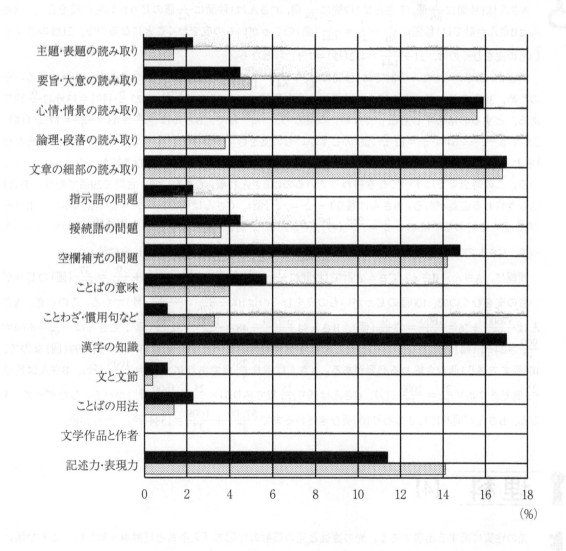

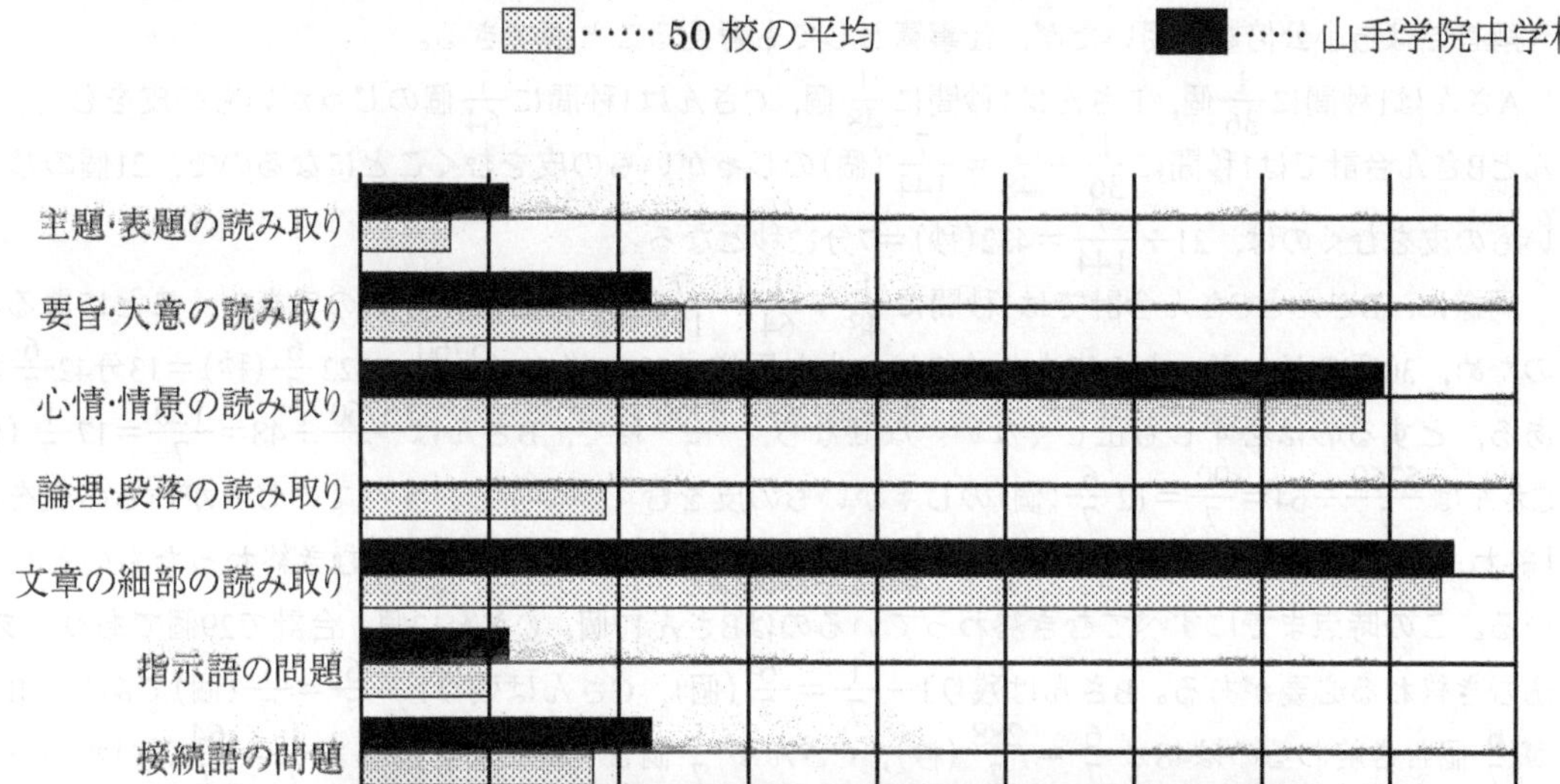


| | 論説文<br>説明文 | 物語・小説<br>伝記 | 随筆・紀行<br>文・日記 | 詩<br>（その解説） | 短歌・俳句<br>（その解説） |
|---|---|---|---|---|---|
| 山手学院中学校 | 50.0% | 30.0% | 20.0% | 0.0% | 0.0% |
| 50校の平均 | 47.0% | 45.0% | 8.0% | 0.0% | 0.0% |

# 2024年度 合否の鍵はこの問題だ!!

## 算数 【5】

解答では最小公倍数を用いたが，仕事算としても考えることができる。

Aさんは1秒間に$\frac{1}{36}$個，Bさんは1秒間に$\frac{1}{48}$個，Cさんは1秒間に$\frac{1}{64}$個のじゃがいもの皮をむく。AさんとBさん合計では1秒間に$\frac{1}{36}+\frac{1}{48}=\frac{7}{144}$(個)のじゃがいもの皮をむくことになるので，21個のじゃがいもの皮をむくのは，$21\div\frac{7}{144}=432$(秒)＝7分12秒となる。

同様に，BさんとCさん合計では1秒間に$\frac{1}{48}+\frac{1}{64}=\frac{7}{192}$(個)のじゃがいもの皮をむくことになる。そのため，30個のじゃがいもの皮をむくのは，上と同様に$30\div\frac{7}{192}=\frac{5760}{7}=822\frac{6}{7}$(秒)＝13分42$\frac{6}{7}$秒である，とするのは必ずしも正しくない。なぜなら，$\frac{5760}{7}$秒で，Bさんは$\frac{5760}{7}\div48=\frac{120}{7}=17\frac{1}{7}$(個)，Cさんは$\frac{5760}{7}\div64=\frac{90}{7}=12\frac{6}{7}$(個)のじゃがいもの皮をむく。つまり，すべてのじゃがいもの皮をむき「終わって」おらず，計算上はBさんの$\frac{1}{7}$個とCさんの$\frac{6}{7}$個で合わせて1個むき終わったものとなっている。この時点までにすべてむき終わっているのはBさん17個，Cさん12個，合計で29個であり，あと1個むき終わる必要がある。Bさんは残り$1-\frac{1}{7}=\frac{6}{7}$(個)，Cさんは残り$1-\frac{6}{7}=\frac{1}{7}$(個)であり，Bさんが$\frac{6}{7}$個むき終わるのは$48\times\frac{6}{7}=\frac{288}{7}$(秒)，Cさんが$\frac{1}{7}$個むき終わるのは$64\times\frac{1}{7}=\frac{64}{7}$(秒)かかる。よって，Cさんの方が先にむき終わり，むき終わるまで$\frac{5760}{7}+\frac{64}{7}=832$(秒)＝13分52秒。

同様に，Aさん，Bさん，Cさん合計で1秒間に$\frac{1}{36}+\frac{1}{48}+\frac{1}{64}=\frac{16}{576}+\frac{12}{576}+\frac{9}{576}=\frac{37}{576}$(個)のじゃがいもの皮をむくので，100個のじゃがいもの皮をむくのは$100\div\frac{37}{576}=\frac{57600}{37}$(秒)かかる。このとき，Aさんは$\frac{57600}{37}\div36=\frac{1600}{37}=43\frac{9}{37}$(個)，Bさんは$\frac{57600}{37}\div48=\frac{1200}{37}=32\frac{16}{37}$(個)，Cさんは$\frac{57600}{37}\div64=\frac{900}{37}=24\frac{12}{37}$(個)のじゃがいもの皮をむく。すべてむき終わっているのは$43+32+24=99$(個)なので，100個まで残り1個むき終わる必要がある。Aさんは残り$\frac{28}{37}$個であり$36\times\frac{28}{37}=\frac{1008}{37}$(秒)，Bさんは残り$\frac{21}{37}$個であり$48\times\frac{21}{37}=\frac{1008}{37}$(秒)，Cさんは残り$\frac{25}{37}$個であり$64\times\frac{25}{37}=\frac{1600}{37}$(秒)かかる。したがって，Aさん，Bさんが同時にむき終わり100個むき終わるまで$\frac{57600}{37}+\frac{1008}{37}=1584$(秒)＝26分24秒

## 理科 【4】

光の性質に関する出題である。光の直進と光の反射の法則の「入射角と反射角が等しい」ことや鏡に映る像が鏡を対象の軸として線対称の位置にできるという知識を活用する問題である。(2)については鏡の角度を傾けることによる入射角・反射角の変化に関しての出題で，法線との関係を考えればよい。(3)から(7)は鏡にできる像と光の進み方の関する出題で(5)(6)では2枚の鏡を90度の角度で合わせたときの出題である。1つの鏡が短いので正面からの像を確認できないのだが，合わせ鏡の角度が90度のときは3つの像ができることから考える必要がある。

鏡の像ができる場合の作図の方法をしっかり確認し，練習しておこう。

## 社会 【3】問3，問6

【3】問3

政治の予算に関する頻出の出題である。国や地方公共団体の予算に関しては，私たちの生活にかかわることなので身近な事象として関心を高めておきたい。予算の基本事項として，一般会計の歳入・歳出，特別会計，予算発案などについて整理しておこう。また，政府系金融機関とは，経済発展，国民の生活安定を目的に政府の出費で設立された組織で，法律で特殊法人として制定されている。主に，日本政策投資銀行（DBJ），国際協力銀行（JBIC），日本政策金融公庫（JFC），商工組合中央金庫（商工中金）の4社が該当する。

そこでの仕事は，民間にはできない長期的かつリスクある融資が可能であり，たとえば，大規模災害での復興時による融資や金融危機の補完といった仕事が政府系金融機関の役割と言える。

【3】問6

政治の財政の役割についての出題である。その中で，特にわかりにくい資源配分の調整に関する公共サービスを問う時事問題とも言える。公共サービスの例には，以下のようなものがある。ライフライン：水道，電気，ガスなどの基本的な生活インフラストラクチャー。通信サービス：電話，FAX，インターネットなど。輸送サービス：交通機関による移動手段。保安サービス：警察や消防など，地域社会の安心・安全を提供するサービス。行政サービス：市町村役場による住民管理や公共施設の運営。専門サービス：医療や学校教育など。これらは，私たちの快適な生活を守るために不可欠であり，個々に利用料金を徴収することが難しく，公共財等を最適に供給するために政府や地方自治体が税金を徴収しているのである。

## 国語 二 問一，三

二 問一

★この設問がなぜ合否を分けるのか？

文章の内容を注意して読み，登場人物のの関係を正しくとらえる問題。ここで登場人物を正しく把握しておかないと，他の問題を解くことができないため。

★この「解答」では合格できない！

（×）①：ウ

→冒頭の会話文で「お祖父ちゃん」は，「オヤジが死んだあとの一家を支えたのは……一番上の兄貴だった」と言っている。よって，「お祖父ちゃん」の実の父親（①）はイ「オヤジ」であり，ウ「とうちゃん」は誤りである。

(×)②：エ

→冒頭の会話文で「お祖父ちゃん」は，「おふくろが『バアさん』」と言っている。よって，「お祖父ちゃん」の母親(②)はオ「バアさん」と呼ばれており，エ「おかあさん」は誤りである。

(×)③：イ

→冒頭の会話文で「お祖父ちゃん」は，「俺は一番上の兄貴を『とうちゃん』と呼んでいた」と言っている。よって，「お祖父ちゃん」の一番上の兄(③)はウ「とうちゃん」と呼ばれており，イ「オヤジ」は誤りである。

★こう書けば合格だ！

(○)①：イ　②：オ　③：ウ

三

★この設問がなぜ合否を分けるのか？

漢字の問題は，確実に得点する必要があるため。

★こう答えると「合格できない」！

(×)④：対照・対称

→同音異義語「タイショウ」は，「中学生対象のアンケート」「対照的な意見」「左右対称の図形」のように使い分ける。

(×)⑥：機械

→「医療器械」「器械体操」などでは，「機械」でなく「器械」を使うので注意する。

(×)⑧：開放

→同音異義語「カイホウ」は，「体育館を開放する」「仕事から解放される」のように使い分ける。

★こう書けば合格だ！

(○)④：対象　⑥：器械　⑧：開放

# 2024年度

★★★★★★★★★★★★★★★★★★★★★★★★

# 入　試　問　題

## 2024年度

# 山手学院中学校入試問題

**【算　数】**（50分）　　＜満点：100点＞

**【１】** 次の□の中に適する数を書きなさい。

(1)　$(7\div12-0.25)\div\frac{1}{2}+7\div3=\square$

(2)　$\left(\frac{7}{3}+1.75\right)\times\left(\frac{9}{20}-\square\right)\div\frac{49}{60}=1$

**【２】** 次の□の中に適する数を書きなさい。

(1)　２つの食塩水A，Bの濃《のう》度はそれぞれ３％，７％です。AとBを３：１の割合で混ぜ合わせてできる食塩水の濃度は□％です。

(2)　縦が44m，横が46mの長方形の土地があります。この土地と同じ面積になる長方形の土地を考えます。このとき，次の条件をみたす土地は□通りです。ただし，縦が44m，横は46mの土地は含めないものとします。

条件　１．縦より横が長いものとする。

　　　２．縦の長さも横の長さも整数とする。

(3)　次の図は半円と長方形を組み合わせたものです。点Aは，半円の弧《こ》の真ん中の点です。このとき，BCの長さは□cmです。

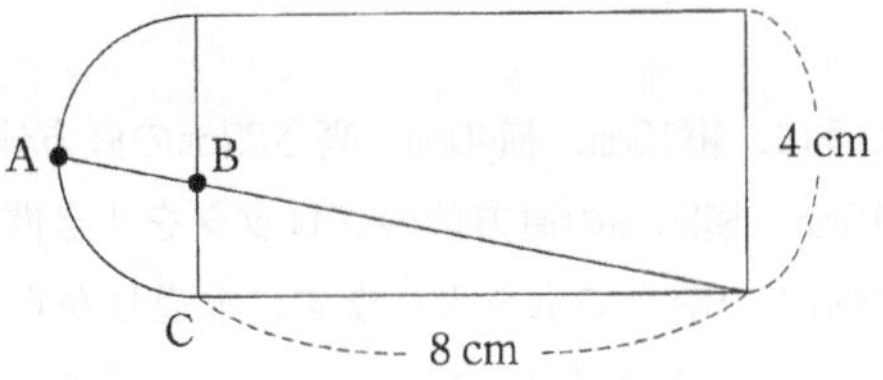


**【３】** 図のように白と黒のご石を並べて，正三角形を作ります。

このとき，次の各問いに答えなさい。

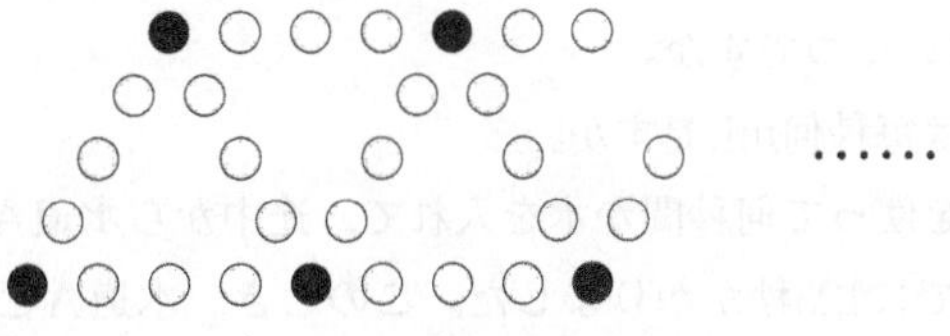


(1)　正三角形を10個作るとき，白と黒のご石は合わせて何個必要ですか。

(2)　白と黒のご石を合わせて460個使うとき，正三角形は何個できますか。

(3)　白と黒のご石の差が211個のとき，正三角形は何個できますか。

【4】 原価の２割増しとなる定価540円の商品があります。この商品を100個まとめて仕入れると１割引で仕入れることができます。ただし，売れ残っても返品はできません。この商品を100個仕入れ，定価通りに１個540円で売ったところ売れ残りそうなので，途中から定価の１割引で売り，全部で95個売ったところ8100円の利益を得ました。

このとき，次の各問いに答えなさい。

⑴ 原価はいくらですか。

⑵ 100個全てが定価で売れたとすると，利益はいくらになりますか。

⑶ 540円で売ったのは何個ですか。

【5】 ＡさんとＢさんとＣさんの３人でじゃがいもの皮をむきます。Ａさんは１個のじゃがいもの皮をむくのに36秒，Ｂさんは48秒，Ｃさんは１分４秒かかります。

このとき，次の各問いに答えなさい。ただし，作業は休みなく続けることとします。

⑴ ＡさんとＢさんの２人で21個のじゃがいもの皮をむきます。同時に皮をむきはじめて，すべてむき終わるまでに最短で何分何秒かかりますか。

⑵ ＢさんとＣさんの２人で30個のじゃがいもの皮をむきます。同時に皮をむきはじめて，すべてむき終わるまでに最短で何分何秒かかりますか。

⑶ ＡさんとＢさんとＣさんの３人で100個のじゃがいもの皮をむきます。同時に皮をむきはじめて，すべてむき終わるまでに最短で何分何秒かかりますか。

【6】 100枚以上200枚以下のカードを何人かで同じ枚数ずつ分けるとき，次の各問いに答えなさい。

⑴ ６人であまりなく分けられるとき，考えられるカードの枚数は何通りありますか。

⑵ ６人でも，８人でもあまりなく分けられるカードの枚数は何通りありますか。

⑶ ６人でも，８人でもあまりなく分けられないカードの枚数は何通りありますか。

【7】 次のページの図１のように，縦15㎝，横40㎝，高さ32㎝の直方体の水そうに，縦15㎝，横８㎝の直方体のブロックと，縦15㎝，横20㎝の直方体のブロックをすき間なく敷《し》き詰《つ》めました。水道Ａから底面い に向かって毎秒90mLの割合で水を入れます。水道Ｂからは底面ろ に向かって一定の割合で水を入れます。図２は，水道Ａだけを使ってこの水そうを満水にしたときの，時間と底面い からの水面の高さの関係を表すグラフです。図３は，水道Ｂだけを使ってこの水そうを満水にしたときの，時間と底面ろ からの水面の高さの関係を表すグラフです。このとき，次の各問いに答えなさい。

⑴ ア にあてはまる数はいくつですか。

⑵ 水道Ｂから入れる水は毎秒何mLですか。

⑶ はじめに水道Ａだけを使って何秒間か水を入れて，途中から水道Ａと水道Ｂの両方を使うと，水そうが満水になるまでに125秒かかりました。このとき，水道Ａと水道Ｂの両方を使った時間は何秒間ですか。

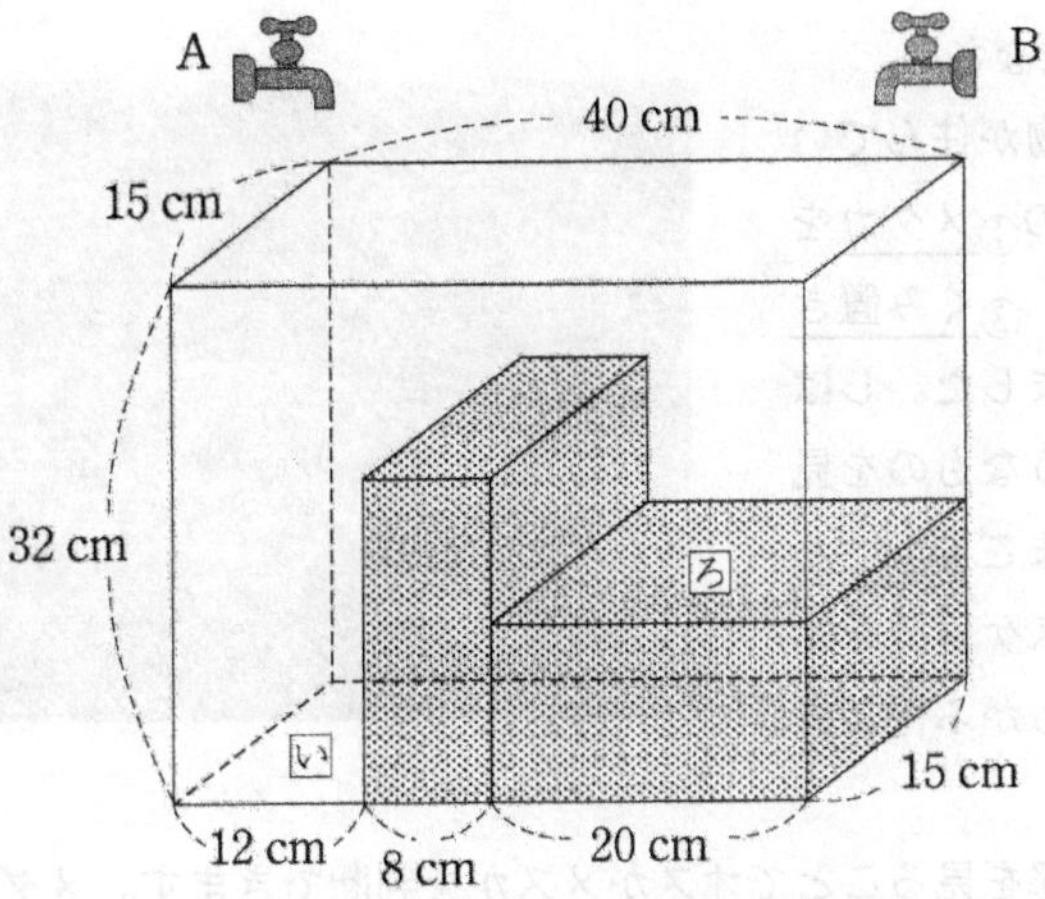
A
B
40 cm
15 cm
32 cm
ろ
い
15 cm
12 cm
8 cm
20 cm

図 1

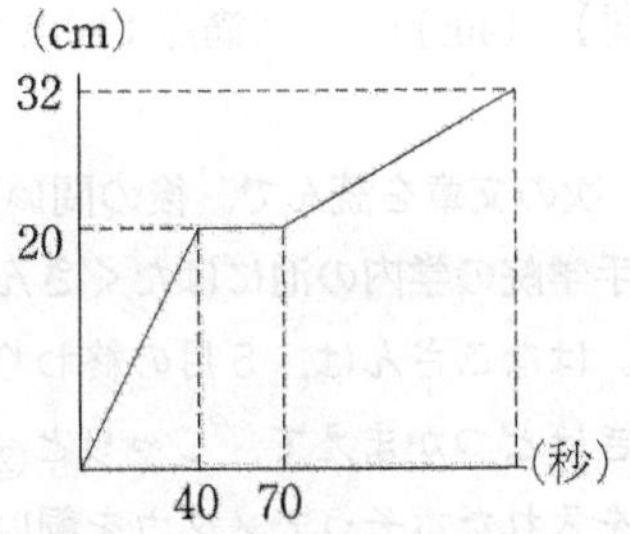
(cm)
32
20
40
70
(秒)

図 2

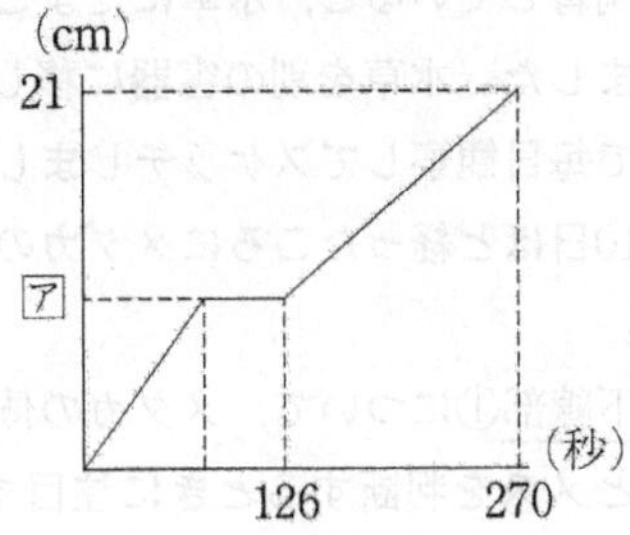
(cm)
21
ア
126
270
(秒)

図 3

【理　科】（40分）　＜満点：80点＞

【１】 次の文章を読んで，後の問いに答えなさい。

山手学院の学内の池にはたくさんの生物が住んでいます。はなこさんは，５月の終わりに池の①メダカを20ぴきほどつかまえて，じゃりと②水草，③くみ置きの水を入れた水そうでメダカを飼い始めました。しばらく飼育していると，水草にたまごのようなものを見つけました。水草を別の容器に移し　たまごを④けんび鏡で毎日観察してスケッチしました。スケッチを始めて10日ほど経ったころにメダカのこどもがふ化しました。

図１　メダカ

⑴　下線部①について，メダカの体の一部を見ることでオスかメスかを判断できます。メダカのオスとメスを判断するときに注目する体の一部の説明として，適当なものを次の中からすべて選び，記号で答えなさい。

（ア）　オスの胸《むな》びれはメスに比べて非常に大きい。

（イ）　オスの背《せ》びれには切れこみがある。

（ウ）　メスの尾《お》ひれには切れこみがある。

（エ）　メスの腹《はら》びれはオスに比べて非常に小さい。

（オ）　オスのしりびれはメスに比べて大きく，平行四辺形に近い形をしている。

⑵　下線部②について，メダカを飼育するときに水草を入れるのはなぜでしょうか。その理由を説明した次の文章の中から，適当でないものを１つ選び，記号で答えなさい。

（ア）　光合成によって酸素を作り出すため。　（イ）　水にとけている塩素を吸収《きゅうしゅう》するため。

（ウ）　メダカのはいせつ物を吸収するため。　（エ）　メダカがかくれる場所をつくるため。

（オ）　メダカがたまごを産みつけるため。

⑶　下線部③について，メダカを飼育するときには水道水をそのまま使わない方が好ましいですが，それはなぜでしょうか。その理由を説明した次の文章のうち，もっとも適当なものを１つ選び，記号で答えなさい。

（ア）　水道水には，メダカに有害である酸素がふくまれているから。

（イ）　水道水には，メダカに有害である二酸化炭素がふくまれているから。

（ウ）　水道水には，メダカに有害である塩素がふくまれているから。

（エ）　水道水には，メダカに有害であるちっ素がふくまれているから。

（オ）　水道水には，メダカに有害であるアンモニアがふくまれているから。

⑷　下線部④について，けんび鏡の使い方として適当でないものを次の中から１つ選び，記号で答えなさい。

（ア）　けんび鏡を日光が当たるところに置き，対物レンズをのぞきながら反射鏡を動かして視野《しや》を明るくする。

（イ）　プレパラートを観察するときには，対物レンズの倍率をもっとも低い倍率にしてから観察を始める。

(ウ)　真横から見ながら調節ねじを回して，対物レンズとプレパラートのきょりをできるだけ近づける。

(エ)　調節ねじを少しずつ回して，対物レンズとプレパラートのきょりを遠ざけていき，はっきりと見えるところで止める。

(オ)　観察する物が小さくて見えにくい場合は，対物レンズの倍率を上げて観察する。

はなこさんは，陸上で生きているヒトと水中で生きているメダカの呼吸《こきゅう》のしかたのちがいが気になり，調べることにしました。その結果，次のようなことが分かりました。

調べた結果

・ヒトは肺《はい》で呼吸をしている。肺には血管が通っていて，空気中の酸素を取り入れて，体内の二酸化炭素を空気中に出している。

・メダカはえらで呼吸をしている。えらには血管が通っていて，水中の酸素を取り入れて，体内の二酸化炭素を水中に出している。

・ヒトもメダカも，肺やえらで取り入れた酸素を心臓《しんぞう》のはたらきで体の各部に送っている。体の各部をめぐったあとの血液には二酸化炭素が多くふくまれている。

(5)　ヒトの心臓には心ぼうと心室がそれぞれ２つずつあり，メダカの心臓には心ぼうと心室がそれぞれ１つずつあります。ヒトの場合，心臓と肺，血管の大まかな様子を図にすると図２のようになります。メダカのえらと心臓，血管の大まかな様子を図にしたとき，もっとも適当なものを次ページの図３の中から１つ選び，記号で答えなさい。

：二酸化炭素が多くふくまれる血液が流れる血管

：酸素が多くふくまれる血液が流れる血管

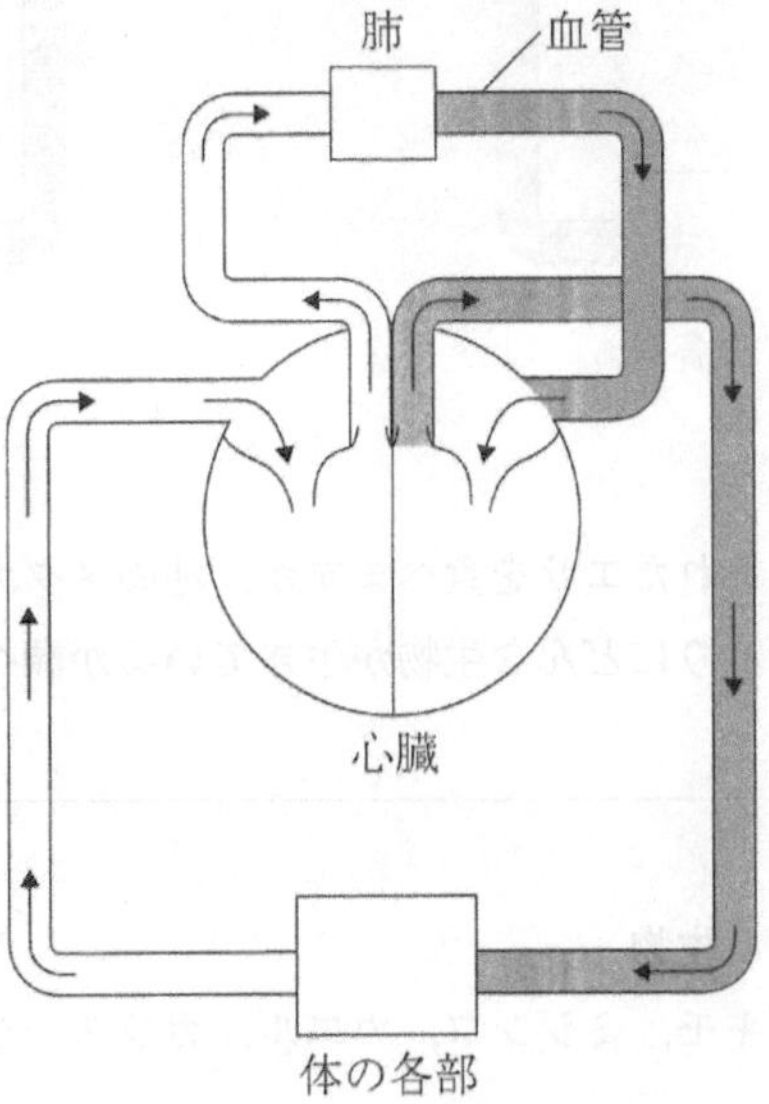


図２

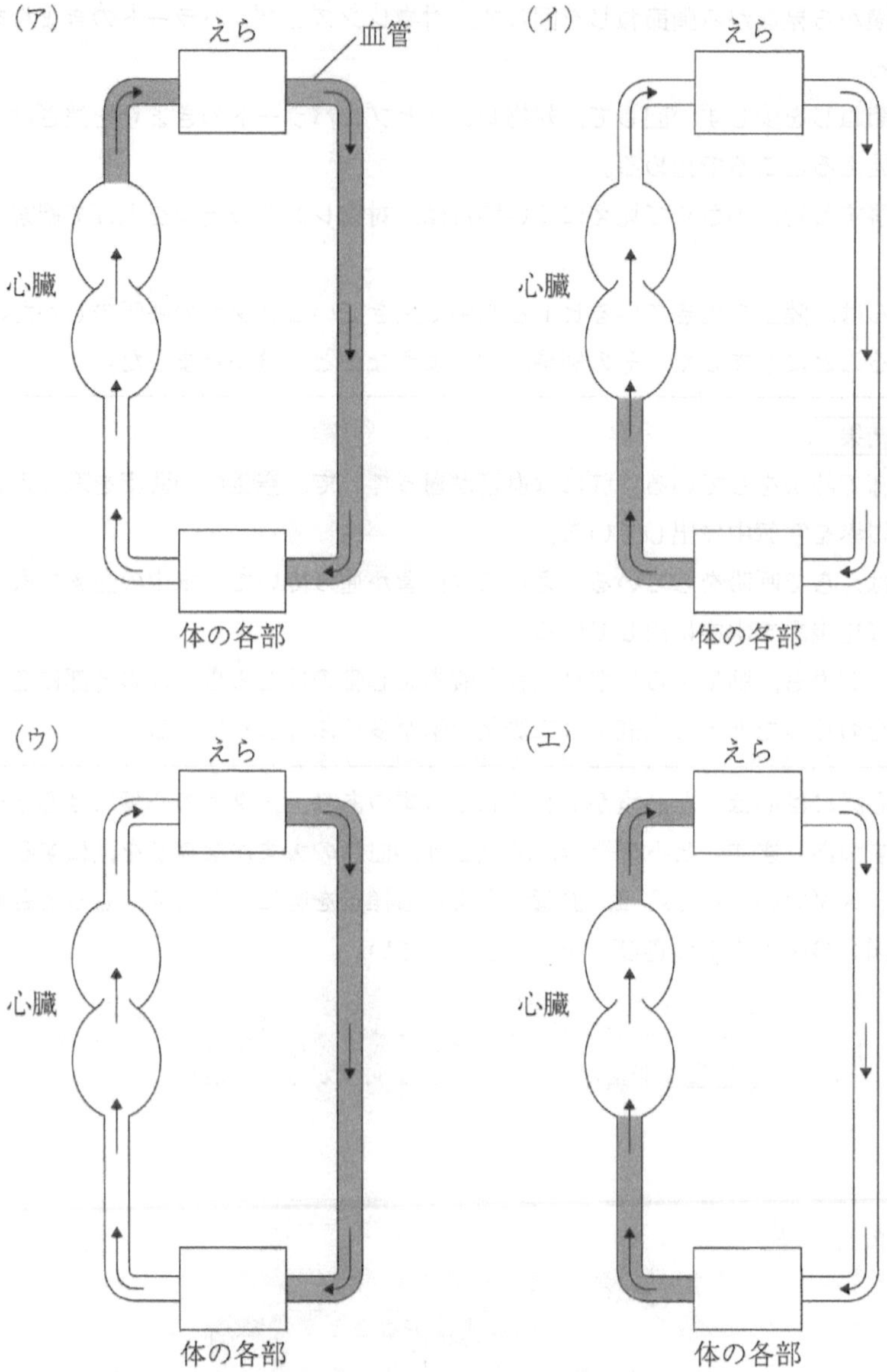


図3

飼育しているメダカは与えられたエサを食べますが，池のメダカは何を食べているのか気になったはなこさんは，池や池のまわりにどんな生物が生きているか調べたところ，次のようなことが分かりました。

> **調べた結果**
> 池や池のまわりに生きている生物
> メダカ，タンポポ，ミカヅキモ，ミジンコ，カエル，カラス，ヘビ，バッタ，タヌキ，トンボ（幼虫《ようちゅう》）

(6) 生物の食べる，食べられるという関係はくさりのようにひとつながりになっています。このことを食物連さといいます。山手学院の池での，食べる，食べられる関係を表した次の組み合わせのうち，もっとも適当なものを１つ選び，記号で答えなさい。ただし，矢印（→）の左側の生物が，矢印（→）の右側の生物に食べられることを表しています。

(ア) メダカ → ミジンコ → トンボ（幼虫） → ヘビ
(イ) メダカ → バッタ → ヘビ → タヌキ
(ウ) タンポポ → トンボ（幼虫） → メダカ → カラス
(エ) メダカ → ミジンコ → カエル → カラス
(オ) ミカヅキモ → タンポポ → メダカ → タヌキ
(カ) ミカヅキモ → ミジンコ → メダカ → トンボ（幼虫）

メダカが子孫を残すときには，水中にたまごを産みますが，カラスがたまごを産むときには，木の上などの高いところに産みます。たまごを産む場所のちがいに興味を持ったはなこさんは，動物が子孫を残す過程について調べたところ，次のようなことが分かりました。

調べた結果

メダカなどのせきつい動物が子孫を残すとき，オスとメスがかかわって子孫を残す。このとき，オスの精子とメスの卵《らん》が受精することで受精卵ができる。メダカが子孫を残すとき，まずメスが卵を産んでから体の外で受精をする「体外受精」という方法をとるが，カラスが子孫を残すときには，体内で受精をしてから卵を産む「体内受精」という方法をとる。この方法のちがいは，動物が産む卵のようすがらも判断することができる。

(7) メダカと同じ受精の方法をとるせきつい動物を次の中から１つ選び，記号で答えなさい。

(ア) カエル　(イ) ヘビ　(ウ) タヌキ　(エ) ヒト　(オ) ヤモリ

【２】 地球の赤道の長さは40000kmであり，地球の半径は6400kmです。地球が完全な球体であり，地球の自転は24時間でちょうど１周すると考えた場合，以下の問いに答えなさい。

(1) 地球の赤道の長さと地球の半径より円周率はいくつになると考えられますか。赤道が円だと考えて計算しなさい。割《わ》り切れない場合，答えは小数点以下第二位を四捨五入して，第一位まで答えなさい。

※実際の赤道は正確な円ではないため，実際の円周率とはちがう数値《すうち》が出ることがあります。今後の計算に円周率を使う場合，この問題の答えの数値を使用しなさい。

(2) 北極上空から見て赤道上のある地点は24時間で40000km動いているということになります。この速さは秒速何kmですか。答えは小数点以下第三位を四捨五入して，第二位まで答えなさい。

(3) 気象衛星「ひまわり」は地球の東経140.7度，赤道上の36000km上空に常に位置しています。ひまわりのように，地球のある地点の上空に常に位置しているような人工衛星を「静止衛星」と言います。しかし，静止衛星も北極上空から見た場合止まっているわけではありません。そこで，北極上空から見て，静止衛星は秒速何kmで動いているか考えることにしました。

Aさんは(1)の計算の答えを，Bさんは(2)の計算の答えを利用して式を立てたところ，以下のようになりました。① ～ ④ に当てはまる数値を以下から選び，記号で答えなさい。また，

⑤ の答えは小数点以下第二位を四捨五入して，第一位まで答えなさい。

① ～ ④ の解答群

（ア） 140.7　（イ） 36000　（ウ） 60　（エ） 24　（オ） 40000　（カ） 6400

Aさんの考え

$$\frac{(\boxed{①}\,\mathrm{km}+\boxed{②}\,\mathrm{km})\times 2\times\boxed{\text{(1)の答え}}\,\text{(円周率)}}{(\boxed{③}\times\boxed{④}\times\boxed{④})\,\text{秒}}=\text{秒速}\boxed{⑤}\,\mathrm{km}$$

Bさんの考え

$$\frac{\boxed{①}\,\mathrm{km}+\boxed{②}\,\mathrm{km}}{\boxed{①}\,\mathrm{km}}\times\text{秒速}\boxed{\text{(2)の答え}}\,\mathrm{km}=\text{秒速}\boxed{⑤}\,\mathrm{km}$$

(4) 以下は2023年のある月のひまわりの衛星写真です。この写真は何月のものだと考えられますか。次の中からもっとも適当なものを１つ選び，記号で答えなさい。

（ア） １月　（イ） ４月　（ウ） ７月　（エ） 10月

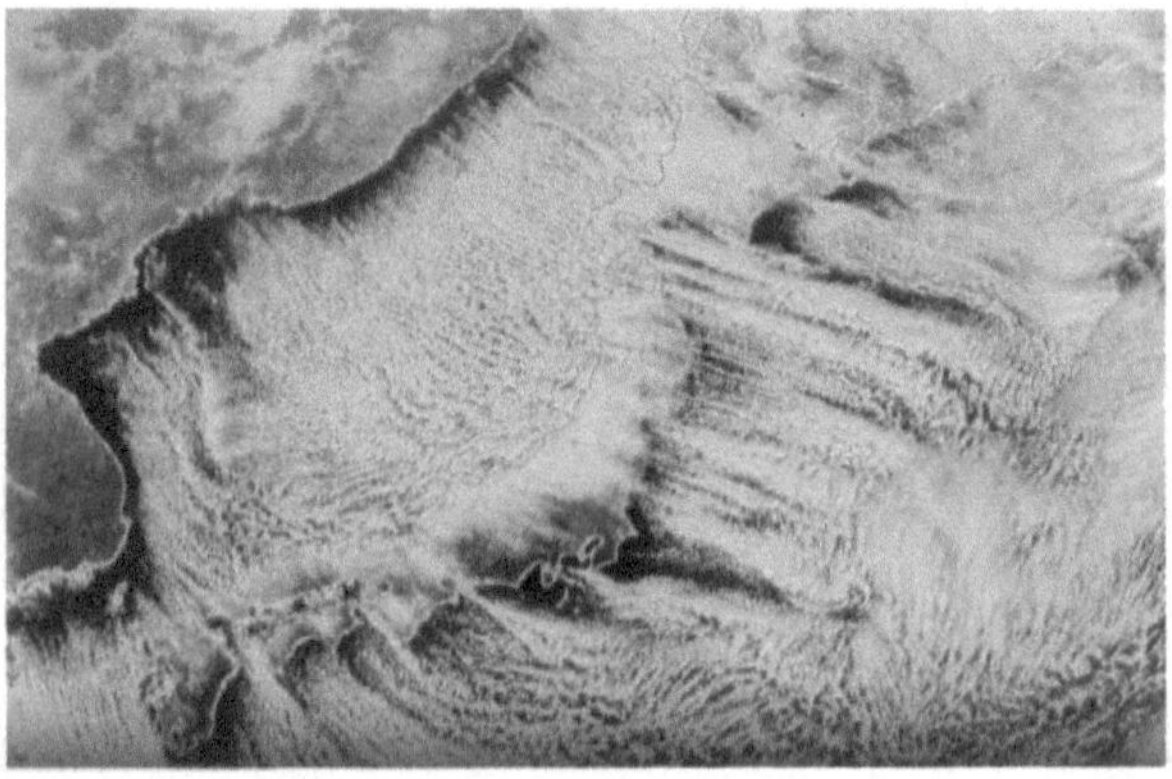

〈気象庁のホームページより〉

(5) (4)の写真と同じ日の天気図だと考えられるものを次の中から１つ選び，記号で答えなさい。ただし，天気図では高気圧を「H」，低気圧を「L」で表している。

（ア）

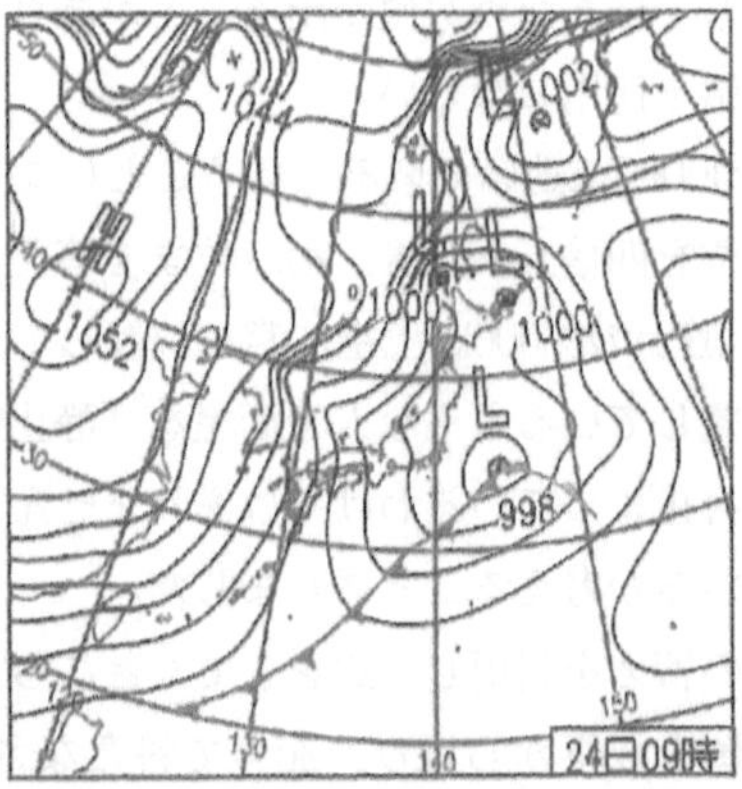


（イ）

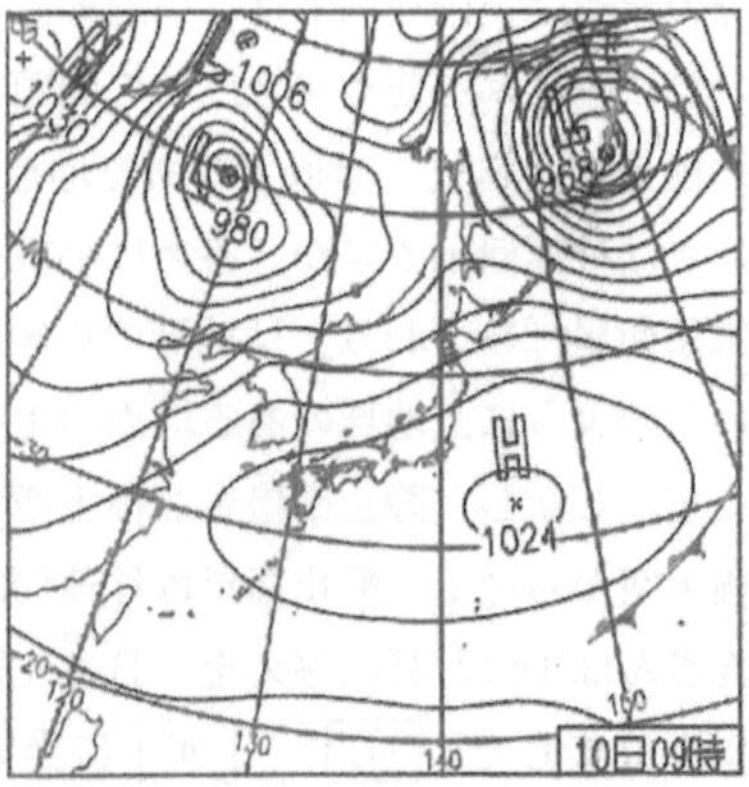

（ウ）

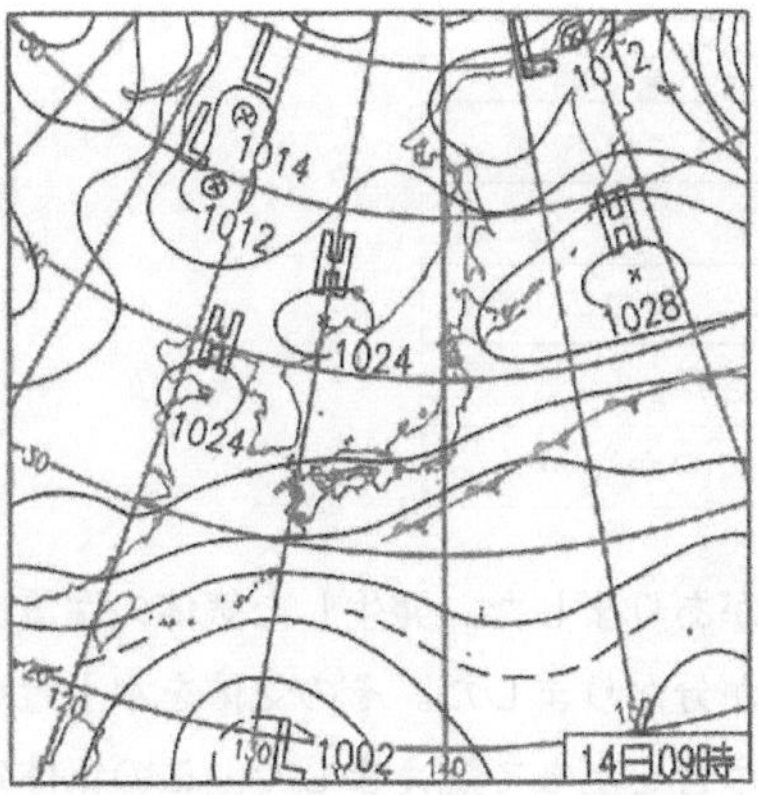


（エ）

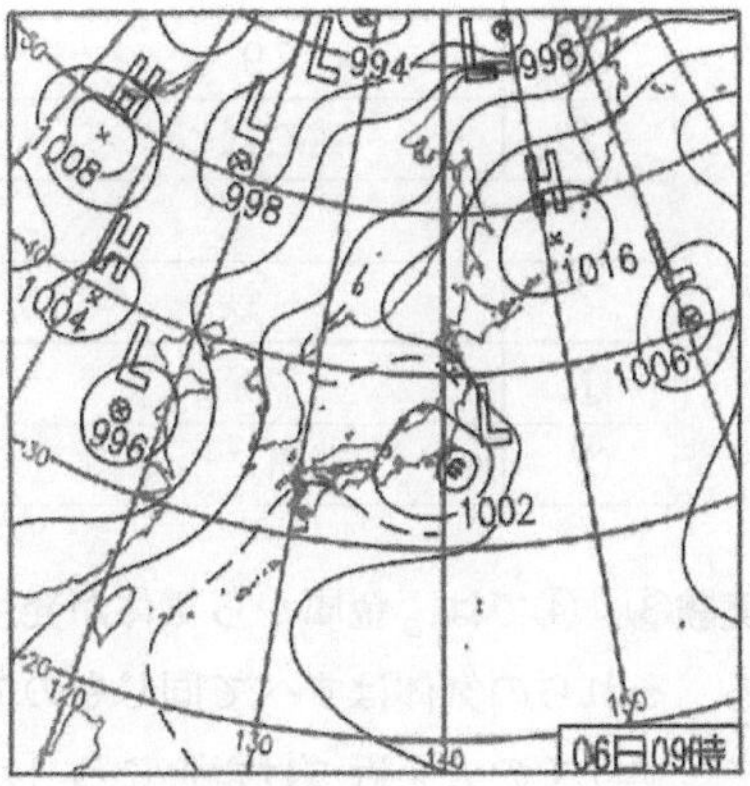


〈気象庁のホームページより〉

**【3】** スチールかんの材料である「鉄」とアルミかんの材料である「アルミニウム」の性質のちがいを調べるために以下の実験を行いました。

〈実験〉

① 1 $cm^3$あたりの重さを比べる。

② 磁石《じしゃく》につくかどうか調べる。

③ 鉄とアルミニウム，それぞれに（　A　）を加えて，出てきた気体を調べる。

④ 鉄とアルミニウム，それぞれに塩酸を加えて，出てきた気体を調べる。

⑤ ④でできた，鉄とアルミニウムがとけた水よう液の水をそれぞれ蒸発《じょうはつ》させる。

以下は①～⑤の実験の結果をまとめたものである。

| | 鉄 | アルミニウム |
|---|---|---|
| ①<br>② | (1) | |
| ③ | 変化なし | 金属がとけて気体発生 |
| ④ | 金属がとけて気体発生 | 金属がとけて気体発生 |
| ⑤ | うすい黄色の粉が残った | 白色の粉が残った |

(1) 上の表の空らんに当てはまる実験①，②の結果をまとめた表として正しいものを，次の中から1つ選び，記号で答えなさい。

（ア）

| | 鉄 | アルミニウム |
|---|---|---|
| ① | 2.7 g | 7.9 g |
| ② | 磁石につく | 磁石につく |

（イ）

| | 鉄 | アルミニウム |
|---|---|---|
| ① | 2.7 g | 7.9 g |
| ② | 磁石につく | 磁石につかない |

（ウ）

| | 鉄 | アルミニウム |
|---|---|---|
| ① | 7.9 g | 2.7 g |
| ② | 磁石につく | 磁石につく |

（エ）

| | 鉄 | アルミニウム |
|---|---|---|
| ① | 7.9 g | 2.7 g |
| ② | 磁石につく | 磁石につかない |

⑵ 実験③，④では，金属から気体が発生したものがありました。発生した気体の性質を調べたところ，それらの気体はすべて同じものであることが分かりました。その気体を水上置かん法で集めて，マッチの火を近づけたところ「ポン」という音を出して燃えました。この気体の名前を漢字で答えなさい。

⑶ ⑵の気体を，下方置かん法で集めたところうまく集まらず，マッチの火を近づけても何の変化も起こりませんでした。下方置かん法でうまく集まらない理由として当てはまる，⑵の気体の性質としてもっとも適当なものを１つ選び，記号で答えなさい。

（ア） 水にとけにくい　（イ） 水にとけやすい

（ウ） 空気より軽い　（エ） 空気より重い

⑷ 実験③で使用した（A）は何ですか。次の中からもっとも適当なものを１つ選び，記号で答えなさい。

（ア） 水酸化ナトリウム水よう液　（イ） ホウ酸水　（ウ） 食塩水　（エ） 砂糖《さとう》水

⑸ アルミニウムをうすいりゅう酸でとかした後，とかしてできた水よう液の一部を試験管に取って緑色のBTBよう液を加えたところ，黄色になりました。この水よう液は何性ですか。次の中から１つ選び，記号で答えなさい。

（ア） 酸性　（イ） 中性　（ウ） アルカリ性

⑹ アルミニウムをうすいりゅう酸でとかした後，「りゅう酸カリウム水よう液」という水よう液を加えてから，ゆっくりと水を蒸発《じょうはつ》させたところ，きれいな結しょうが残りました。結しょうの形から，この結晶はミョウバンであることがわかりました。次の中からミョウバンの結しょうの形としてもっとも適当なものを１つ選び，記号で答えなさい。

（ア）　（イ）　（ウ）　（エ）

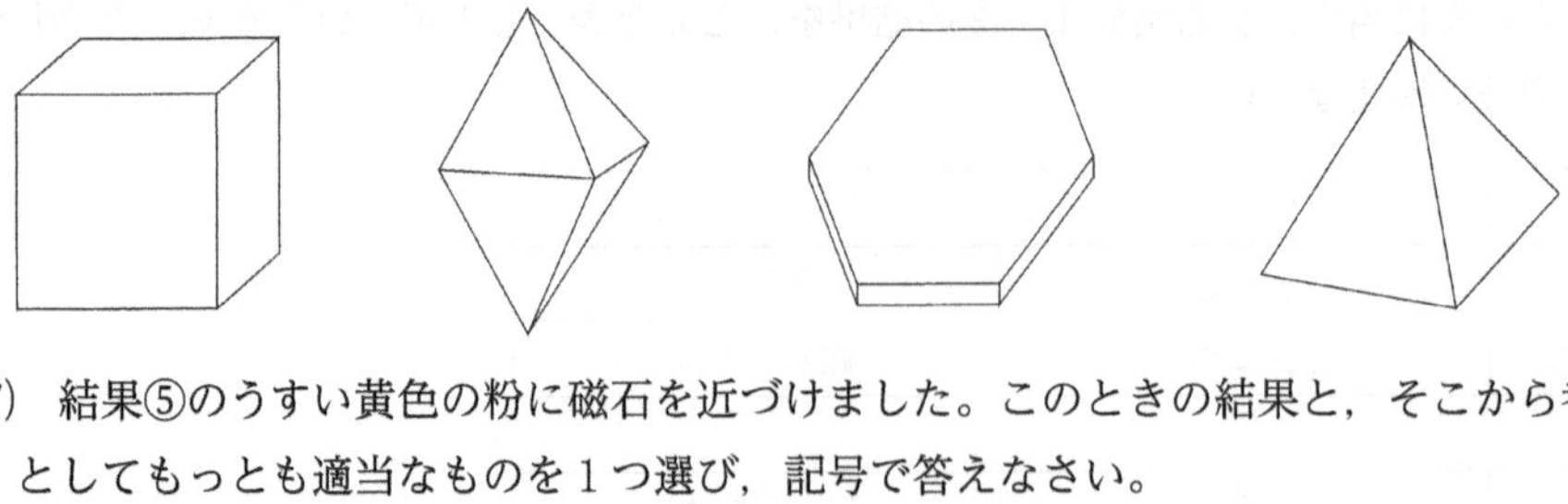

⑺ 結果⑤のうすい黄色の粉に磁石を近づけました。このときの結果と，そこから考えられることとしてもっとも適当なものを１つ選び，記号で答えなさい。

| | 結　果 | 考えられること |
|---|---|---|
| （ア） | 磁石につく | 鉄が変化したものなので，磁石についた。 |
| （イ） | 磁石につく | 色はちがうが，鉄であることには変わりはないので磁石についた。 |

（ウ）磁石につかない　鉄が他のものに変化してしまったので，磁石につかなかった。
（エ）磁石につかない　鉄が気体となって出ていってしまったので，磁石につかなかった。

【４】 鏡をのぞくと，さまざまなものが映《うつ》って見えます。このとき，鏡に映って見えるものを像《ぞう》といいます。鏡は光がものに当たってはねかえる反射《はんしゃ》という性質を利用しています。

鏡で反射する光の進み方について，後の問いに答えなさい。

反射のうち，平らな面での反射を正反射《せいはんしゃ》といいます。図１は平らな床の上に鏡を水平に置き，光を鏡に当てたようすを表しています。

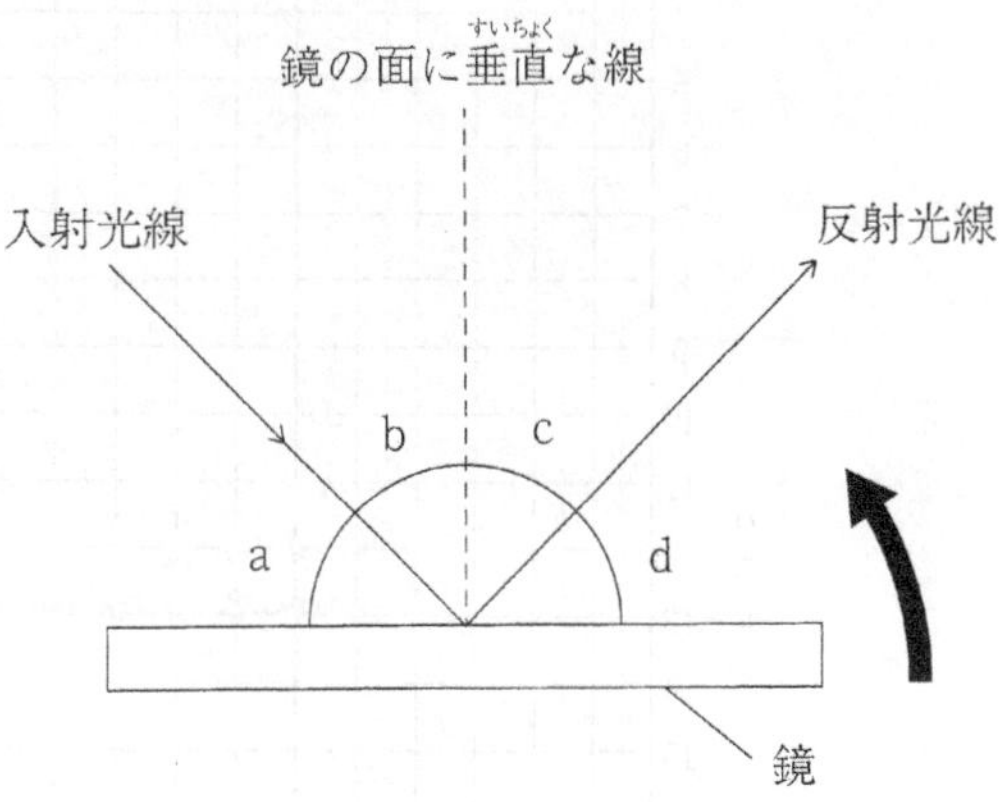

図１

(1)　図１で光が反射するとき，どことどこの角度が等しくなりますか。次の中からすべて選び，記号で答えなさい。
（ア）　aとb　　（イ）　aとc
（ウ）　aとd　　（エ）　bとc
（オ）　bとd　　（カ）　cとd

(2)　入射光線はそのままで，鏡を図１の太い矢印（➡）の方向に15度かたむけました。このとき，図のb＋cの角度はかたむける前と比べてどのように変化しますか。次の中から正しいものを１つ選び，記号で答えなさい。
（ア）　30度小さくなる　　（イ）　15度小さくなる
（ウ）　変化しない　　（エ）　15度大きくなる
（オ）　30度大きくなる

かべに黒板が置かれた教室があります。次のページの図２はその教室を上から見たものです。いま，教室の中に大きな鏡Ａを置きました。この教室で，かおりさんが黒板に背《せ》を向けて，鏡の方を向いて立っています。また，しょうたさんも教室内の別の位置に立っています。ここで，光は鏡の表面で反射するものとし，図中での位置は，１～25の番号とあ～のの記号を組み合わせて表すものとします。たとえば，かおりさんの位置は25－き，しょうたさんの立っている位置は22－せとそれぞれ表すことができます。また，黒板のあるはん囲《い》は25－う～25－ぬ，鏡Ａの置いてある位置は，13－か～13－ちと表します。

まず，図２のかおりさんが鏡Ａを通してしょうたさんを見ました。

(3)　鏡に映ったしょうたさんの像はどの位置に見えますか。かおりさんやしょうたさんが立っている位置の表し方にならって，図２の１～25の番号とあ～のの記号を使って答えなさい。

(4)　しょうたさんから出てかおりさんに届《とど》いた光は，鏡のア～シのどの点で反射《はんしゃ》しましたか。１つ選び，記号で答えなさい。

(5)　図２のかおりさんが鏡を通して背《せ》にしている黒板を見たところ，黒板の一部しか映っていませんでした。かおりさんが黒板のあるかべを背にしたまま，きの線上をまっすぐ鏡に向かって進んでいったとき，黒板の右はしから左はしまですべて見ることができるのは，25－きの位置から少

なくとも □ マス進んだときです。□ に当てはまる数字を答えなさい。

(6)　かおりさんが(5)で答えた □ マスだけ進んだとき，黒板の左はし（25－ぬ）から出てかおりさんに届いた光は，鏡Aのア～シのどの点で反射しましたか。1つ選び，記号で答えなさい。

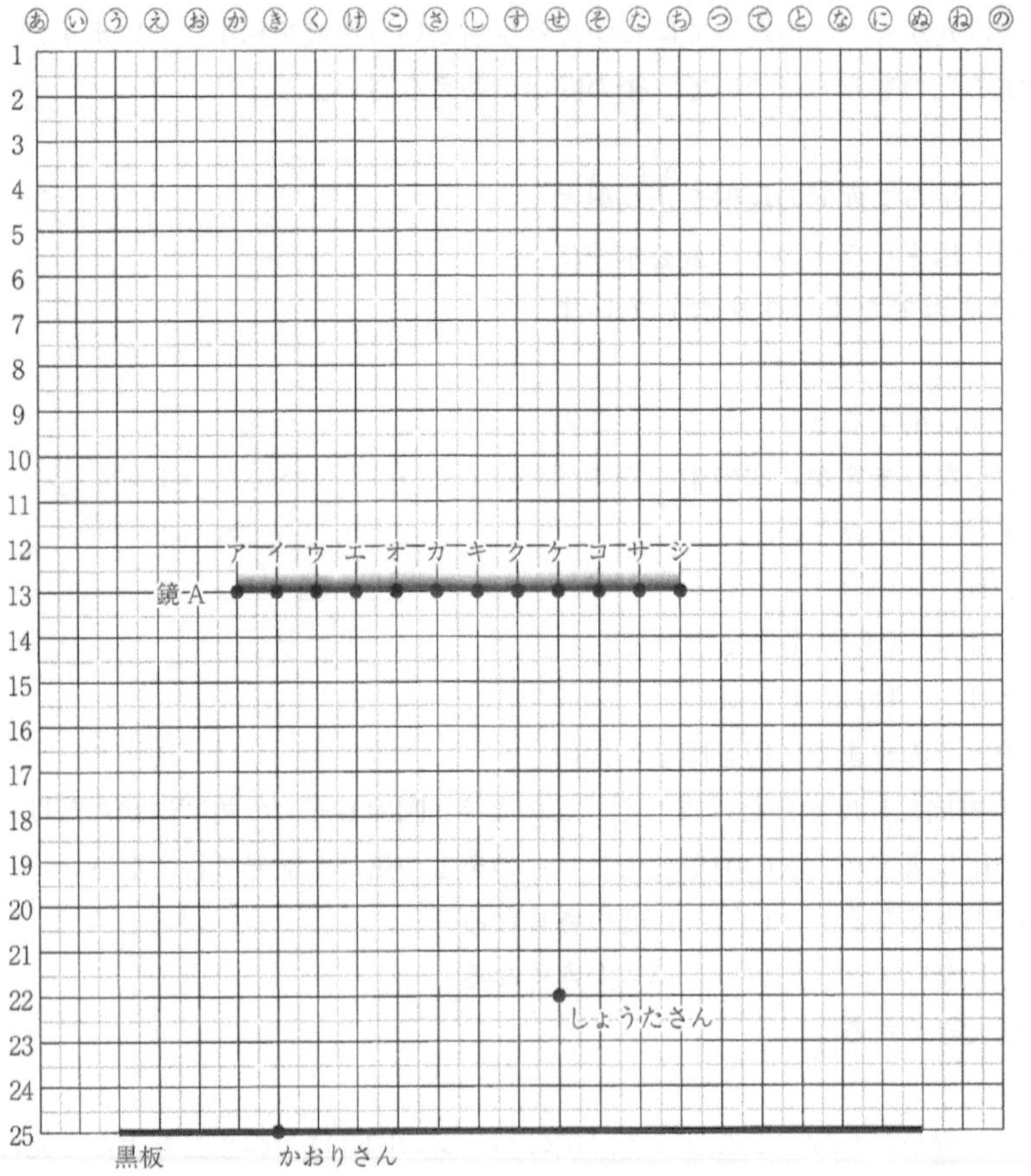


図2

次に，次のページの図3のように鏡Aに別の鏡B（13－ち～19－ち）を直角に立てかけ，かおりさんは22－え の位置に，しょうたさんは22－し の位置にそれぞれ立っています。

(7)　かおりさんは，しょうたさんを直接見ることができるたけでなく，鏡に映る二つの像を見ることができます。一つの像は鏡Aのウに当たってはね返る光で見ることができます。もう一つの像は，まず鏡Bに当たってはね返り，さらに鏡Aにも当たってはね返る光で見ることができます。この光は，鏡Aと鏡B上のア～テのどの点に当たってはね返りますか。それぞれ記号で答えなさい。

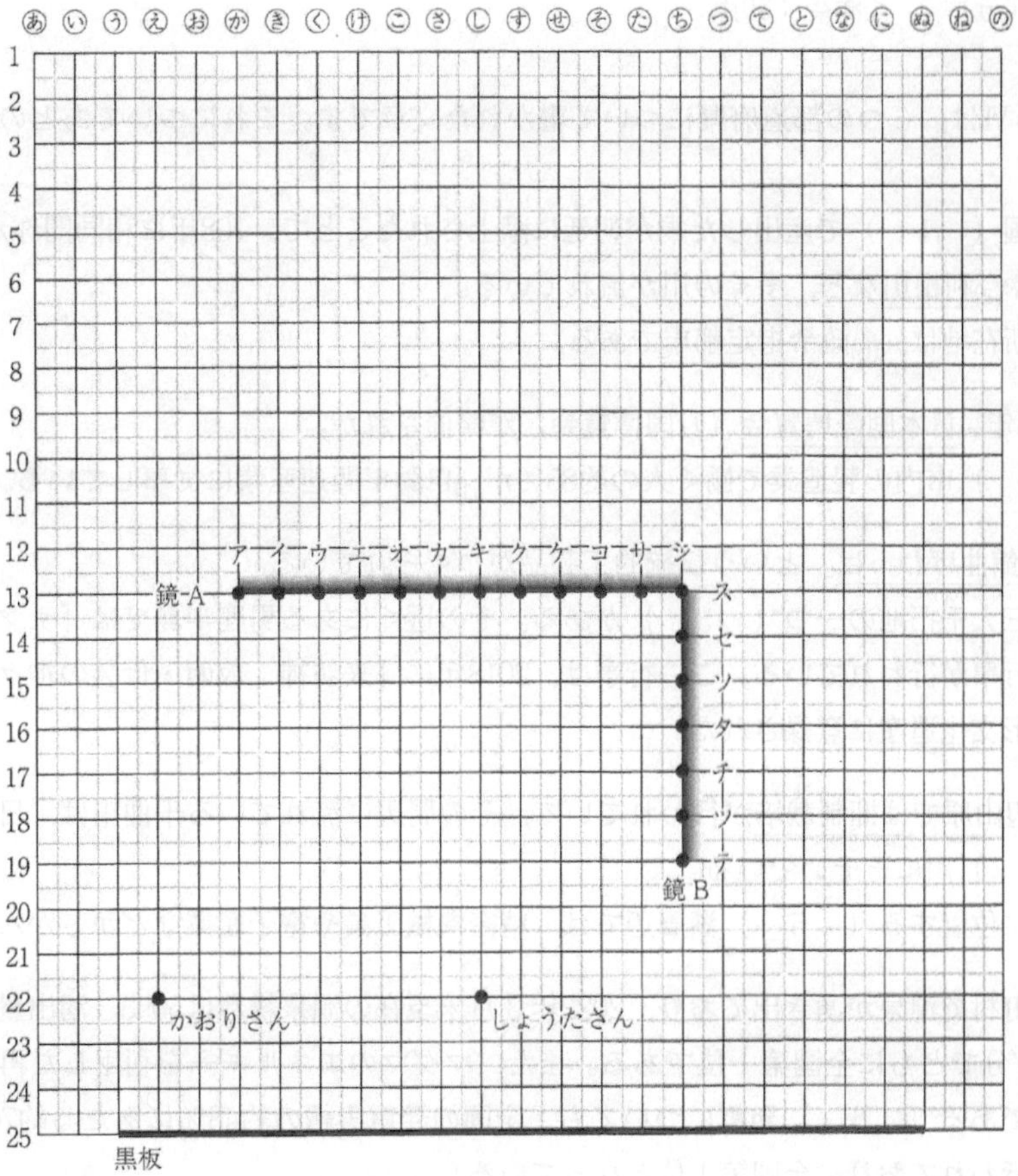

ⓐ ⓘ ⓤ ⓔ ⓞ ⓚ
あ い う え お か き く け こ さ し す せ そ た ち つ て と な に ぬ ね の
1 2 3 4 5 6 7 8 9 10 11 12 13 14 15 16 17 18 19 20 21 22 23 24 25
ア イ ウ エ オ カ キ ク ケ コ サ シ
鏡A
ス セ ソ タ チ ツ テ
鏡B
かおりさん
しょうたさん
黒板


図3

【社　会】（40分）　＜満点：80点＞

【１】　ⅠからⅥは，６つの都道府県について書かれた文章です。これについてあとの問いに答えなさい。

Ⅰ　・武蔵国（　1　）で産出した銅が朝廷に献上《けんじょう》されたことで，708年に和同開珎が発行された。
・荒川や(a)利根川など，多くの川が流れている。
・県庁所在地は，(b)政令指定都市である。

Ⅱ　・「2005年(c)日本国際博覧会（万国博覧会）が開催《かいさい》された。
・（　2　）市内の製造業で働く人の約85％が(d)自動車関連産業に従事している。

Ⅲ　・(e)「大館曲げわっぱ」という伝統的工芸品がつくられている。
・日本三大干拓《かんたく》地の一つ（　3　）がある。その近くにある男鹿半島では「ナマハゲ」という伝統行事が行われている。この行事は，2018年に「来訪神：仮面・仮装の神々」の一つとして無形文化遺産に登録された。

Ⅳ　・(f)野辺山原では抑制栽培《さいばい》が行われていて，その周辺に流れている千曲川は，日本で一番長い（　4　）川にそそいでいる。
・中部に位置する（　5　）湖周辺では，精密機械工業や電子産業などがさかんである。

Ⅴ　・16市町村で温泉が湧《わ》き出ており，2022年３月末現在の源泉総数は5093，湧出《ゆうしゅつ》量は298264リットル/分でともに全国第１位である。また，マグマのエネルギーを利用した再生可能エネルギーである（　6　）発電についても，全国の発電実績の約43％にあたる約76万MWhの発電が行われており，全国第１位となっている。
・豊後水道でとれるアジやサバは，関アジ・関サバとよばれている。

Ⅵ　・2023年５月19日から21日まで，(g)第49回主要国首脳会議（Ｇ７《ジーセブン》サミット）が開催された。
・尾道市と別の都道府県の市を結ぶ，通称《つうしょう》（　7　）とよばれる道路がある。

問１　文中の（１）に入る地名として，正しいものを次の中から１つ選び，記号で答えなさい。
ア．水戸　　イ．秩父　　ウ．宇都宮　　エ．小田原

問２　下線部(a)について，その流域にふくまれない県を次の中から１つ選び，記号で答えなさい。
ア．千葉県　　イ．埼玉県　　ウ．茨城県　　エ．神奈川県

問３　下線部(b)の説明として，まちがっているものを次の中から１つ選び，記号で答えなさい。
ア．人口100万以上の市の中から指定される。
イ．福祉，衛生など都道府県の役割の一部を市が主体となって実施できる。
ウ．いくつかの区に分けられ，区役所が設置される。
エ．2023年現在全国で20都市あり，20番目に指定されたのが熊本市である。

問４　下線部(c)について，2025年に日本国際博覧会が開催される予定の都道府県の特ちょうを説明した文として，まちがっているものが２つあります。その組み合わせとして正しいものを次の中から１つ選び，記号で答えなさい。
①　2022年現在，全国で人口が２番目に多い。

② 2020年の出荷額が全国で２位の工業地帯があり，中小工場が多い。

③ 日本で一番大きい前方後円墳の大仙古墳がある。

④ 2019年にふるさと納税制度の参加対象から除外されたが，2020年６月の最高裁判決を受けて再び参加対象とされた泉佐野市がある。

⑤ この都道府県と淡路島を結ぶ明石海峡《かいきょう》大橋がある。

ア．①と②　　イ．②と③　　ウ．③と④　　エ．④と⑤　　オ．①と⑤

カ．②と④　　キ．③と⑤　　ク．①と④　　ケ．①と③　　コ．②と⑤

問５　文中の（２）に入る市の名前を，漢字２字で答えなさい。

問６　下線部(d)について，日本の自動車産業は1960年代に国内需要《じゅよう》を中心に発展し，1970年代には輸出産業としても発展しました。しかしそれにともなって，アメリカと日本との間で貿易摩擦《まさつ》が起こりました。そこで，日本は1980年代に２つの対策を行いました。１つは，自主的に輸出を規制することでした。もう１つは，現地生産をすることでした。現地生産をする理由を説明しなさい。

問７　下線部(e)について，「大館曲げわっぱ」の材料には，日本三大天然美林の１つから取れた木材が使われています。この都道府県にある日本三大天然美林として正しいものを次の中から１つ選び，記号で答えなさい。

ア．ひば　　イ．すぎ　　ウ．ぶな　　エ．ひのき

問８　文中の（３）に入る地名を，漢字３字で答えなさい。

問９　下線部(f)について，あとの問いに答えなさい。

① 抑制栽培とはどのような目的でおこなわれているか，説明しなさい。

② 次の円グラフは，野辺山原でつくられている代表的な農作物の，2021年の収穫《しゅうかく》量の都道府県順位を示したものです。この農作物の名前をカタカナで答えなさい。

［収穫量546,800トン］

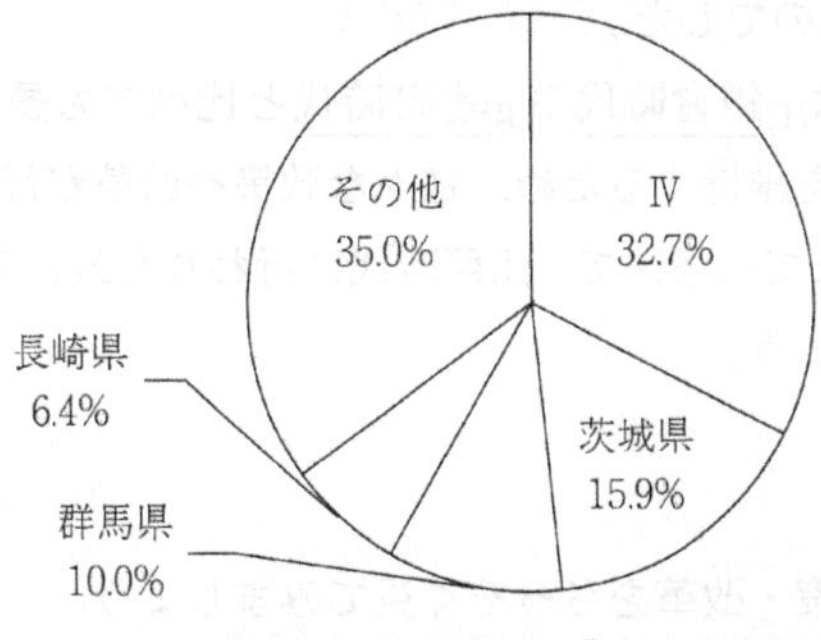


［矢野恒太記念会『日本国勢図会 2023/24』をもとに出題者が作成］

問10　文中の（４）に入る川の名前を漢字で答えなさい。

問11　文中の（５）湖の特ちょうを説明した文として，正しいものを次の中から１つ選び記号で答えなさい。

ア．　この湖は，糸魚川－静岡構造線上に形成する断層湖であり，中央構造線と交わっている。

イ．　この湖は，カルデラ湖でウナギの養殖《ようしょく》がさかんである。

ウ．　この湖からは，マンモスの化石が発見されている。

エ．　この湖は，潟湖《せきこ》でホタテの養殖がさかんである。

問12　文中の（６）に入る発電の名前を漢字で答えなさい。

問13　下線部(g)について，このサミットにゲストとして「ある国」の大統領（右の写真の人物）が参加しました。「ある国」に関する説明として正しいものを次の中から１つ選び，記号で答えなさい。

［写真は，毎日新聞HPより引用］

ア．2022年，日本はこの国から小麦を一番多く輸入していた。

イ．2023年現在，北大西洋条約機構（ＮＡＴＯ）に加盟しているが，国際連合には加盟していない。

ウ．この国と国境を接する国の大統領が，2022年２月に「特別軍事作戦」の開始を発表し，この国への侵略《しんりゃく》を開始した。

エ．大西洋に面しており，ヨーロッパの中で２番目に面積が大きい。

問14　文中の（７）に入る語句を答えなさい。

【２】 次の会話文を読んで，あとの問いに答えなさい。

先　生：前回の授業では(a)明治維新の説明をしましたね。みなさん，覚えていますか？

生徒Ａ：（　１　）がひらいた江戸幕府がついに倒《たお》れました。

生徒Ｂ：いろいろな改革が行われて，日本は(b)天皇を中心とする国家へと変化しました。

生徒Ｃ：それらの改革の中心は，(c)西国の有力な４つの藩出身の政治家たちだったよ。

生徒Ｄ：(d)税のしくみも大きく変わったんじゃなかったっけ？

先　生：みなさん，よく覚えていますね。(e)1600年におこった戦いで勝利した（　１　）が，1603年に江戸幕府をひらきました。その後，３代将軍の時代に　オランダ人の商館が長崎の（　２　）に移され鎖国が完成し，幕府のしくみは完成していきました。このようにして江戸時代は約260年間も続いたのでした。

　この約260年間というのは(f)鎌倉時代や(g)室町時代と比べても長いです。これだけの長い期間，幕府というしくみを維持《いじ》するため，様々な政策や改革が行われました。今までのまとめとして，次回の授業までに各班で，江戸時代に行われた政策や改革について調べて，その内容を発表してみましょう。

～次の授業～

先　生：それでは各班がまとめた政策・改革をさっそく見てみましょう。

＜１班の調べた政策・改革＞
- 武芸や倹約《けんやく》を奨励《しょうれい》した。
- 人々の意見を聞くために（　３　）を設置した。
- 公正な裁判を行うために「公事方御定書」を作成した。
- 財政をたてなおすために新田を開発した。
- 上米の制を定めた。

＜2班の調べた政策・改革＞
・金貨，銀貨の質を江戸時代初期の水準にもどした。
・金，銀の流出を抑《おさ》えるために長崎貿易に制限をかけた。
・(h)朝鮮通信使の待遇《たいぐう》を変更《へんこう》した。
・生類憐みの令を廃止《はいし》した。
・文治政治をすすめた。

＜3班の調べた政策・改革＞
・商人の経済力を利用して印旛沼や手賀沼の干拓を進め，蝦夷地の開拓を計画した。
・長崎貿易の制限をゆるめて，海産物などの輸出を奨励し，銅，鉄などを幕府の専売とした。
・（　４　）をつくることをすすめ，商人たちに特権をあたえる代わりに税をとった。

＜4班の調べた政策・改革＞
・儒学の中でも特に（　５　）学を学問の中心において，文治政治をすすめた。
・生類憐みの令を実施《じっし》した。
・(i)金貨，銀貨の質を下げて，代わりに貨幣を大量に発行した。

＜5班の調べた政策・改革＞
・倹約や武芸，学問を奨励した。
・ききん用の米を貯蔵させた。
・江戸の町費の節約を行わせ，農民の離村を制限した。
・(j)借金に苦しむ武士を救うため借金を帳消しにした。
・幕府の学問所で（　５　）学以外の学問を禁じた。

＜6班の調べた政策・改革＞
・倹約をすすめ，派手な服装やぜいたくを禁止した。
・都市に出た農民を村に返した。
・都市の商業を独占する（　４　）を解散した。
・(k)大きな都市の周辺の大名，旗本領を取り上げて，他に代わりの土地をあたえようとしたが失敗した。

先　生：各班ともしっかりとまとめてくれましたね。みなさん，気になることはありますか。
生徒Ａ：複数の政策・改革で“倹約”という言葉が出てきてます。
生徒Ｃ：＜　あ　＞に力を入れていこうとしている政策・改革が多い感じがするな。
生徒Ｂ：逆に＜　い　＞に力を入れているものは少ない感じがします。
生徒Ｄ：そうだね，＜　い　＞を重視しているのは３班が調べた政策・改革くらいかな。
先　生：そうですね。多くの政策・改革では質素倹約をすすめて，支出を減らす。そのようにして江戸幕府の財政を建て直そうとしていますね。ただし，これらは多くの人々に我慢《まん》をさせるものであったため長続きせず上手くいきませんでした。時代にあった積極的な新しい事業で収入を増やそうという考えがもっと必要だったのかもしれませんね。(1)3班が調べた政策・改革をすすめた人物は長年わいろ政治を招いた原因とされ，評価されていなかったのですが，近年再評価されるようになってきました。時代と共に評価が変わるのも歴史の面白いところですね。

問1　会話文中の（1）から（5）にあてはまる最もふさわしい語句を，漢字で答えなさい。

問2　下線部(a)について，関連する次の資料を見てあとの問いに答えなさい。

> 一．政治はみんなの意見を聞いて決める
> 二．身分の上下にこだわらず，心を合わせる
> 三．国民のだれもが不平のない世の中にする
> 四．今までのよくないしきたりを改める
> 五．知識をひろく世界から取り入れ，りっぱな国にする

①　この資料は明治政府の政治の方針を示したものです。この資料の名前として最もふさわしいものを次の中から1つ選び，記号で答えなさい。

ア．五箇条の御誓文　　イ．五榜の掲示　　ウ．十七条憲法　　エ．武家諸法度

②　明治政府は資料中の波線部のような世の中を目指しましたが，実際には改革に不満をもった士族たちを中心に各地で反乱がおこりました。これらの反乱のうち，1877年に鹿児島の不平士族がおこした反乱で，リーダーとなった人物を漢字4字で答えなさい。

問3　下線部(b)について，有力御家人の力を活用して鎌倉幕府を倒し，建武の新政をおこなった人物を漢字5字で答えなさい。

問4　下線部(c)について，この4つの藩にあてはまらないものを次の中から1つ選び，記号で答えなさい。

ア．会津藩　　イ．薩摩藩　　ウ．土佐藩　　エ．肥前藩

問5　下線部(d)について，それまでの税のしくみは，主に米でおさめ，その割合も年によって違うものでしたが，明治時代に新しいしくみに変わりました。このときに定められた内容について，①納税者，②税の割合，③納税の方法の3点が分かるように説明しなさい。

問6　下線部(e)について，この戦いの名称《めいしょう》を答えなさい。またこの戦いが起こった場所として，最もふさわしいものを右の地図中から1つ選び，記号で答えなさい。

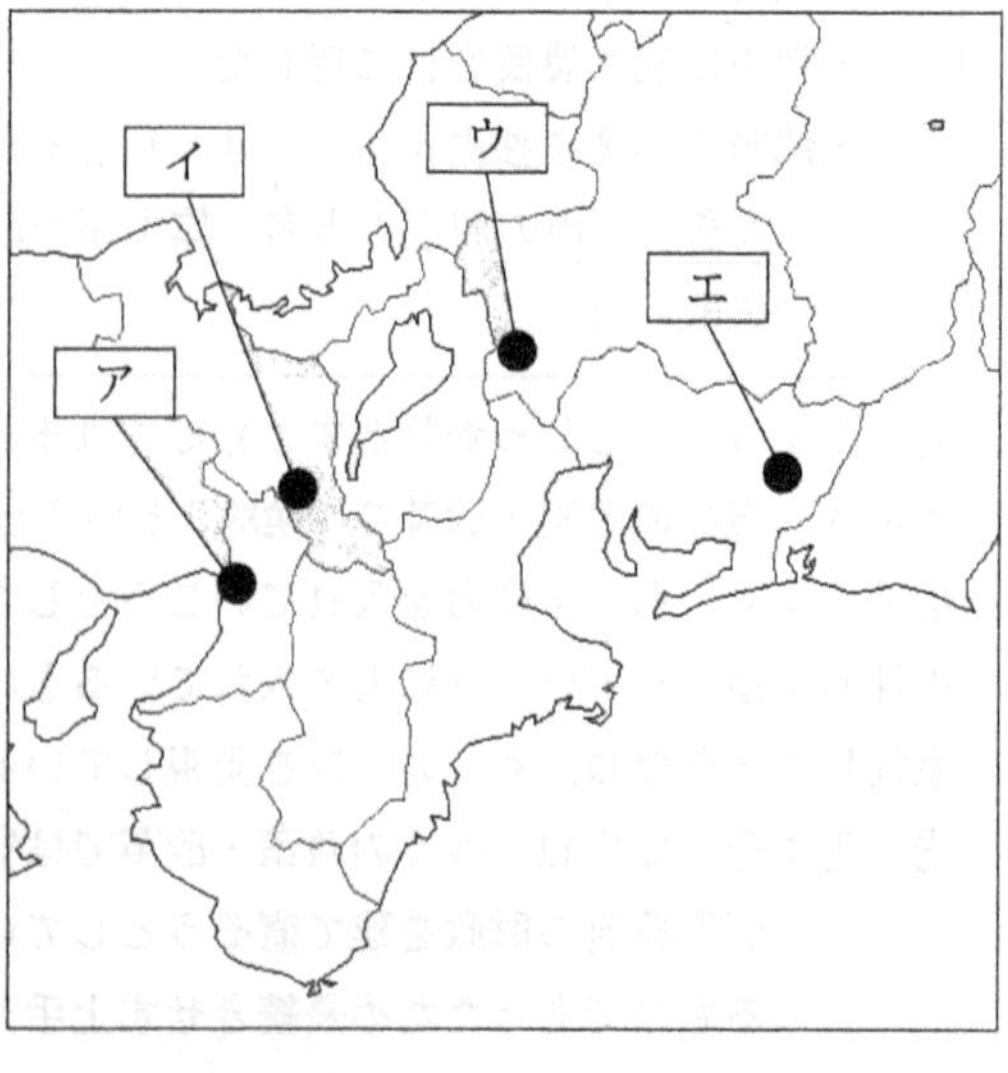

問７　下線部(f)について，この時代に起こった出来事①～④を時代順に並び変えたものとして，正しいものを次の中から１つ選び，記号で答えなさい。

①　初めての武士の法律として，御成敗式目が制定された。

②　生活が苦しくなった御家人を救うため，永仁の徳政令が出された。

③　執権北条時宗の時代に，２度にわたって元が博多湾に攻めてきた。

④　後鳥羽上皇が鎌倉幕府を倒そうとし，承久の乱がおこった。

ア．①→②→③→④　　イ．④→①→③→②　　ウ．①→④→③→②　　エ．④→①→②→③

問８　下線部(g)について，室町時代の出来事についての説明として正しいものを１つ選び，記号で答えなさい。

ア．足利義満は南北朝の対立を終わらせ，勘合を使った日明貿易をおこなった。

イ．足利義昭は応仁の乱のさなか将軍の地位を子にゆずり，京都の東山に銀閣を建てた。

ウ．中国から禅宗が伝わり，道元がはじめた臨済宗は幕府の有力な武士の保護を受けた。

エ．山城国では一向宗を信じる武士や農民が一揆をおこし，守護大名を滅ぼし100年間この国の自治をおこなった。

問９　下線部(h)について，日本は朝鮮半島にあった国々と様々な形で関わってきました。その説明としてまちがっているものを１つ選び，記号で答えなさい。

ア．飛鳥時代には，高度な建築や彫刻の技術をもつ朝鮮からの渡来人やその子孫によって，寺院や仏像が作られた。

イ．中大兄皇子は唐と新羅によって滅ぼされた百済を助けるために，朝鮮半島に軍を送ったが白村江の戦いで敗北した。

ウ．室町時代のころには，倭寇が朝鮮半島沿岸や中国沿岸を荒《あ》らしまわった。

エ．豊臣秀吉は文永・弘安の役と呼ばれる２度にわたる朝鮮出兵をおこなったが，朝鮮の軍や民衆の激しい抵抗《ていこう》で失敗に終わった。

問10　下線部(i)について，この結果として好景気を招いた一方で，世の中にお金が多く出回りすぎて，物価があがってしまいました。このような現象を何というか。カタカナ８字で答えなさい。

問11　下線部(j)について，この政策は何という法令に基づいておこなわれたか。最もふさわしいものを次の中から１つ選び，記号で答えなさい。

ア．棄捐《きえん》令　　イ．禁中並公家諸法度　　ウ．宗門改め　　エ．上知令

問12　下線部(k)について，江戸時代に各地の大名によって蔵屋敷が多く建てられ，「天下の台所」とよばれた都市はどこですか。最もふさわしいものを次の中から１つ選び，記号で答えなさい。

ア．江戸　　イ．大阪　　ウ．京都　　エ．名古屋

問13　下線部(l)について，この人物名を漢字で答えなさい。

問14　生徒の会話文中の＜あ＞と＜い＞にあてはまる最もふさわしいものの組み合わせを次の中から１つ選び，記号で答えなさい。

ア．あ：農業　　い：商業　　イ．あ：商業　　い：工業

ウ．あ：商業　　い：農業　　エ．あ：工業　　い：農業

問15　１班から６班の政策・改革のうち，古い順に並び変えたときに３番目と５番目にくるものを解答用紙にあてはまるように答えなさい。

【３】 次の文章を読んで，あとの問いに答えなさい。

国や地方公共団体は，家計や企業から(a)税を集めて，それを主な収入としています。そして，その収入を使ってさまざまな仕事を行っています。また，集められた税をもとに国の(b)予算をつくっています。日本では，税の使い道として，(c)少子高齢化の進展により，(d)社会保障関係費の割合が大きくなっています。

このような国や地方公共団体が行う経済活動を財政といい，国が行うものを国家財政，地方公共団体が行うものを地方財政といいます。

財政には三つの役割があります。(e)資源配分の調整，所得の再分配，経済の安定化です。その役割の中でも，近年注目されているのは経済の安定化です。市場経済では，好景気と不景気が繰り返されます。これを景気変動とよび国民生活に大きな影響を与えます。そこで，政府は景気の浮《う》き沈《しず》みを調整するための政策を行います。

例えば，2019年には，「（　１　）・消費者還元《かんげん》事業」というものを行いました。消費者の負担を減らしながら消費をうながし，経済安定化を考えた事業です。この事業では，私たちが物を買う時に電子マネーなどの(f)現金を使わない（　１　）決済を利用するとポイントが還元されます。そのポイントは商品購入の時に使うことができます。

問１　文中の空らん（１）にあてはまる語句をカタカナ７字で答えなさい。

問２　下線部(a)について，あとの問いに答えなさい。

① 税は国に納める国税と地方公共団体に納める地方税に分類されます。また，徴収《ちょうしゅう》の仕方によって直接税と間接税に分けられます。次のうち地方税でありかつ，直接税であるものを１つ選び，記号で答えなさい。

ア．自動車税　　イ．法人税　　ウ．所得税　　エ．入湯税

② 税のうち，消費税は逆進性があるといわれています。逆進性とはどのような意味か説明しなさい。

③ 次の棒グラフは世界の消費税率を表したもので，グラフのア～エにはスウェーデン，カナダ，ノルウェー，日本のいずれかがあてはまります。日本にあてはまるものを１つ選び，記号で答えなさい。

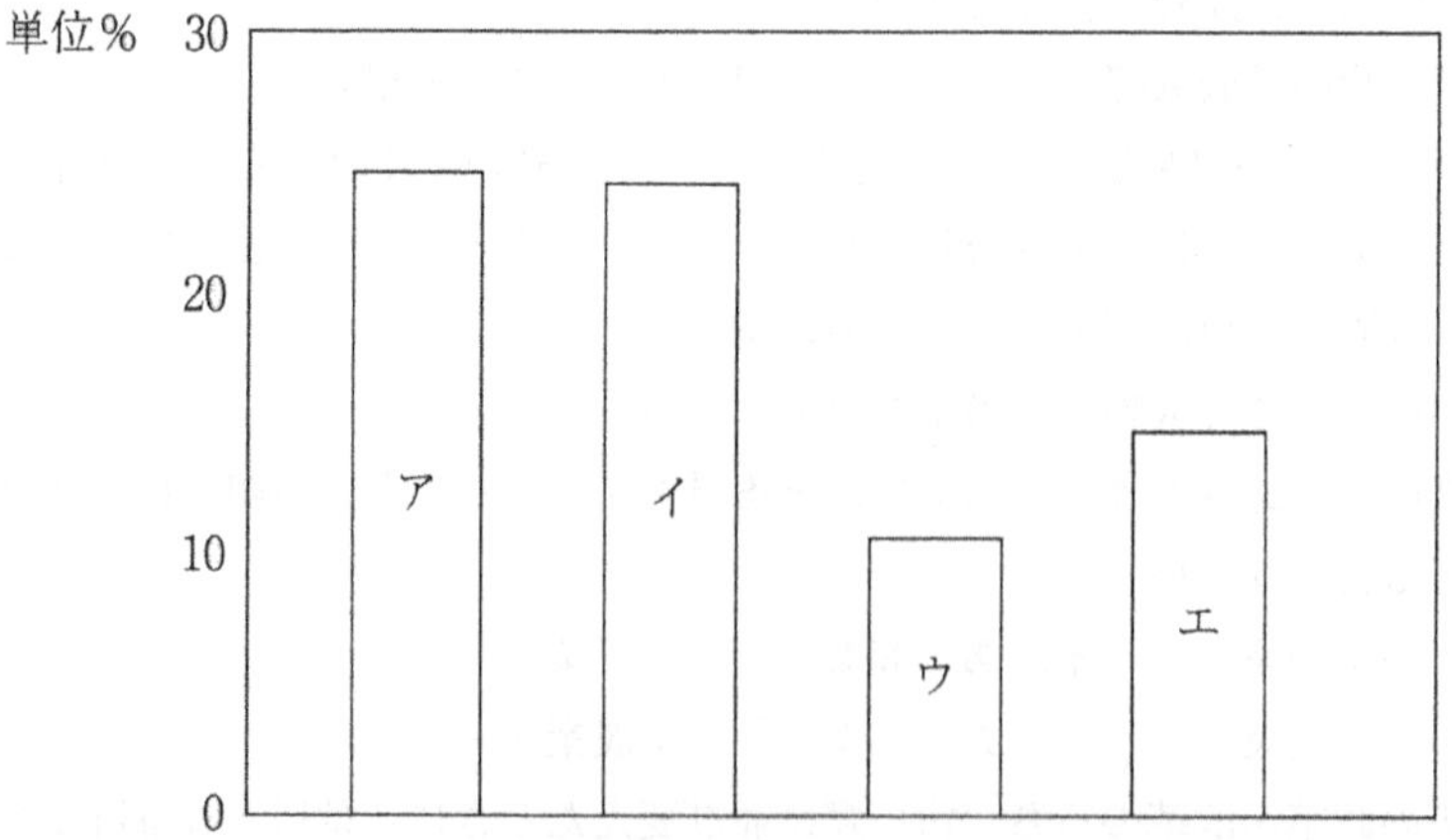


［国税庁HP　税の学習のページ掲載のグラフをもとに出題者が作成］

問３　下線部(b)について述べた文として，まちがっているものを次の中から１つ選び，記号で答えなさい。

ア．震災からの復興のためなど，一般会計の歳入・歳出と区別する必要のある会計を特別会計とよぶ。

イ．公共事業や社会保障，教育など国の政策に使われる予算を一般会計とよぶ。

ウ．予算は内閣が作成し国会に提出するもので，予算の発案権は内閣だけが持つ権利である。

エ．国民の出資によって設立された政府系金融《きんゆう》機関のお金の使い道を決めるには，国民審査と国会の議決が必要である。

問４　下線部(c)について日本の少子高齢化《こうれいか》対策のために行われていることとしてまちがっているものを次の中から１つ選び，記号で答えなさい。

ア．少子化対策の方向性を示した具体的目標として「子ども・子育て応援プラン」を掲《かか》げた。

イ．育児・介護休業法を制定し仕事と育児・介護が両立できる社会づくりを進めている。

ウ．全ての人が交通機関や施設をより安全・便利に利用できるように2006年にはバリアフリー新法が制定された。

エ．少子化をふまえて，2019年９月より公立小・中学校の義務教育の無償化《むしょうか》が始まった。

問５　下線部(d)について，あとの問いに答えなさい。

①　第二次世界大戦後のイギリスでは，生涯《しょうがい》にわたる社会保障を目ざすことを考えスローガンを立てました。このスローガンを解答らんにあうようにひらがな４字で答えなさい。

②　社会保障の四本の柱である社会保険，公的扶助，社会福祉，公衆衛生について述べた文として，まちがっているものを次の中から１つ選び，記号で答えなさい。

ア．社会保険は，加入者が前もって保険料をはらっておくと，病気にかかった時に一定基準の現金給付やサービスを受けることができる制度である。

イ．公的扶助は，収入がなくなり自分たちだけでは生活ができなくなった人に，地方公共団体が最低限の生活を保障する制度で，対象《たいしょう》となった人は全ての国税が免除され，電気代などの生活費用の半額補助《ほじょ》を行う。

ウ．社会福祉は，障がい者や高齢者などに対し，福祉施設の設置やサービスを行い，それらの人々の自立を援助する制度である。

エ．公衆衛生とは，国民の健康的な生活を考え病気を予防するために，生活環境や医療などを整備することであり，保健所が中心的な役割を行う。

問６　下線部(e)について，国や地方公共団体は，利益を生み出しにくい，公園や道路，上下水道などの社会資本の整備などを行っています。他には公共サービスの提供も行っています。これを資源の再配分といいます。公共サービスの提供の例としてまちがっているものを選び記号で一つ答えなさい。

ア．地域の市民図書館や公民館やスポーツ施設等の設置。

イ．公立中学校や高等学校，大学の設置。

ウ．ハローワークでの職業紹介。

エ．鉄道の運行情報を伝えること。

問７　下線部(f)について，あとの問いに答えなさい。

①　2024年度日本では新しいお札が発行されます。新１万円札にえがかれている人物名を漢字で

答えなさい。

② 2024年度より発行されるお札は，現在よりも数字が大きく書かれています。これは国籍や障がい，使用言語などに関係なく使いやすくすることを目指したためです。このように，全ての人にとって使いやすくなることを考えたデザインをなんとよびますか。解答らんに合うようにカタカナ６字で答えなさい。

軍艦信濃は、日本海軍が建造した航空母艦計画に基づき、横須賀海軍工廠で一九四〇年五月に起工した大和《やまと》型戦艦三番艦を、ミッドウェー海戦以降の戦局の変化に伴《ともな》い戦艦から航空母艦に変更《へんこう》したものである。一九四四年航空母艦として※竣工《しゅんこう》し、空襲を避けるために未完成のまま横須賀から呉《くれ》へ回航される。十一月二十九日、信濃は紀伊《きい》半島潮岬《しおのみさき》沖合で、アメリカ潜水艦アーチャーフィッシュの魚雷攻撃《ぎょらいこうげき》を受け、四本が命中。浸水《しんすい》が止まらず、転覆《てんぷく》して水没《すいぼつ》した。竣工から沈没《ちんぼつ》まで艦命《かんめい》はわずか十日間であった。

（NHKアーカイブス「特集〝巨大〟空母信濃」をもとに作成）

※竣工…工事が完了《かんりょう》すること。

問九 ――線部⑨「お祖父ちゃんはなにも聞こえなかったようにボクから目をそらした」とありますが、このときの「お祖父ちゃん」の心境を説明したものとして最もふさわしいものを選び、記号で答えなさい。

ア 戦争を経験していない世代からすれば、戦争で死なずにすんだのは良いこととなるが、兵隊としての訓練を受けていた身からすれば、仲間や兄弟たちは戦死して自分だけが生き残っているということになる。この思いの差を解消するのは困難なため、「お祖父ちゃん」は「ボク」の言葉に返事をすることができなかった。

イ 一番上と二番目の兄は海軍工廠で仕事をしていたので、「お祖父ちゃん」も海軍への誇りを持ち働いていたが、陸軍に配属されて訓練をすることとなった。「お祖父ちゃん」にとって不本意であったこの出来事を思い出したくないため、「ボク」の言葉に返事をすることができなかった。

ウ 「お祖父ちゃん」は年を重ねているため、ときどき戦争の記憶と現実の記憶の区別がつかなくなってしまっている。「ボク」との会話も上の空になってしまうことがあり、果たして自分は戦争に行かなくて良かったのか考えているため「ボク」の言葉に返事をすることができなかった。

エ 「お祖父ちゃん」の兄弟の中には、戦争に召集され帰って来なかった兄弟もいた。自分だけが八十歳を過ぎるまで生き残ってしまったことに罪悪感を抱き、戦地におもむくことがなかったことを「ボク」に逃げたと思われることが恐ろしくなって、「ボク」の言葉に返事をすることができなかった。

問十 「ボク」が現在から過去を回想しているとわかる一文を本文中よりぬき出し、はじめの四字を答えなさい。

## 三

次の――線部について、カタカナは漢字になおし、漢字は読みをひらがなで答えなさい。なお、漢字はていねいにはっきりと書くこと。

① 犬は鼻がよくキく。
② 試験で実力をハッキする。
③ あごでサシズするのは良くない。
④ 小学生タイショウの陸上教室。
⑤ テンランカイに行く。
⑥ キカイ体操の選手。
⑦ ケンアクなふんいきだった。
⑧ 今日は校庭がカイホウされる日だ。
⑨ 二十日までの消印有効です。
⑩ 一目散に逃げた。

問二　空らん ② にあてはまる四字熟語として最もふさわしいものを選び、記号で答えなさい。

ア　朝三暮四　イ　一石二鳥　ウ　一期一会　エ　二束三文

問三　「※③」が付されている部分の文章表現についての説明として最もふさわしいものを選び、記号で答えなさい。

ア　風景を具体的に描写し、そこでの行動も詳細《しょうさい》に説明することで、思い出の情景を生き生きと表している。

イ　様々な生き物の名前を登場させることで、一般人が立ち入らないような場所への恐怖《きょうふ》感をやわらげている。

ウ　戦争や死を意識させるような場所と、そこで生きる生き物たちの姿を対比させ、命の尊さを強調している。

エ　実際に存在する地名や生物名を用いることで現実味を出し、「お祖父ちゃん」の記憶《きおく》力の良さを伝えている。

問四　空らん ④ にあてはまる語として最もふさわしいものを選び、記号で答えなさい。

ア　骨　イ　腰《こし》　ウ　膝《ひざ》　エ　鼻

問五　――線部⑤「『いいなぁお祖父ちゃんは』～『よかぁねえよ』」とありますが、ここでの「ボク」と「お祖父ちゃん」の気持ちの違《ちが》いを説明したものとして最もふさわしいものを選び、記号で答えなさい。

ア　「ボク」は兄弟がおらずさびしさを感じているが、「お祖父ちゃん」は兄弟がいても父親を亡《な》くしたさびしさを埋《う》めることはできないと思っている。

イ　「ボク」は兄や姉がいないので「お祖父ちゃん」にあこがれを抱《いだ》いているが、「お祖父ちゃん」は末っ子で兄たちから殴られる立場を不満に思っている。

ウ　「ボク」はおとうさんがいない点で「お祖父ちゃん」に親近感を持っているが、「お祖父ちゃん」は「ボク」と親密な関係を築くことは避《さ》けたいと思っている。

エ　「ボク」は「お祖父ちゃん」が「みそっかす」だったということが気になって仕方がないが、「お祖父ちゃん」は二度と思い出したくない思い出だと思っている。

問六　――線部⑥「『せんそうがあったの』」とありますが、「せんそう」がひらがなで書かれている理由として最もふさわしいものを選び、記号で答えなさい。

ア　「ボク」が考えている戦争は、子どもが考えているようなかわいいものであることを示すため。

イ　「ボク」はまだ「戦争」という漢字を習っておらず、その内容を一切知らないことを示すため。

ウ　「ボク」は出来事の名前としては戦争を知っているが、まだ深くは知らないということを示すため。

エ　「ボク」が教科書で見た戦争と、「お祖父ちゃん」が体験した戦争は別のものであることを示すため。

問七　――線部⑦－A「……かえって……こなかったの」、⑦－B「……ほかのおにいちゃんたちは？」の「…」が表す「ボク」の気持ちを理由をふくめて簡潔に説明しなさい。

問八　――線部⑧「そう言って、お祖父ちゃんは、なぜかため息をついた」とありますが、次の説明を読み、「ため息の理由」を五十字以上六十字以内で説明しなさい。

「そうだ」つぶやくようにお祖父ちゃんが言った。「とうちゃんは七十二まで生きた。俺は、とうちゃんより十年も長く生きている」

あのとき、ボクが聞きたかったのは、お祖父ちゃんは戦争に行ったのか、ということだった。けれど、お祖父ちゃんは、「俺も高等小学校を卒業したあと、海軍工廠見習い教習所に入所した」と話しはじめた。

いつになく生《き》まじめな口調だったので、ボクは口をはさむことができなかった。

「造船部で学んで工場に配属された。戦争が激しくなっていたから、傷ついた軍艦の修理が多かった。っても、横須賀海軍工廠の仕事はそれだけじゃないぞ。戦艦信濃《せんかんしなの》※3を空母に改装する工事もやったからな」

お祖父ちゃんはなんだか誇《ほこ》らしげだった。

「信濃は、当時、世界最大の航空母艦《ぼかん》だった……」

⑧そう言って、お祖父ちゃんは、なぜかため息をついた。

言葉が途切《とぎ》れた一瞬《いっしゅん》の間《ま》に、ボクは声をすべりこませた。

「お祖父ちゃんは戦争に行った？」

お祖父ちゃんが目をすがめてボクを見た。

「召集《しょうしゅう》されて、不入斗《いりやまず》の陸軍練兵所に入った」

ボクの頭に最初に浮かんだのは、海軍じゃないんだ…ってことだった。『れんぺいじょ』という言葉のイミもわからなかった。

「れんぺいじょ、って」とボクは聞いた。

「兵隊になる訓練をする場所だ。訓練してる間に、戦争が終わった」

「よかったね。お祖父ちゃんも戦争に行かなかったんだね」

⑨お祖父ちゃんはなにも聞こえなかったようにボクから目をそらした。

そして、よっこらしょ、と掛《か》け声をかけてゆっくりと切り株から立ち上がった。

（花形　みつる『徳治郎とボク』より）

※1　工廠…兵器や弾薬《だんやく》などを製造、修理した工場。

※2　伝馬船…木造の小型和船。

※3　空母…航空母艦の略。航空機を搭載《とうさい》し、その発着や整備をする軍艦。

問一　――線部①「お祖父ちゃん」とありますが、左の図は、この一家を「お祖父ちゃん」を中心に整理した家系図です。図の中の空らん［①］～［③］にあてはまる、「お祖父ちゃん」が使用している本文中の人物を呼ぶ表現として適切なものをそれぞれ選び、記号で答えなさい。なお、家系図の［　］は男性を表し、［　］（点線）は女性を表します。

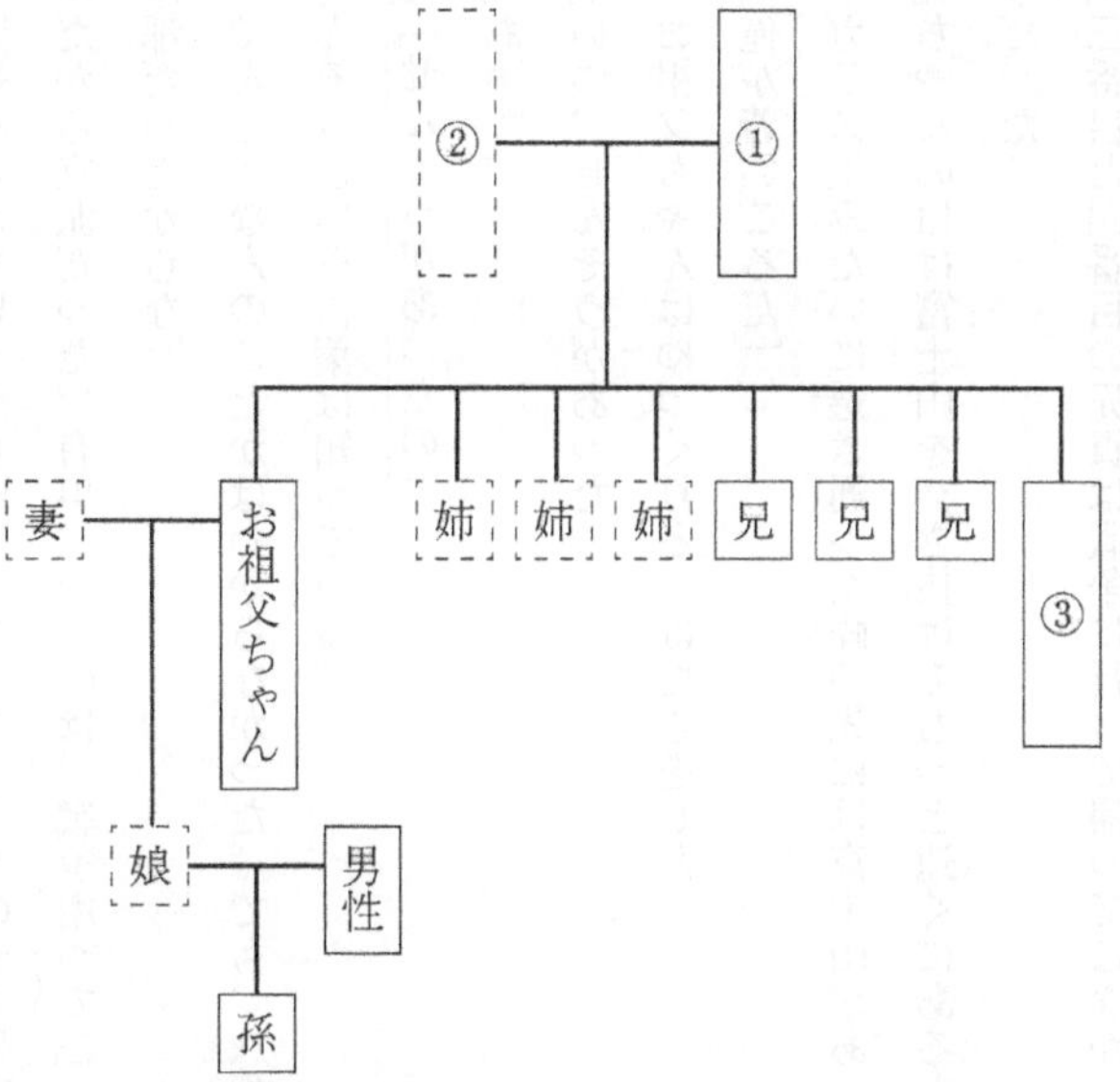


ア　おとうさん

イ　オヤジ

ウ　とうちゃん

エ　おかあさん

オ　バアさん

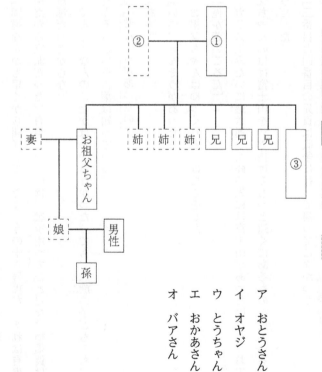

た。「おにいちゃんがいっぱいいて」

「よかぁねえよ」お祖父ちゃんは眉の間にシワを寄せた。「兄貴なんていりゃあいいってもんじゃないぞ。悪さしたのがバレてとうちゃんに殴《なぐ》られるのはまだしも、二番目の兄貴にも殴られたからな。ヘタすりゃあ三番目や四番目の兄貴にも」

それは、かなりイヤだ。ボクはお祖父ちゃんに同情した。でも、よくよく考えると、それもこれも自分のせいなのだ。

「お祖父ちゃんがロクなことしてなかったからでしょ」

「そうでもないぞ」お祖父ちゃんが言い返した。「ちっとはいいこともしたぞ」

お祖父ちゃんはちょっとムキになっていた。

「いいことってなによ」

ボクはちょっと疑っていた。

「バアさんの手伝いだ」

強い口調で言いはるお祖父ちゃんは、なんだか子どもみたいだった。

「バアさんといっしょに山に拾いに行ったもんよ、枯《か》れ木をな。ガスなんてねーんだから、あのころ。かまどだから。飯炊《た》くのも風呂《ふろ》わかすのもマキだった。水道もなかったからなー。井戸だったのよ。知ってるか、井戸水ってのは、夏はひゃっこくて冬はあったけぇんだぞ。

それでもな、横須賀は他と比べて進んでたんだ。海軍がいたからな。水道がひけたのも早かったし、鉄道が敷《し》けたのも早かった。横須賀駅ができたのが明治二十二年だ。横須賀は東京湾の守りの要《かなめ》だったから、鉄道がなかったらいざというときに物資や軍隊を輸送することができない、ってことだろうな」

どこかの扉《とびら》が開いてしまったようにお祖父ちゃんはしゃべり続けた。

「国道なんかも早くから開通していたな。今の十六号線だ。あれは有事用だから立派だった。有事、ってのは、戦争用ってことだな。横須賀は軍都だったからな」

ぐんとがなんのことかはわからなかった。でも、八歳《さい》の子どもでも、せんそうという言葉は知っている。

⑥「せんそうがあったの」

「あぁ」

「いつ、せんそうがあったの」

お祖父ちゃんはゆっくりとまばたきをした。

「俺が若いころだ」

ガラス玉みたいに透《す》き通った眸《ひとみ》の先には富士山があったけれど、お祖父ちゃんの目は富士山を突き抜《ぬ》けてもっと遠くにあるものを見ているようだった。

「三番目と四番目の兄貴は戦争に行って帰ってこなかった」

⑦―A「……かえって……こなかったの」

「あ？」

お祖父ちゃんはなんだか上の空だった。なにかほかのことに気を取られているみたいだった。

⑦―B「……ほかのおにいちゃんたちは？」

お祖父ちゃんがのろのろとボクに目を向けた。

「とうちゃんと二番目の兄貴は海軍工廠で軍艦をつくる仕事をしていたし、二人とも兵隊さんにとられるほど若くはなかった」

「とうちゃんと二番目のおにいちゃんは行かなかったんだね」

安浦《やすうら》の漁師から船を借りて、とうちゃんの手漕《てこ》ぎで沖に向かった。船といっても、二、三人乗ったらいっぱいの小さな※2伝馬船《てんません》だ。とうちゃんは船を沖合に突《つ》き出ている岩につないで釣りをした。そこらは、ウミウたちの漁場でもあった。黒い羽の鳥たちは、岩から海中に飛び込《こ》んで魚をつかまえていた。俺はウミウに劣《おと》らず潜水《せんすい》が得意だった。海に潜《もぐ》っては、クチバシならぬミツマタでベラやクロダイを突いていた。

※③

ウミウたちの巣は、岩よりもっと沖の猿島《さるしま》の切り立った崖《がけ》の上にあった。崖がウミウのフンで白く染まっていたほどだった。猿島の原生林の緑が痛いくらいに目に沁《し》みた。白い砂浜が陽《ひ》を受けてきらきら光っていた。きれいな砂浜には人っ子一人いない。東京湾《わん》に浮《う》かぶ猿島は砲台《ほうだい》が築かれた要塞《ようさい》だったから、一般人《いっぱんじん》の立ち入りは禁止されていたんだ。

軍都横須賀《よこすか》には、猿島みたいに入っちゃいけない見てはいけない、写真をとったりしたら警察にしょっぴかれる、という場所がいたるところにあった。とうちゃんと吉倉《よしくら》の海岸から伝馬船でワタリガニをとりに出たときは、うっかり軍港内に入りこんじまって、兵隊さんに、撃《う》つぞ！とおどされて、命からがら逃げ帰ったなんてこともあったな」

青い空を背にした真っ白い富士山、というお気に入りの風景に気分がいいのか、お祖父ちゃんの口はいつもより滑《なめ》らかに動いていた。滑らか過ぎて話が横道にそれてきたので、ボクは「ほかのおにいちゃんやおねえちゃんたちは」と声をはさんだ。ほうだいとか、ぐんこうとかの、よくわからない話よりも、お祖父ちゃんの家族の話が聞きたかったのだ。楽しい夢でもみているような顔つきでしゃべっていたお祖父ちゃんは話の ④ を折られ、なんだ、というように口を閉じた。

ほかのおにいちゃんやおねえちゃんたちは？ボクがもう一度たずねると、お祖父ちゃんは、天を目指してすっと立ち上がっている富士山から視線をはずした。片方の眉《まゆ》をあげ、なにかむずかしいことでも考えているような顔つきでしばらく黙《だま》りこんだ。

「上の姉貴二人は俺がまだ子どものときに嫁《よめ》にいったからなぁ……」

記憶《きおく》を空からたぐり寄せるように、お祖父ちゃんは視線を上げた。空は高く、ぴるるるーと鳴きながらトビが旋回《せんかい》していた。

「一番下の姉貴は給料がはいると安浦館《やすうらかん》に連れてってくれたり、今川焼きを買ってくれたなぁ」

「やすうらかん、って？」

「あ」

お祖父ちゃんが耳をこちらに傾《かたむ》けた。

「やすうらかんって、なに」

「昔、そういう名前の映画館があったのよ」

「とうちゃんのほかのおにいちゃんたちも、どっか連れてってくれたの」

お祖父ちゃんは首を振《ふ》った。

「兄貴たちは、末っ子のことなんか眼中《がんちゅう》になかったんじゃねーか」

「がんちゅう？」

「俺はみそっかすだった、ってことよ」

みそっかすの意味はわからなくてもニュアンスは通じる。それでも、ボクにはうらやましいことにちがいなかった。

⑤「いいなぁお祖父ちゃんは」ボクは思っていたことをそのまま口にし

ク

ケ

二 次の文章を読んで、あとの問いに答えなさい。（一部乱暴な表現がありますが、原文の表現を生かしそのまま掲載《けいさい》しています。）

「オヤジが死んだあとの一家を支《ささ》えたのは海軍工廠《こうしょう》※1で働いていた一番上の兄貴だった。逸見《へみ》は海軍と工員さんの町だった。二番目の兄貴も長男にならって軍艦《ぐんかん》づくりの工員さんになった。

俺《おれ》は大人には逆《さか》らってばかりだったが、一番上の兄貴だけには頭があがらなかった。ちっせぇときに父親を亡《な》くした末っ子の俺にはオヤジがわりだったからだ。俺は一番上の兄貴を『とうちゃん』と呼んでいた。おふくろが『バアさん』で兄貴が『とうちゃん』だ」

『とうちゃん』の話は、うんと小さなころ、お母さんに毎晩読んでもらった絵本みたいに、何度聞いてもあきなかった。

①お祖父《じい》ちゃんとボクは、おとうさんがいないってところが似ているなぁ。本当のおとうさんが死んじゃってもお祖父ちゃんがあんまりさみしくなかったのは、『とうちゃん』がいたからかなぁ。おかあさんが『バアさん』で一番上のおにいちゃんが『とうちゃん』ってなんかおもしろいなぁ。兄弟八人ってどんな感じなのかなぁ……。『とうちゃん』の話を聞きながら、ボクはとりとめのないことを考えていた。

それまでなにも考えずに生きてきたボクだったけど、あのころから、いつもなにかしらを考えていた気がする。

「とうちゃんは、休みの日になると釣《つ》りに出かけていた。大家族の晩のおかずを調達できる ② の趣味《しゅみ》だった。ときどき、俺もいっしょに連れて行ってくれた。

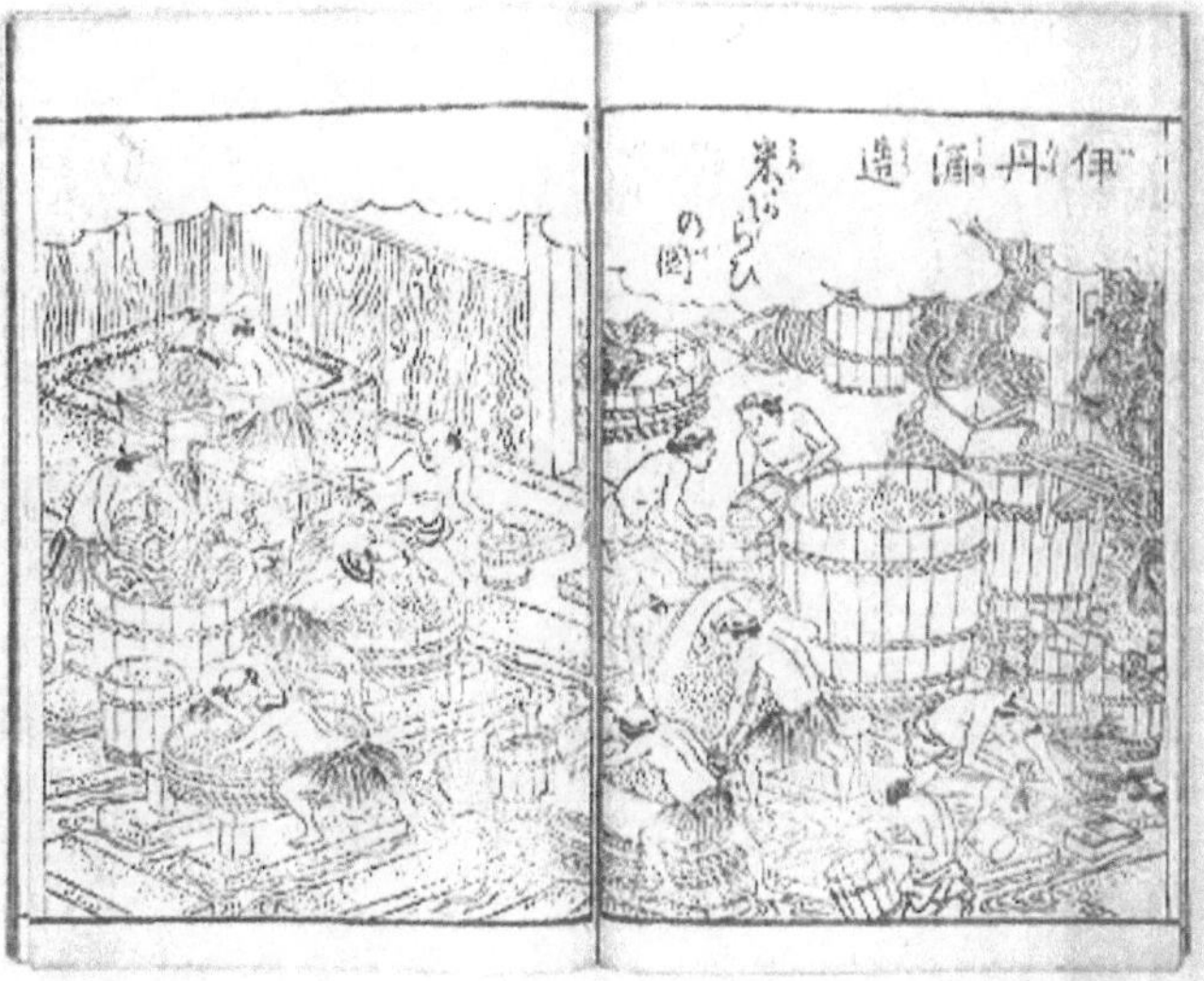


オ

カ

キ

イ

ウ

エ

で、食生活にも大きな変化があったみたい。私たちが今考えている「日本食」も、桶の大型化なしには生まれていなかったかもしれないね。

**やしお**　でも、そうして大活躍していた桶も、戦後に衰退してしまったんだね。

**ゆきこ**　残念だよね。③今、SDGsなんていうことが盛んに言われているように、桶は最先端の知恵なのかもしれないのにね。

(1)　――線部①「桶師」を表す絵として最もふさわしいものを31ページから28ページのア～ケより選び、記号で答えなさい。

(2)　――線部②「桶が大きくなったことで大量生産できるようになったもの」としてあてはまらないものを一つ選び、記号で答えなさい。

ア　醤油　イ　味噌　ウ　酢　エ　米

(3)　――線部③「今、SDGs～桶は最先端の知恵なのかもしれない」とゆきこが言うのはなぜですか。本文の内容をふまえて、あなたの考えを五十字以上六十字以内で述べなさい。

図は国立国会図書館デジタルコレクションより引用。
ただしクの図は東京国立博物館ホームページより引用した。

ア

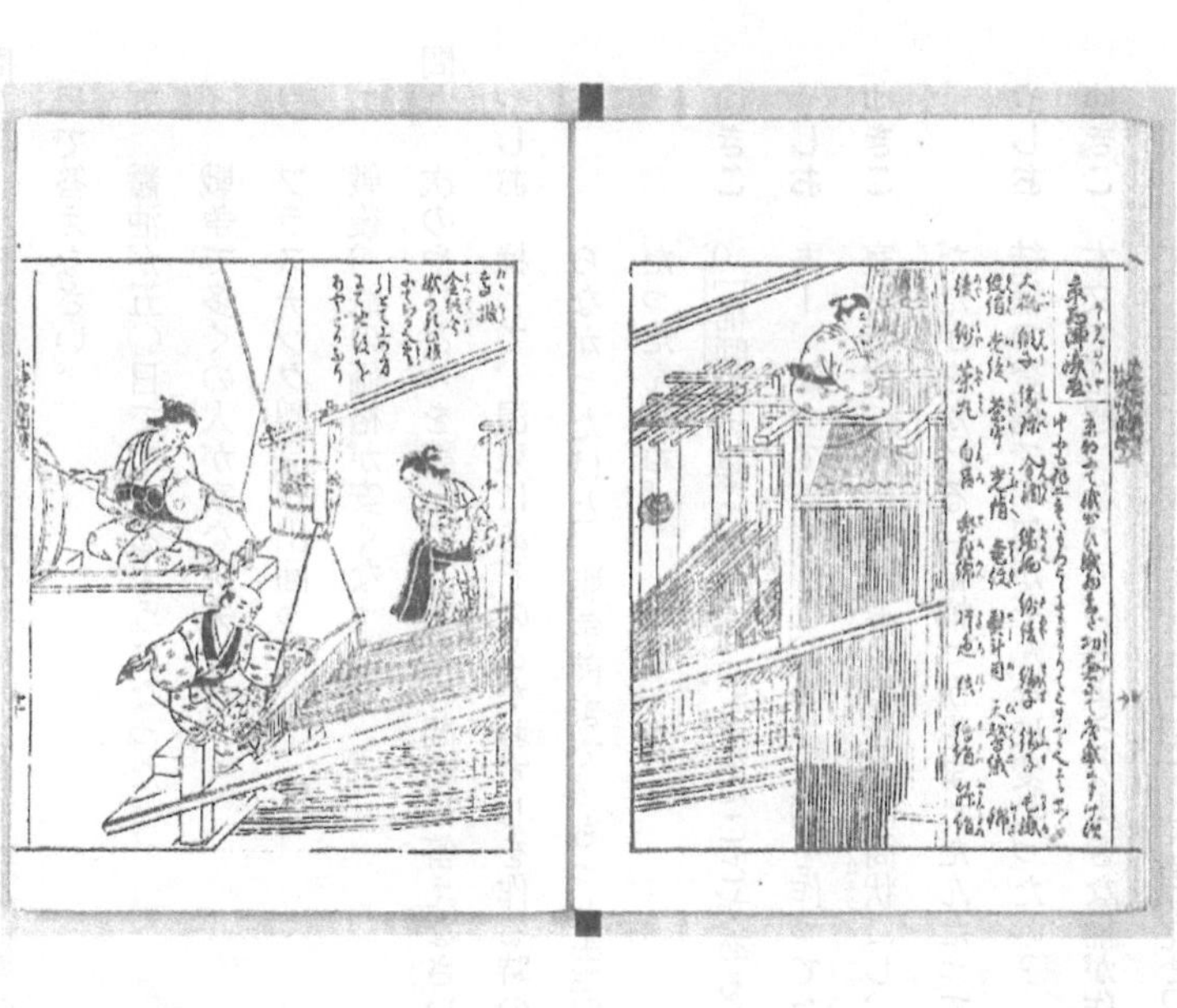

ア　A　まず　B　もちろん　C　つまり　D　そして
イ　A　そして　B　まず　C　もちろん　D　つまり
ウ　A　つまり　B　もちろん　C　まず　D　そして
エ　A　まず　B　つまり　C　そして　D　もちろん

問六　――線部⑥「クレイジー」とありますが、なぜアメリカはそのように見ていたのですか。最もふさわしいものを選び、記号で答えなさい。

ア　日本の醸造業の悠長さを見て、日本が戦争に負けた要因はこのような楽観的な心理にあると考えたから。
イ　原料を加工し完成までにかかる時間が長すぎるうえ、長期にわたり使われる木桶が不潔に思えたから。
ウ　醤油や酒造りの方法が江戸時代と同じでは、今後日本の醸造業の発展は見込めないと考えていたから。
エ　洗いもせず何十年も使い続ける木桶で作られた醤油や酒を、何の疑問も抱かずに売買することに驚いたから。

問七　――線部⑦「当時は、アルコールであればなんでもいい、という時代でした」とありますが、なぜそのように思われていたのですか。ふさわしいものはA、ふさわしくないものはBと答えなさい。

ア　戦中・戦後の食糧や物資不足のなかで、酒の品質は問うことはできず、飲めるだけでも恵まれているような状況だったから。
イ　戦後、GHQの指導により木桶を使わないよう指導された酒蔵が、木桶からホーロータンクに設備をかえるまで酒が造れなかったから。
ウ　戦後の貧しい時代に、作る過程で欠減する酒はぜいたく品で、酒蔵は欠減をうめるために薄めた酒を造らざるをえなかったから。
エ　木桶でつくった本来の酒の味よりも、清潔なホーロータンクでつくった新しい酒の味を人々が好むようになったから。

問八　――線部⑧「さまざまな事情」に含まれないものを一つ選び、記号で答えなさい。

ア　醤油が五〇日でできるようになった。
イ　戦争で多くの人が家を焼失した。
ウ　プラスチック製品が出回った。
エ　戦後、鉄の価格が安くなった。

問九　次のやりとりを読んで、あとの問いに答えなさい。

**やしお**　桶って、温泉にあるのとかおすしを作る時の桶くらいしか知らなかったけど、戦争前まで、もっと生活に密着したものだったんだね。
**ゆきこ**　①「桶師」の絵って、きっと見たことがあると思うよ。ほら。
**やしお**　あー、知ってる！　これって、桶を作ってたんだ！
**ゆきこ**　室町時代に、板を組み合わせて円筒状《えんとうじょう》にし、外側に竹で編んだたがをかける「結桶」が生まれたんだって。
**やしお**　結桶の登場で、何がそんなに変わったの？
**ゆきこ**　本文で話題になっているような大きな桶が作れるようになって、お酒を大量生産することができるようになったんだって。
**やしお**　そうなんだ。じゃあ他にも②桶が大きくなったことで大量生産できるようになったものがきっとあるはずだね。
**ゆきこ**　調べてみたら、こうして大量生産ができるようになったこと事をする桶屋もあったため、ますます桶のイメージが悪くなり、業界全体が衰退《すいたい》していきます。

藤井製桶所の次男として生まれた上芝雄史さんは戦後生まれですが、木桶の衰退とともに歩んできた人生であった、ともいえます。

「木桶は時代の流れからズレたんですね。第二次世界大戦が終わってからの一〇年で、桶屋の数は一〇〇分の一になりました」

（竹内　早希子『巨大おけを絶やすな！　日本の食文化を未来へつなぐ』より　一部改）

問一　――線部①「資料によると」とありますが、筆者はこの資料からどのようなことを読み取りましたか。最もふさわしいものを選び、記号で答えなさい。

ア　当時は様々な組合が存在することから、一つの桶を作る上で作業を分担し、素早く多数の注文をさばいていたということ。

イ　当時は様々な組合が存在することから、桶の種類ごとに専門的な職人がおり、それぞれが一つの桶を作り上げていたということ。

ウ　当時は様々な組合が存在することから、人々は用途によって桶を使い分けるなど桶の需要《じゅよう》が大きく、よく売れたということ。

エ　当時は様々な組合が存在することから、分業化することで利益が出ると江戸時代の人々は信じていたということ。

問二　空らん ② にあてはまる語を、本文中より漢字二字でぬき出して答えなさい。

問三　空らん ③－A ～ ③－C にはそれぞれ上にある慣用表現の意味が入ります。その組み合わせとして最もふさわしいものを選び、記号で答えなさい。

① ゆるんだ秩序《ちつじょ》や決まり、気持ちを引きしめること。

② 緊張が解けてハメをはずしてしまうこと。また、それまでの秩序がなくなること。

③ 秩序がなくなること。緊張がゆるんだり年をとって鈍《にぶ》くなったりすること。

ア　A　①　B　②　C　③

イ　A　①　B　③　C　②

ウ　A　②　B　③　C　①

エ　A　③　B　②　C　①

問四　空らん ④ に入るように次の文を正しい順に並べかえ、記号で答えなさい。

ア　場合によっては醤油屋で使われた後に、味噌《そ》屋に行くこともあります。

イ　醤油には塩分があるので、塩の効果で木桶は腐《くさ》りにくく、塩分が固まって隙間《すきま》をうめるためにもれづらくなり、技術の高い桶職人がつくった桶であれば、さらに一〇〇年近く使うことができます。

ウ　そうなったら、大桶を一度解体し、ばらした板を削《けず》って組み直し、次は醤油屋に引き取られます。

エ　酒蔵が新しい桶でお酒を醸《かも》しているうちに、二〇年から三〇年たつと木桶からお酒がしみ出すようになってきます。

オ　もちろん、醤油屋から味噌屋に行かないパターンや、醤油屋が新しい桶をつくるパターンもあります。

問五　空らん ⑤－A ～ ⑤－D にあてはまる語の組み合わせとして最もふさわしいものを選び、記号で答えなさい。

これは醤油も同じでした。戦時中、食糧難《しょくりょうなん》を乗り切るために脱脂大豆《だっしだいず》を塩酸で分解し、これに甘味料《かんみりょう》やカラメル色素を加えた「アミノ酸醤油」が出回ります。また、南の国から入ってくるココヤシのかす（油をしぼった後のもの）で麹をつくり、これと醤油のしぼりかすを使って醤油をつくる「新式醤油」が登場します。いよいよ食糧がなくなってくると、塩水に醤油のしぼりかすで色をつけた「代用醤油」も出回りました。

⑤−C 戦後も、激しい食糧不足は続きます。その時に、今も醤油を主力商品とする食品メーカー、キッコーマンの研究員が、醤油のもろみにアミノ酸液を加えて一緒に発酵させる新式二号という製法を発明しました。この醸造方法は、日本の醤油醸造業を救ったといわれる画期的な方法でした。五〇日間で完成し、味もそれなりに満足のいくものです。

アミノ酸液を加えて速醸《そくじょう》するというと、現在だとイメージが良くないかもしれませんが、この発明が「日本の醸造業はクレイジーだ、とても原料大豆を支援《しえん》することはできない」といっていたGHQを動かし、醸造してつくる醤油業界に原料大豆をまわしてもらえることになったのでした。この技術のおかげで現在の醤油業界が生き残ることができた、といわれています。

藤井製桶所の上芝雄史さんによると、こういった蔵元が抱《かか》えていた事情以外にも、当時、戦争で失った家を再建したい人が多く、木材が高騰《こうとう》したことも、木桶の減少に影響したといいます。

木材の高騰と逆に、軍需《ぐんじゅ》産業がなくなったことで、鉄が余って安くなりました。こうして戦時中に軍艦《ぐんかん》をつくっていた会社が、次の活路としてホーロータンクをつくるようになったのです（ホーローは、鉄などの金属のまわりをガラスでコーティングしてつくられます）。このホーロータンクも戦後のいっとき多くつくられましたが、現在では一社しか製造するところが残っていません。

生活の道具として使われてきた小さい木桶は、プラスチックが登場してから取って代わられ、生産量がガクンと減りました。

さて、酒蔵から始まる桶づくりのサイクルがとだえたことに加え、そもそもの話として、木桶は一度つくれば一〇〇〜一五〇年もちます。ということは、単純に計算しても、次回の注文は早くて一〇〇年後、ということになります。

手入れが大変、不潔、欠減で損をする、時代遅《おく》れ、というイメージがついてしまった木桶は、すっかり過去の遺物というあつかいになってしまいました。木桶を使い続けていることは、すなわち設備を整える余裕《よゆう》がない証拠《しょうこ》のようなもので、はずかしい、できることなら秘密にしたい、人に見せたくない、という風潮《ふうちょう》になっていきます。

「お金がないから仕方なく木桶を使い続け、機会があれば近代的な設備に変えたい」そう思っている蔵元が、なぜわざわざ高いお金をかけて新しい木桶を注文するでしょうか。

⑤−D なかには、絶対に昔からのつくりを変えたくないという強い思いと誇《ほこ》りを持って木桶を守ってきた蔵元もありましたが、相当の変わり者、少数派とみられていたことは間違いありません。

こうした⑧さまざまな事情が重なって木桶の注文は激減し、桶屋は仕事をうばい合うようになりました。より安くしあげるために質の悪い仕

④

木桶に逆風が吹《ふ》き始めたのは、時代が昭和に入ってからのことです。大桶を使うサイクルが狂《くる》い始めたのです。

⑤－A、スタートの鍵《かぎ》をにぎる酒蔵が、新桶をつくらなくなりました。

第二次世界大戦中、そして戦後と、酒蔵は厳しい状況《じょうきょう》に置かれていました。食べるものがなくて餓《う》え死にする人がたくさんいた時代、米を発《はっ》酵《こう》させてアルコールにするお酒が超《ちょう》ぜいたく品だったことは間違《まちが》いなく、つくる量を極端《きょくたん》に制限しなければなりませんでした。なんとか酒蔵を絶やさないために、数軒《すうけん》の酒蔵を合併《がっぺい》してほそぼそと製造を続けたところも少なくありません。

戦争が終わり、GHQ《ジーエイチキュー》（連合国最高司令官総司令部）の統治が始まりますが、アメリカからみた日本の醸造《じょうぞう》発酵の世界というのは、ひとことでいうなら「⑥クレイジー」だったようです。

たとえば醤油なら、原料を仕込んでから一年以上経たなければ商品（醤油）ができないという悠長《ゆうちょう》さ。仕込んだ大豆や小麦のうち、四〇パーセントがしぼりかすになってしまう効率の悪さ。さらに、木桶は「不潔」であるとして、極力使わないように、と保健所が指導してまわりました。

そしてもっとも影響《えいきょう》が大きかったのは、酒づくりで起こる欠減《けつげん》の問題でした。

欠減というのは、酒を仕込んで完成するまでの間に蒸発して減ってしまう分のことです（樽で仕込むウイスキーやワインの世界ではこれを「天使の分け前（エンジェルズシェア）」と呼び、お酒がおいしくなるために天使にあげる分、ととらえます）。

「桶が酒を飲む」といわれるくらい、木桶は木の肌で酒を吸います。また、樽と違って密閉されていないため、蒸発して減ってしまう分も加わって、ホーローやステンレスなどのタンクと比べて、欠減が大きくなります。⑤－B 木桶でつくると酒蔵が損をするというわけです。

不潔だのなんだのと言われたうえに損をするんじゃ、割に合わない……、酒蔵が一斉《いっせい》に木桶からホーロータンクに切りかえていきました。当然、酒の味はがらっと変わります。

当時、消費者から「戦後の酒はうすっぺらい」「味がない」「カドがある」など、さまざまなクレームが寄せられたという記録が残っています。これは一〇年ほど続きましたが、やがて消費者も慣《な》れたのか、クレームも減っていきました。

⑦当時は、アルコールであればなんでもいい、という時代でした。三増《さんぞう》酒《しゅ》、合成酒といわれる粗悪《そあく》な酒をみんな喜んで飲みました。三増酒は戦時中に生まれたお酒で、米と米麹《こめこうじ》でつくったもろみに、水でうすめたアルコールやぶどう糖を足し、酸味料やうまみ調味料で味を整えたものです。もとのもろみの三倍の量になるので三増酒。こういうお酒がはやりました。

当時の状況からすれば無理もないことですが、日本酒本来のつくり方、味でなくてもいいという人が多かったため、いつしか本来の酒の味が忘れられていったのです。

【国　語】（五〇分）〈満点：一〇〇点〉

【注意】※答えはすべて解答用紙に記入すること。
※選たく問題はすべて記号で答えなさい。
※字数制限のあるものは、句読点および記号も一字とする。

一　次の文章を読んで、あとの問いに答えなさい。

藤井製桶所《せいおけしょ》の上芝雄史《うえしばたけし》さんが持っている①資料によると、明治、大正の頃には輪竹《わだけ》（たがにするための竹）の業者の組合、樽《たる》の底をあつかう業者の組合、フタをあつかう業者の組合があり、さらに樽は樽でも酒樽と醤油《しょうゆ》樽をつくる業者の組合は別々に存在していました。また、木取《きど》り商《しょう》といって、桶専門の材木問屋《ざいもくどんや》さんもいました。

組合が別々にあることからわかるように、かつての桶づくりの仕事は完全に分業化されていました。また、それぞれ専門分野として作業を分担しなければならないほど、桶や樽関連の仕事が多かったことが想像できます。

桶の材料は、桶づくりを依頼《いらい》する造り酒屋や醤油屋が木取り商から買って桶師《おけし》にわたします。桶師は造り酒屋の敷地《しきち》に出入りして桶をつくります。桶師は出職《でしょく》といって道具を持って全国をわたり歩き、桶づくりの「手間」だけでお金をかせぐしくみでした。

ご飯をいれるおひつや洗面桶など生活に使う小さな桶づくりは小仕事《こしごと》といい、こんこん屋、とんとん屋とも呼ばれる町の桶屋さんが担当しました。「［②］から棺桶《かんおけ》まで」といわれるほど、桶は人が一生を通じてつきあう生活必需品《ひつじゅひん》でした。

明治時代の記録を見ると全戸数の一〇〇軒《けん》に一軒が桶屋だったことがわかり、これは二つか三つの町ごとに必ず一軒は桶屋があった、という計算になります（小泉和子編『桶と樽――脇役の日本史』法政大学出版局より）。

赤ちゃんが産湯《うぶゆ》をつかう産湯桶、毎日井戸から水をくむつるべ、水桶、たらい、おひつ、食べ物を入れて運ぶ岡持《おかも》ち、風呂桶《ふろおけ》（浴槽《よくそう》）、洗面器用の小桶、手桶、棺桶、日常のさまざまな場面で桶が使われていましたから、これだけ桶屋があったのも当然かもしれません。

桶を締《し》めるたがについては、今でも使われている慣用句がたくさんあります。

箍《たが》がはずれる　［③―A］

箍がゆるむ　［③―B］

箍をしめる　［③―C］

たがはずれたりゆるんだりすると、たちまち桶や樽がばらばらになってしまいますが、昔の人は人間の規律や秩序《ちつじょ》をこれになぞらえたわけで、なんともいいセンスですね。

さて、この頃の木桶の一生には、大きなサイクルがありました。江戸時代、数ある職業の中で、かせぎが良かったのは酒蔵でした。木桶づくりにはお金がかかりますが、まず、お金を持っている酒蔵が新桶を注文します。ここが木桶のサイクルのスタートです。

# 2024年度

# 解　答　と　解　説

《2024年度の配点は解答欄に掲載してあります。》

## ＜算数解答＞

【1】 (1)　3　　(2)　$\frac{1}{4}$

【2】 (1)　4%　　(2)　7通り　　(3)　$\frac{8}{5}\left[1.6,\ 1\frac{3}{5}\right]$cm

【3】 (1)　75個　　(2)　65個　　(3)　42個

【4】 (1)　450円　　(2)　13500円　　(3)　45個

【5】 (1)　7分12秒　　(2)　13分52秒　　(3)　26分24秒

【6】 (1)　17通り　　(2)　4通り　　(3)　75通り

【7】 (1)　9　　(2)　50mL　　(3)　45秒間

○推定配点○

各5点×20　　計100点

## ＜算数解説＞

基本 【1】 (四則計算)

(1)　$\left(\frac{7}{12}-\frac{1}{4}\right)\times2+\frac{7}{3}=3$

(2)　$\left(\frac{7}{3}+\frac{7}{4}\right)\times\left(\frac{9}{20}-\square\right)=\frac{49}{60}$　　$\frac{9}{20}-\square=\frac{1}{5}$　　$\square=\frac{1}{4}$

基本 【2】 (食塩水の濃度，約数，平面図形)

(1)　$\frac{(3\%\times3+7\%\times1)}{(3+1)}=4(\%)$

(2)　長方形の土地の面積は$44\times46=2024m^2$　　2024の約数は1，2，4，8，11，22，23，44，46，88，92，184，253，506，1012，2024　　このうち，縦より横が長く，縦44，横46を除いた組み合わせは，(縦，横)で表すと(1，2024)，(2，1012)，(4，506)，(8，253)，(11，184)，(22，92)，(23，88)の7通り

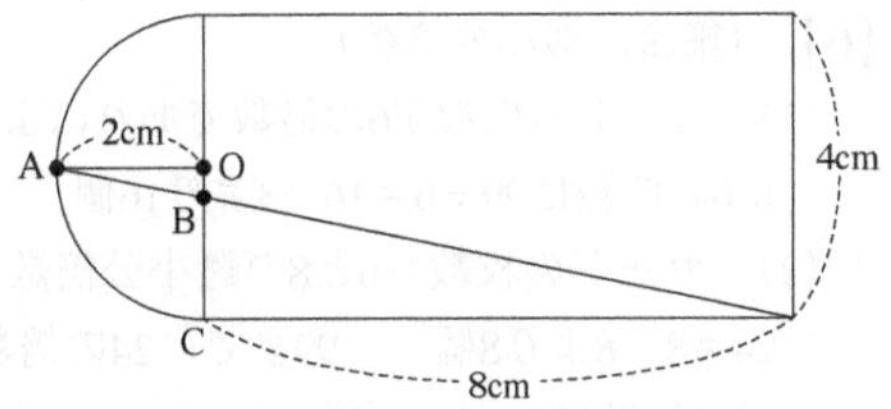


(3)　半円の中心をOとする。OAの長さは半円の半径なので2cm　　したがって，OB：BC＝2：8＝1：4なので，$BC=2\times\frac{4}{5}=1.6$(cm)

重要 【3】 (規則性)

(1)　正三角形が1個のときはご石は12個，正三角形が2個のときはご石は19個，正三角形が3個のときはご石は26個，というように正三角形が1個増えるごとにご石は7個増える。したがって，正三角形10個のときは$12+7\times(10-1)=75$(個)

(2)　正三角形が□個のときのご石の個数は$12+7\times(\square-1)$なので，これが460個になれば良い。$12+7\times(\square-1)=460$　　$\square=65$(個)

(3)　正三角形が1個のとき，黒のご石3個，白のご石9個であり，差は6個。正三角形が2個のとき，黒のご石4個，白のご石15個であり，差は11個。正三角形が3個のとき，黒のご石5個，白のご石21個であり，差は16個。正三角形が1個増加するごとに黒のご石は1個増加し，白のご石は6個増

加することから，差は5個増加する。正三角形が○個のとき，白と黒のご石の差は6＋(○－1)×5個であり，これが211個なので，6＋(○－1)×5＝211　○＝42(個)

重要 【4】 (売買損益・割合，つるかめ算)

(1)　原価の2割増しが540円なので，現価は540÷1.2＝450(円)

(2)　100個まとめて仕入れると1割引で仕入れることができるので，仕入れ値は450×100×0.9＝40500円　したがって，定価540円で100個売れたとすると，利益は540×100－40500＝13500(円)

(3)　売れ残った5個分の仕入れ値は450×0.9×5＝2025円であり，この金額は損になるので，売った95個の利益は8100＋2025＝10125円　定価で売った場合の利益は540－450×0.9＝135円　定価の1割引きで売った場合の利益は540×0.9－450×0.9＝81円　売れた95個がすべて定価の1割引きだった場合の利益は81×95＝7695円　したがって，定価で売った個数は(10125－7695)÷(135－81)＝45(個)

やや難 【5】 (仕事算，最小公倍数)

(1)　36と48の最小公倍数は144であり，AさんとBさん合計で144秒間に144÷36＋144÷48＝7個のじゃがいもの皮をむき終わる。したがって，21個のじゃがいもの皮をむき終わるまで21÷7×144＝432秒＝7分12秒

(2)　48と64の最小公倍数は192であり，BさんとCさん合計で192秒間に192÷48＋192÷64＝7個のじゃがいもの皮をむき終わる。7×4＝28個のじゃがいもをむき終わるまでに192×4＝768秒＝12分48秒かかる。30個までの残り2個について，12分48秒後にBさんとCさん同時にじゃがいもの皮をむき始め，2個ともむき終わるのはCさんがむき終わる12分48秒＋1分4秒＝13分52秒

(3)　36と48と64の最小公倍数は576であり，576秒でAさんは16個，Bさんは12個，Cさんは9個，合計37個のじゃがいもの皮をむき終わる。576×2＝1152秒で37×2＝74個むき終わる。100個までの残り26個について，表にすると下表のとおり(26個目と27個目が同時にむき終わる)。したがって，100個のじゃがいもをむき終わるのは1152＋432＝1584秒＝26分24秒

(むき終わる秒数)

| | | | | | | | | | | | | | | | | | | | | | | |
|---|---|---|---|---|---|---|---|---|---|---|---|---|---|---|---|---|---|---|---|---|---|---|
| A | 36 | | | 72 | | 108 | | 144 | 180 | | 216 | | 252 | | 288 | | 324 | | 360 | | 396 | 432 |
| B | | 48 | | | 96 | | | 144 | | 192 | | 240 | | | 288 | | | 336 | | 384 | | 432 |
| C | | | 64 | | | | 128 | | | 192 | | | | 256 | | 320 | | | | 384 | | |
| むき終わったじゃがいもの数 | 1 | 2 | 3 | 4 | 5 | 6 | 7 | 9 | 10 | 12 | 13 | 14 | 15 | 16 | 18 | 19 | 20 | 21 | 22 | 24 | 25 | 27 |

重要 【6】 (集合，最小公倍数)

(1)　カードの枚数が6の倍数であればよい。200までに6の倍数は200÷6＝33…2より33個　99までに6の倍数は99÷6＝16…3より16個　したがって，考えられるカードの枚数は33－16＝17(通り)

(2)　カードの枚数が6と8の最小公倍数である24の倍数であればよい。200までに24の倍数は200÷24＝8…8より8個　99までに24の倍数は99÷24＝4…4より4個　したがって，考えられるカードの枚数は8－4＝4(通り)

(3)　カードの枚数が6でも8でも割り切れない枚数であればよい。(1)より，6の倍数となるのは17通り。8の倍数となるのは200÷8＝25，99÷8＝12…3より，25－12＝13通り。(2)より24の倍数となるのは4通りなので，6または8の倍数となるのは17＋13－4＝26通り。したがって，6でも8でも割り切れない枚数となるのは200－99－26＝75(通り)

重要 【7】 (体積)

(1)　図2，図3の満水になったときの高さより，いとろの高さの差は32－21＝11(cm)　図2ではいから20cmのところで水の高さが一定になるので，40秒から70秒の間でろに水が流れ込むこと

がわかる。いから20cmの高さはろから20－11＝9(cm)の高さであり，ア＝9(cm)

(2)　図2，図3より，水道Aから70秒で流れる水の量と水道Bから126秒で流れる水の量が等しいので，水道Bから入れる水は毎秒90×70÷126＝50(mL)

(3)　図3より，水そうを満水にする水の量は50×270＝13500($cm^3$)　　水道Aから125秒で入る水の量は90×125＝11250($cm^3$)　したがって，水道Bから入れた水の量は13500－11250＝2250($cm^3$)であり，水道Aと水道Bの両方を使った時間は2250÷50＝45(秒間)

★ワンポイントアドバイス★

いずれもオーソドックスな問題であり，基礎が十分に出来ていれば解き方が思いつかないという問題はないと思われる。【7】はグラフに変化が起きるのはどの時か，グラフの理解が試される問題。日頃からイメージしながら演習しよう。

## ＜理科解答＞

【1】　(1)　イ，オ　(2)　イ　(3)　ウ　(4)　ア　(5)　ウ　(6)　カ　(7)　ア

【2】　(1)　3.1　(2)　秒速0.46km　(3)　①　カ　②　イ　③　エ　④　ウ
⑤　3.0[3]　(4)　ア　(5)　ア

【3】　(1)　エ　(2)　水素　(3)　ウ　(4)　ア　(5)　ア　(6)　イ　(7)　ウ

【4】　(1)　ウ，エ　(2)　ア　(3)　番号4　―　記号㋝　(4)　カ　(5)　8　(6)　カ
(7)　鏡A　ク　鏡B　チ

○推定配点○

【1】　各3点×7((1)完答)　【2】　(4)・(5)　各3点×2　他　各4点×4((3)①②③④完答)

【3】　(1)～(3)　各2点×3　他　各3点×4　【4】　(1)・(3)・(4)　各2点×3((1)・(3)各完答)

(7)　4点(完答)　他　各3点×3　計80点

## ＜理科解説＞

【1】　(生物－動物)

基本　(1)　メダカのオスの背びれには切れ込みがあり，オスのしりびれは平行四辺形に近く大きい。

(2)　水そうに水草を入れる理由は酸素の供給・水質の浄化・隠れ家になる・産卵場所になるなど水そう内を自然の状態に近づけるためであり，塩素は水をくみおきにすることで抜くことができる。

(3)　水道水には微生物を殺菌するために塩素を含んだ化合物が使用されていて，ヒトには問題がないがメダカには影響がある。

基本　(4)　顕微鏡は直射日光の当たるところでは使用しない。

重要　(5)　図2を参考にするとメダカはえらで酸素と二酸化炭素を交換し，えらにもどる血液は二酸化炭素が多く，えらから体の内部にむかう血液には酸素が多いことからウである。

(6)　食物連さは植物から始まり草食動物，肉食動物の順となるのでカである。

(7)　メダカと同じ体外受精をするのは，水中で受精するカエルである。

【2】　(天体・気象・地形－地球と太陽・月)

基本　(1)　円周率＝円周÷直径より40000km÷(6400km×2)＝3.125より3.1である。

(2)　40000km÷(24時間×60×60)＝0.462…より秒速0.46kmである。

重要 (3)　Aさんの考えは静止衛星が1周する距離÷時間なので$\frac{(6400\text{km}+36000\text{km})\times 2\times 3.1}{24\text{時間}\times 60\times 60}$＝3.04…より秒速3.0kmである。Bさんの考えは半径の比＝距離の比で速さの比に等しいことから考えているので$\frac{6400\text{km}+36000\text{km}}{6400\text{km}}$×秒速0.46km＝3.04…より秒速3.0kmとなる。

基本 (4)　衛星写真では日本海側に雲の筋があり関東地方を中心とする太平洋側に雲がないので冬の写真であることがわかる。

(5)　(4)の写真の天気図は西高東低の気圧配置で日本海側の等圧線は縦になっているアである。

## 【3】（物質と変化－水溶液の性質・物質との反応，金属の性質）

基本 (1)　鉄の密度はアルミニウムより大きく，鉄は磁石につくがアルミニウムはつかない。

基本 (2)　金属がとけて発生し，燃える気体は水素である。

(3)　水素は空気より軽いため発生すると空気中を上昇してしまうので上方置かん法で集める。

(4)　鉄がとけず，アルミニウムがとけたことからAは水酸化ナトリウム水溶液である。

基本 (5)　BTBよう液が黄色になるということは酸性である。

基本 (6)　ミョウバンの結晶は正八面体だからイである。

(7)　うすい黄色の粉は磁石にはつかないので鉄とは全く別の物質である。

## 【4】（熱・光・音－光の性質）

基本 (1)　反射の法則で入射角$b$と反射角$c$は等しい。$a$＝90°－入射角$b$，$d$＝90°－入射角$b$より$a$と$d$も等しい。

(2)　図1のように入射角$b$も反射角$c$も15°小さくなるので，合計30°小さくなる。

(3)　図2のようにしょうたさんの像は鏡を線対称の軸として反対側に見える。

(4)　図2のようにかおりさんとしょうたさんの像を結んだ線が鏡と交わる点カで反射する。

図1
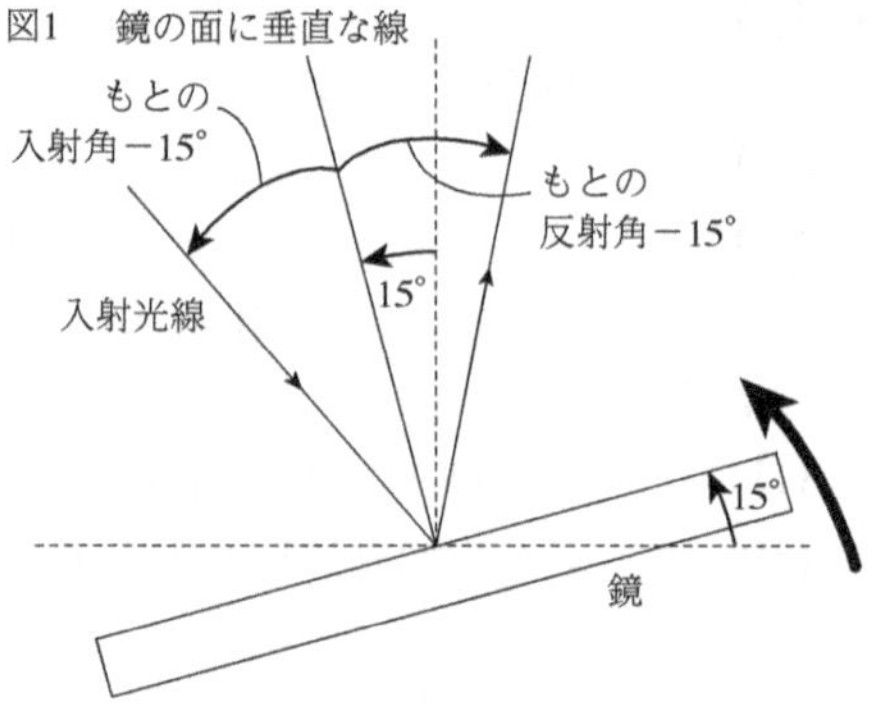


図2
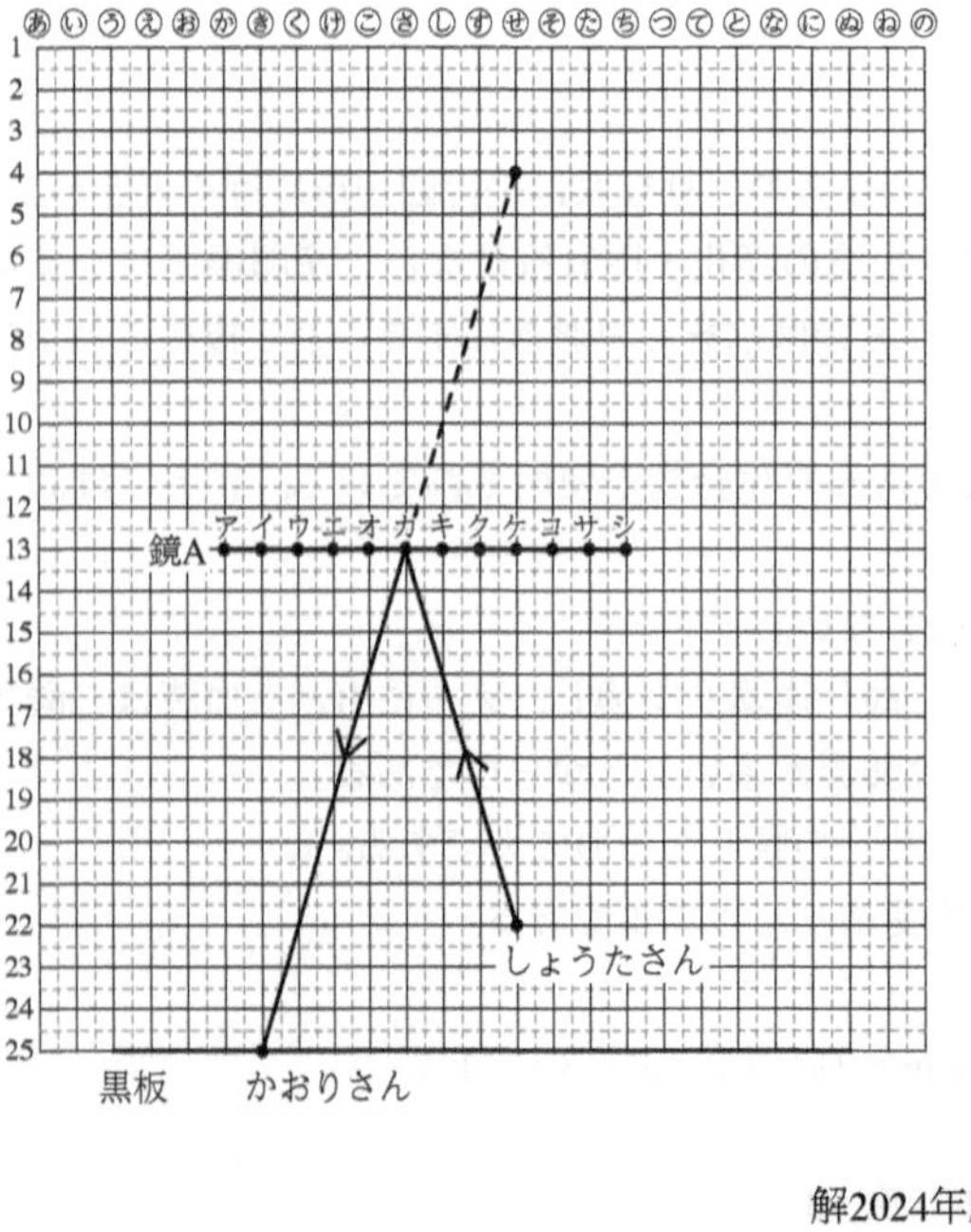


図3
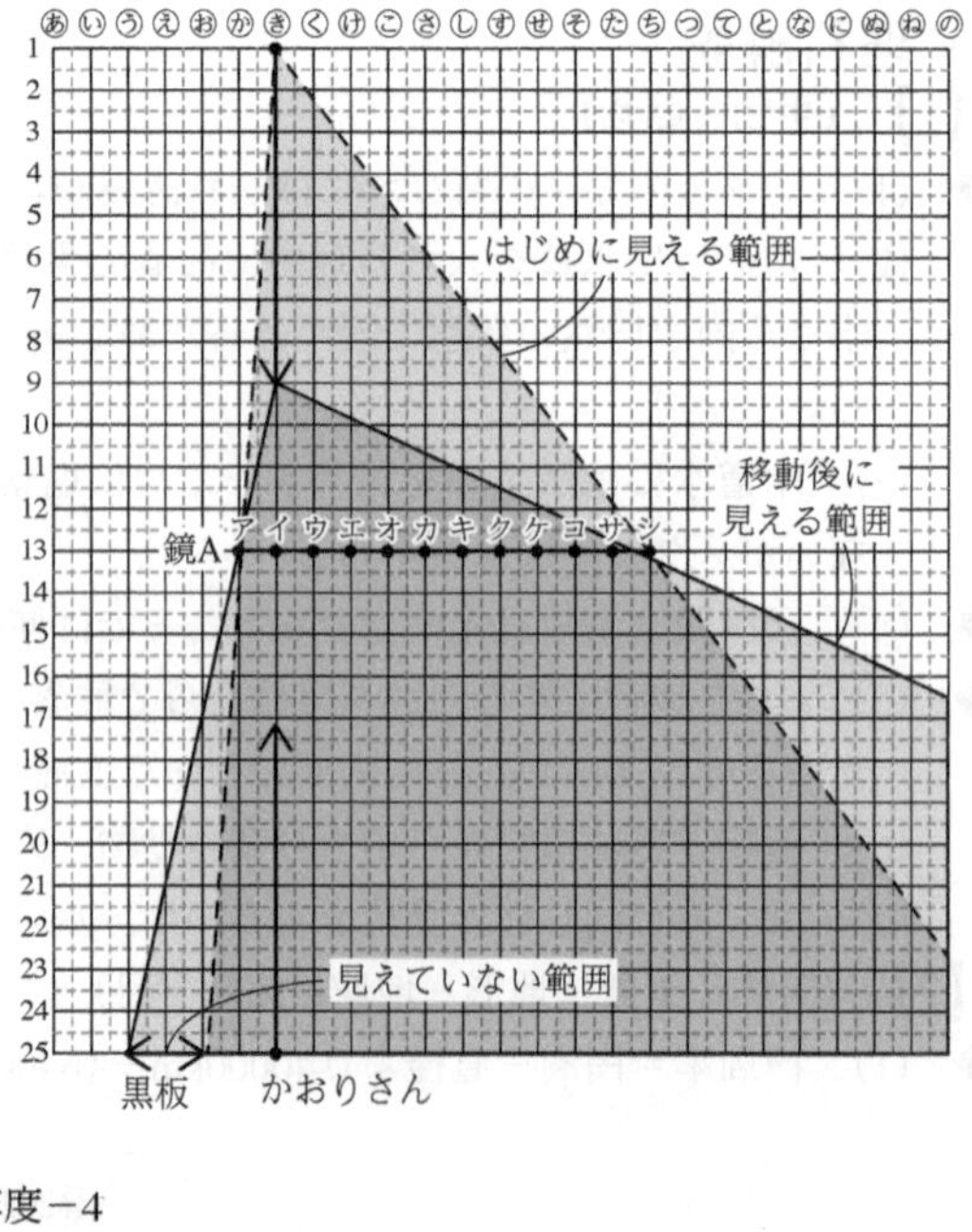

(5)　図3のようにはじめのかおりさんの位置で見える範囲は図の点線の範囲で黒板の左はしが見えていない。かおりさんの像が鏡に近づけていくと番号9－記号き⃝のときに黒板の左側が見えることがわかるので，かおりさんは番号17－記号き⃝まで8マス近づけばよい。

(6)　反射する点は黒板の右はしと移動後のかおりさんの番号9－記号き⃝の点を結んだ直線が鏡と交わるカの点である。

(7)　鏡を90度の角度で2枚合わせると像は3つできる。鏡AでAの像ができ，鏡BでBの像ができる。2つの像が合成される形でCの像ができる。かおりさんと像Cを結んだ直線と鏡Aの交点クで反射し，交点クと像Bを結んだ直線の交点チで図5のように屈折する。像Bは，かおりさんからは鏡がないため見ることができない。

図4

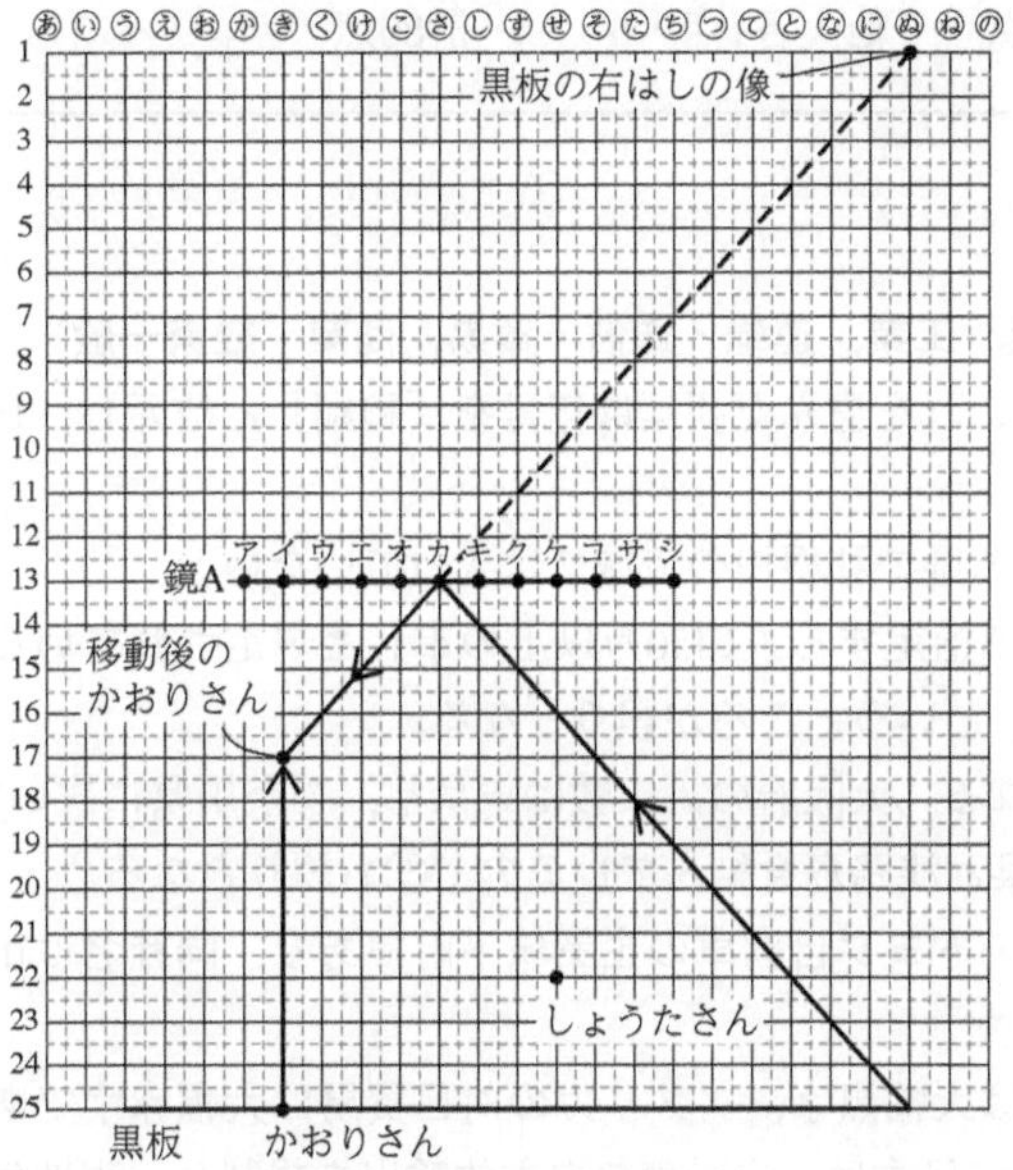


図5

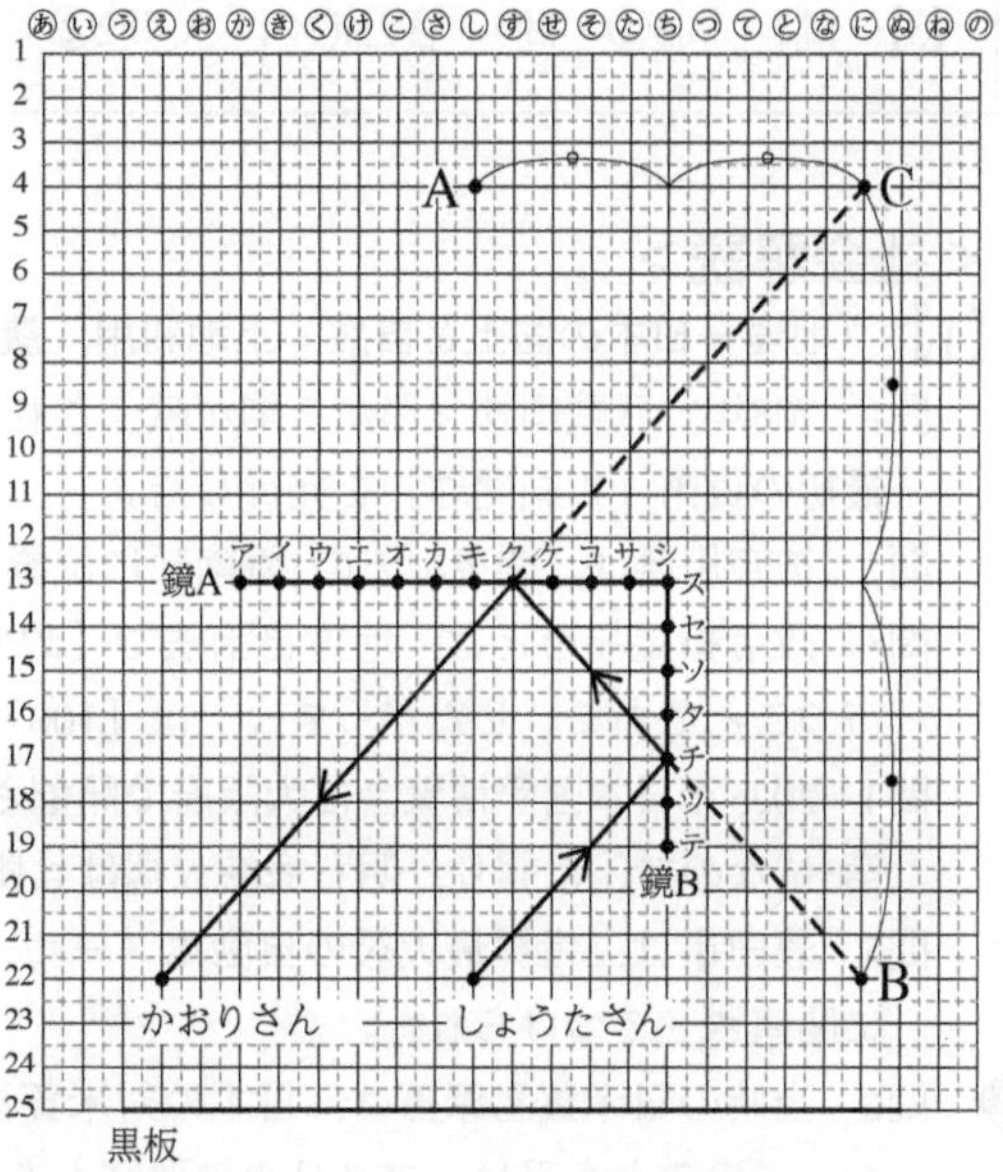

**★ワンポイントアドバイス★**

標準的な難易度の出題で，学習した知識の範囲で正解を導ける出題である。難易度が高い問題は数題あるが，初めて見るような問題はない。解いたことのある問題でも問題文をしっかり読んで問題文の中にある数値や資料の意味をしっかり把握し，確実に得点することが求められる。計算問題や作図関連の問題に関しては，類題をしっかり演習しておくことが大切である。

## ＜社会解答＞

【1】 問1　イ　　問2　エ　　問3　ア　　問4　オ　　問5　豊田市　　問6　アメリカが貿易赤字にならないから。　問7　イ　　問8　八郎潟　　問9　①　夏でも涼しい気候を利用して，他の地域よりも遅い時期に収穫する栽培。　②　レタス　　問10　信濃　　問11　ア　　問12　地熱　　問13　ウ　　問14　しまなみ海道

【2】 問1　(1)　徳川家康　　(2)　出島　　(3)　目安箱　　(4)　株仲間　　(5)　朱子　　問2　①　ア　　②　西郷隆盛　　問3　御醍醐天皇　　問4　ア　　問5　土地の所有者が

土地の値段(地価)の3%を現金で納める　問6 （名称） 関ヶ原の戦い　（場所） ウ
問7 イ　問8 ア　問9 エ　問10 インフレーション　問11 ア　問12 イ
問13 田沼意次　問14 ア　問15 3番目 1班　5番目 5班

【3】 問1 キャッシュレス　問2 ① ア　② 消費税のように所得が少ない人にも所得が多い人と同様の負担があり所得の少ない人の負担が大きくなること。　③ ウ
問3 エ　問4 エ　問5 ① ゆりかご　② イ　問6 エ　問7 ① 渋沢栄一
② ユニバーサル

○推定配点○

【1】 問5・問8・問9②・問10・問12・問14　各2点×6　問6・問9①　各4点×2　他　各1点×7
【2】 問1・問2②・問3・問6名称・問13　各2点×9　問5　5点　他　各1点×11(問15完答)
【3】 問1・問5①・問7　各2点×4　問2②　5点　他　各1点×6　計80点

## ＜社会解説＞

**【1】** (地理―日本の国土と自然，土地利用，農業，工業，運輸・通信・貿易，商業・経済一般)

問1　708年，武蔵国秩父郡から銅が献上され，これを喜んだ朝廷は年号を「和銅」と改元し，日本最初の貨幣「和同開珎」を発行した。

問2　神奈川県は，関東地方の1番南部に位置する県で利根川の流域には入っていない。

問3　政令指定都市とは，地方自治法で「政令で指定する人口50万以上の市」と規定されている都市のことである。したがって，アは「100万」というところが誤りとなる。

問4　2025年日本国際博覧会は大阪府で開催される。大阪府の人口数は東京都，神奈川県に次いで，第3位なので①は誤り，明石海峡大橋は兵庫県と淡路島を結んでいるので⑤も誤りとなる。

問5　豊田市は，世界最大級の自動車メーカー・トヨタ自動車の企業城下町であり，同社名は市名に関連させてつけられた。

やや難　問6　当時の日米貿易摩擦は，日本の対米貿易は大幅黒字，アメリカの対日貿易は大幅赤字であった。このことを受け，アメリカの要請もあって日本は，自動車の自主的輸出を規制し，現地生産を増やすようにした。これによって，アメリカの貿易赤字を改善しようと努力した。

問7　大館曲げわっぱは，秋田すぎを使って2000年もの間製作された伝統工芸品で，木独特の肌触りや柾目の美しさ，機能性の高さが特徴である。木曽ひのき(長野県)，津軽ひば(青森県)，秋田すぎ(秋田県)が日本三大天然美林である。

問8　八郎潟はかつて日本第2の大湖だったが，昭和に入って干拓事業が始まり，農地や住宅地に変わっていった。

問9　①　抑制栽培とは，露地での栽培よりも成長・収穫・出荷を遅くする栽培法である。対義語は促成栽培である。夏の涼しい気候を利用し，冬や春の野菜を夏に出荷することでもある。夏の涼しい気候の主な産地は夏でも涼しい高原であり，高冷地農業ともいう。　②　この農作物は，長野，茨城，群馬を主な産地とするレタスである。

基本　問10　日本最長の川は信濃川である。最大の流域面積をもつ川は利根川である。

重要　問11　あてはまるのは諏訪湖である。この湖は中央高地の隆起活動と糸魚川静岡構造線の断層運動によって，地殻が引き裂かれて生じた構造湖(断層湖)である。したがって，糸魚川静岡構造線と中央構造線が交差する地で，諏訪湖を取り囲むように断層群がみられる。

問12　世界有数の火山国である日本の地下には，世界第3位の資源量を誇る膨大な「地熱エネルギー」が眠っている。この地熱エネルギーを利用した電力が「地熱発電」で，再生可能エネルギー

の一つとして大きな注目を集めている。

問13　画像はウクライナのゼレンスキー大統領である。ロシアのプーチン大統領がウクライナへの侵略を命じた。

問14　しまなみ海道は，広島県尾道市と愛媛県今治市を結ぶ全長約60kmの自動車専用道路で西瀬戸自動車道，生口島道路，大島道路からなっている。

**【2】**（日本の歴史－鎌倉時代から明治時代）

問1　(1)　1600年の関ケ原の戦いに勝利した徳川家康は江戸幕府をひらいた。　(2)　長崎の出島は，1634年江戸幕府が鎖国政策の一環として築造した日本初の本格的な扇型人工島である。1636年から1639年までは対ポルトガル貿易，1641年から1859年までは対オランダ貿易が行われた。(3)　目安箱は，享保の改革で将軍徳川吉宗が評定所門前に設置した直訴状を受理する箱である。毎月三回，将軍が投書を閲読した。幕府としては今までにない画期的な政策であった。　(4)　田沼意次は，商人に株仲間をつくることを奨励した。彼は，商人の力を利用して幕府を改革しようとした。　(5)　徳川綱吉は，宋代に生まれた新しい儒教思想である朱子学を奨励し，学問の中心とした。

問2　①　五箇条の御誓文は，明治天皇が神に誓う政治の基本方針で，1868年に発表された。
②　西南戦争は，1877年起きた最大・最後の士族反乱である。鹿児島県を中心とした不平士族が，西郷隆盛をリーダーとして反乱を起こした。しかし，さいごは政府軍に追い込まれ，西郷は切腹することになる。

問3　後醍醐天皇は，有力御家人を使って鎌倉幕府を倒し，天皇親政をめざして建武の新政を実施したが，新政への武士の不満を受けた足利尊氏が反乱を起こし，新政は失敗に終わった。

問4　江戸幕府の末期，そして明治維新を経て新政府の設立や政治の改革の中心となったのが薩摩・長州・土佐・肥前出身の若者たちであった。この4つの藩を合わせて薩《さっ》長《ちょう》土《と》肥《ひ》という。

やや難　問5　地租改正の要点は，①課税の基準を，不安定な収穫高から一定した地価に変更した。②物納を金納に改めて税率を地価の3%とした。③地券を発行して，その所有者から納税するようにした。

問6　関ヶ原の戦いは，1600年に徳川家康を中心とした東軍と石田三成を中心とした西軍が美濃国(現在の岐阜県)関ヶ原で行った戦いである。したがって，場所はウが正解となる。

問7　④承久の乱(1221年)→①御成敗式目(1232年)→③元寇：文永の役(1274年)・弘安の役(1281年)→②徳政令(1297年)。

問8　義満は倭寇を禁じて，日明貿易(勘合貿易)を始めた。イは義昭が義政の誤り，ウは道元が栄西の誤り，または，臨済宗が曹洞宗の誤り，エは山城国が加賀国の誤りとなる。

問9　エは文永・弘安の役が，文禄・慶長の役の誤りである。

問10　インフレーションとは，一定期間にわたって物価の水準が上昇し続けることである。略称としてインフレとも呼ぶ。

重要　問11　棄捐令は，江戸時代に幕府が財政難に陥った旗本・御家人を救済するために，債権者である札差に対し債権放棄・債務繰延べをさせた救済法令である。武士は一時期的に助かったが，二度と借金ができなくなり，再び生活苦におちいった。

問12　天下の台所とは，江戸時代に商業の中心地であった大坂を指したとされる名称である。商人の町であったこと，交通の要地に位置していたことなどがそれを可能にした。

基本　問13　田沼意次は，江戸時代の中期に10代将軍・家治の側用人から老中になって幕政改革を主導した人物として知られている。

問14　商業を重視している政策は，3班の調べた田沼意次の政策だけで，それ以外は農業に力を入れた政策となっている。

問15　4班：徳川綱吉の文治政治→2班：新井白石の正徳の治→1班：徳川吉宗の享保の改革→3班：田沼意次の政治→5班：松平定信の寛政の改革→6班：水野忠邦の天保の改革。

**【3】（政治ー政治のしくみと働き，地方自治，国民生活と福祉，時事問題，その他）**

問1　キャッシュレスとは，現金以外で支払う決済手段のことで，クレジットカードやデビットカード，交通系や流通系の電子マネー，バーコードやQRコードを介したコード決済など，さまざまな種類がある。現金決済は年を追うごとに減少傾向となっており，キャッシュレス決済は私たちの生活にとって身近な存在になりつつある。

問2　①　自動車税は，地方税法に基づき，登録された自動車に対し，その自動車の主たる定置場の所在する都道府県においてその所有者に課される直接税である。　②　逆進性とは，所得の少ない人ほど負担が多く，所得の多い人ほど負担が少ない状況を指す言葉である。その例は，消費税において，所得に関係なく一律でかかるので，所得が少ない人は消費にかかる割合が高いため，消費税の負担が大きくなる。　③　日本の消費税率は，先進国の中でも，極めて少ない。

問3　政策金融機関は，政府が経済発展，国民生活の安定などといった一定の政策を実現する目的で，特に法律を制定することにより特殊法人として設立し，出資金のうちの多く(または全額)を政府が出資している金融機関の総称である。したがって，エの文章は誤りとなる。

問4　義務教育の無償化は2019年以前からであるので，エが誤りとなる。

問5　①「ゆりかごから墓場まで」とは，第二次世界大戦後のイギリスにおける社会福祉政策のスローガンで，社会保障制度の充実を形容する言葉でもあり，日本を含めた各国の社会福祉政策の指針となった。　②　公的扶助対象者はすべての国税が免除され，電気代などの生活費用の半額補助を行うという事実はないので，イが誤りとなる。

問6　公共サービスとは，通常は政府から市民に対して直接，公務員による官業または民間機関への出資を通して提供されるサービスを指す。これには，納税額に関わりなく地域の選挙民全員に提供されるべきであるとの意義が含まれる。したがって，選択肢の中では，鉄道の運輸情報を伝えることはネットにも提示されているもので，公共サービスとはいえない。

問7　①　政府・日銀は2024年度前半に千円，5千円，1万円の各紙幣(日本銀行券)を一新させる。千円札の図柄は北里柴三郎，5千円札は津田梅子，1万円札は渋沢栄一になる。　②　ユニバーサルデザインとは，文化・言語・国籍や年齢・性別・能力などの個人の違いにかかわらず，なるべく多くの人々が利用できることを目指した建築・製品・情報などの設計のことであり，またそれを実現するためのプロセスである。

**★ワンポイントアドバイス★**

【1】問1　この時の「和銅」が採掘された跡が，今もなお秩父市黒谷の和銅山に残されている。【2】問5　地租改正により近代的な租税の形式が整って，政府財政の基礎は固まった。また，金納が始まると農村での商品経済が進んだ。

## ＜国語解答＞

一　問一　ウ　　問二　産湯　　問三　ウ　　問四　エ(→)ウ(→)イ(→)ア(→)オ　　問五　エ　問六　イ　　問七　ア　A　　イ　B　　ウ　B　　エ　B　　問八　ア　　問九　(1)　キ　(2)　エ　　(3)　(例)　桶は一度つくったら百年以上という長い期間使い続けることができるため，資源をむだづかいすることなく環境保全につながるから。

二　問一　①　イ　　②　オ　　③　ウ　　問二　イ　　問三　ア　　問四　イ　　問五　イ
問六　ウ　　問七　(例)　お祖父ちゃんの兄が戦死したことを知りショックを受け困惑したが，「とうちゃん」たちのことを心配しためらいつつ話をつづけようという気持ち。
問八　(例)　自分が苦労して改装した信濃が十日間で沈没したことを思い出し，無念や悔しさで言葉をつづけることができなかったから。　問九　ア　　問十　それまで
三　①　利　　②　発揮　　③　指図　　④　対象　　⑤　展覧会　　⑥　器械　　⑦　険悪
⑧　開放　　⑨　けしいん　　⑩　いちもくさん
○推定配点○
一　問七　各2点×4　　問九(3)　6点　　他　各3点×9(問四完答)
二　問一　各2点×3　　問七・問八　各6点×2　　他　各3点×7　　三　各2点×10　　計100点

## ＜国語解説＞

一　(論説文—内容理解，空欄補充，語句の意味，文の整序，接続語，要旨)

問一　——線部①の段落を含む六つの段落の内容が，ウに合致している。

問二　「産湯から棺桶まで」とは，人が生まれてから死ぬまで，ということである。

問三　①～③の慣用句において「箍」はどれも，緊張や束縛，秩序，といった意味で使われている。

重要　問四　空らん④においては，桶が酒屋(エ)→醤油屋(ウ・イ)→味噌屋(ア)に行くという例を述べたあと，例外もある(オ)ということを述べている。

基本　問五　⑤－A　順序立てて説明されていることに注意する。　⑤－B　空欄の前の内容の説明や補足を空欄のあとでしているので，説明・補足の接続語が入る。　⑤－C　空欄の前の事柄にあとの事柄を付け加えているので，累加の接続語が入る。　⑤－D　「もちろん」は，いうまでもなく，という意味。

問六　直後の段落の内容が，イに合致している。

問七　傍線部⑥に続く部分に注目。三つあとの文に，「女の子は……を知ったのです」という表現がある。

問八　——線部⑦を含む段落と直後の段落の内容が，アに合致している。イ・ウ・エは，——線部⑦の前後の内容と矛盾している。

やや難　問九　(1)　——線部①のあとのやしおさんが言っているように，「桶師」とは，「桶を作」る人である。　(2)　エ「米」は桶で作られるものではない。　(3)　「SDGs」は，持続可能な開発目標，という意味。桶が長持ちすることは，持続可能な社会をつくることへ有効に働くと考えて，文章の内容に触れながら解答をまとめる。

二　(小説—内容理解，空欄補充，ことわざ，表現理解，心情理解，主題)

問一　冒頭の「オヤジが死んだあとの一家を支えたのは……『とうちゃん』だ」という部分からとらえる。

基本　問二　直前の「大家族の晩のおかずを調達できる」から，「釣り」は趣味と実益を兼ねた行為であることがわかる。「一石二鳥」は，一つの行為から同時に二つの利益を得ること。

問三　「ウミウたちの巣は，……崖の上にあった」「命からがら逃げかえった」など，風景の具体的な描写や，そこでの行動が詳細に説明されている。

問四　「話の腰を折る」は，別の話題を持ち出すなどして，相手の話を途中でさえぎること。

問五　「ボク」から見れば，兄や姉がいることは「うらやましいこと」であるが，「お祖父ちゃん」

からすれば，「兄貴なんていりゃあいいってもんじゃないぞ。……」とあるように，不満の多いことなのである。

問六　直前の「八歳の子どもでも，せんそうという言葉は知っている」などに注意する。

重要　問七　会話文に「…」が多用されていることから，「ボク」のためらいがわかる。「お祖父ちゃん」の兄の戦死の話にショックを受けつつ，「とうちゃん」がどうなたのかを，ためらいつつ質問しているのである。

やや難　問八　――線部⑧は「戦艦信濃」を話題にしたときの「お祖父ちゃん」の様子であることに注意する。自分たちが改装した信濃が沈没したことに対する「お祖父ちゃん」の気持ちを想像する。

問九　直前の「よかったね。お祖父ちゃんも戦争に行かなかったんだね」という「ボク」の言葉をすんなり受け入れることができない，「お祖父ちゃん」の内面をとらえる。

問十　過去のある時点を表す「あのころ」という言葉に注目する。

## 三　（漢字の読み書き）

①「利く」は，有効にはたらく，という意味。　②「発揮」は，持っている実力や特性をあらわしだすこと。　③「指図」は指示してさせること。　④　同音異義語「タイショウ」は，「中学生対象のアンケート」「対照的な意見」「左右対称の図形」のように使い分ける。　⑤「展」と「覧」どちらも字形に注意する。　⑥　同音異義語「キカイ」は，「器械体操をする」「機械的に作業する」のように使い分ける。　⑦「険悪」は，状況や人心などがけわしく悪いこと。　⑧　同音異義語「カイホウ」は，「体育館を開放する」「仕事から解放される」のように使い分ける。　⑨「消印」は，郵便局で，使用済みの表示として郵便切手や葉書に押す日付印。　⑩「一目散」は，わき目もふらずに急ぎ走る様子。

**★ワンポイントアドバイス★**

説明的文章と文学的文章は，選択式の問題に細かい読み取りを必要とし，60字程度の記述問題や語句の知識問題を含む。読解の力をつけるにはふだんからの読書が大切！　基礎知識を広げるにはいろいろな種類の問題を解くことが大切！

# 2023年度

★★★★★★★★★★★★★★★★★★★★★★★★

# 入　試　問　題

## 2023年度

# 山手学院中学校入試問題

**【算　数】**（50分）　＜満点：100点＞

**【１】** 次の□の中に適する数を書きなさい。

⑴　$(0.1\times100+0.01\div0.001)\div0.01-0.001\div0.01\times10=\square$

⑵　$(2.25-\square)\times\frac{4}{7}-\frac{1}{5}=0.8$

**【２】** 次の□の中に適する数を書きなさい。

⑴　Ａさんの今までのテストの平均点は79点ですが，□回目のテストである次のテストで97点とれば，平均点は82点になります。

⑵　時計がちょうど７時12分を示しているとき，時計の長針と短針がつくる小さい方の角の大きさは□度です。

⑶　次の図の四角形ABCDはAB＝10㎝，AD＝17㎝の長方形です。このとき，斜《しゃ》線部分の面積は，□㎝$^2$です。

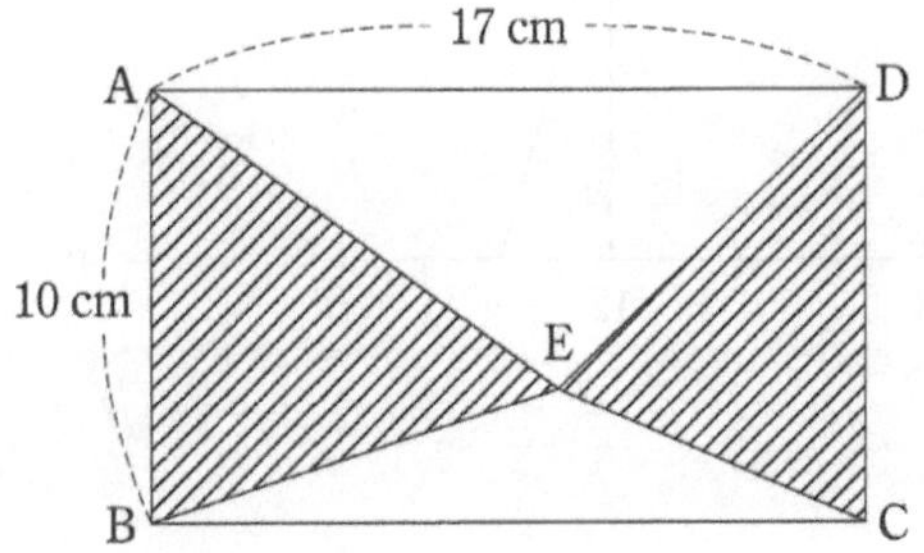


**【３】** 100以上300以下の偶数について，次の各問いに答えなさい。

⑴　この偶数は何個ありますか。

⑵　この偶数のうち，３で割り切れる整数は何個ありますか。

⑶　この偶数のうち，３または５で割り切れる整数は何個ありますか。

**【４】** 右の図で，AD：DC＝５：４，AE＝EB，三角形CDFの面積が８㎝$^2$のとき，次の各問いに答えなさい。ただし，ＦはBDとCEの交わる点とします。

⑴　三角形ADFの面積は何㎝$^2$ですか。

⑵　三角形BCFの面積は何㎝$^2$ですか。

⑶　BF：FDを最も簡単な整数の比で表しなさい。

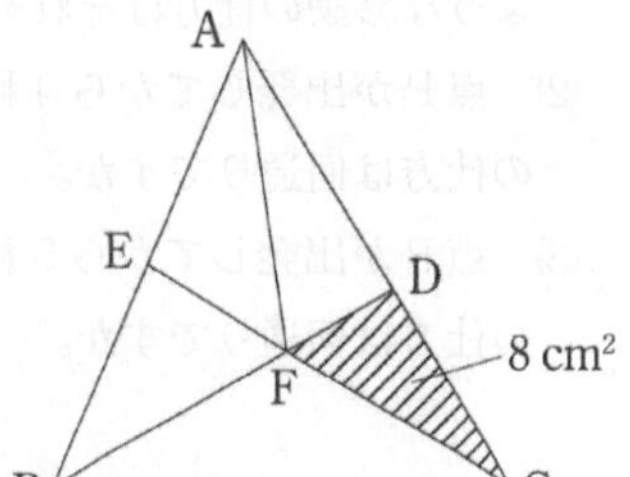

【５】 整数がある決まりにしたがって，次のように並んでいます。

1，2，1，3，2，1，4，3，2，1，5，4，3，2，1，……

このとき，次の各問いに答えなさい。

⑴ 初めて10があらわれるのは，左から数えて何番目ですか。

⑵ 左から数えて100番目の整数はいくつですか。

⑶ 左から数えて100番目までの整数をすべて加えるといくつですか。

【６】 弟は午前８時40分に家を出て歩いて図書館に向かいました。しばらくして兄は弟が忘れ物をしたことに気づき，自転車で追いかけました。自転車の速さは毎分110mです。その後，弟も忘れ物に気づき，歩くときの1.5倍の速さで走って取りに戻りました。グラフは弟が家を出てからの時間と，２人の間の距離《きょり》の関係を表したものです。

このとき，次の各問いに答えなさい。

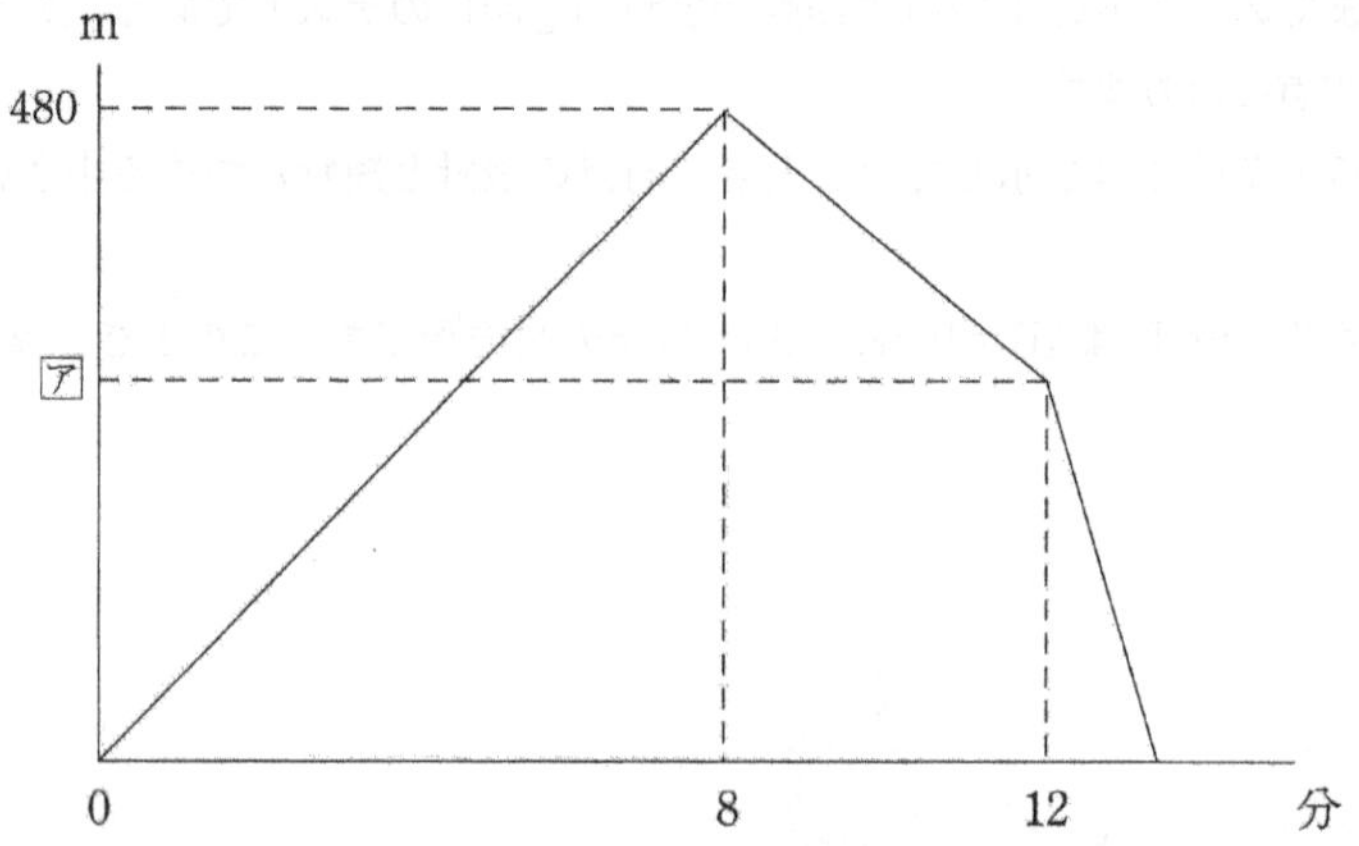


⑴ 兄が家を出た時刻は午前何時何分ですか。

⑵ グラフのアにあてはまる数はいくつですか。

⑶ ２人が出会うのは，兄が家を出発してから何分何秒後ですか。

【７】 右の図のようなすべての辺の長さが等しい三角すいOABCがあります。点Ｐは三角すいの頂点のいずれかにあり，１秒ごとに隣《とな》り合う点に移動します。点Ｐが頂点Oから出発するとき，次の各問いに答えなさい。

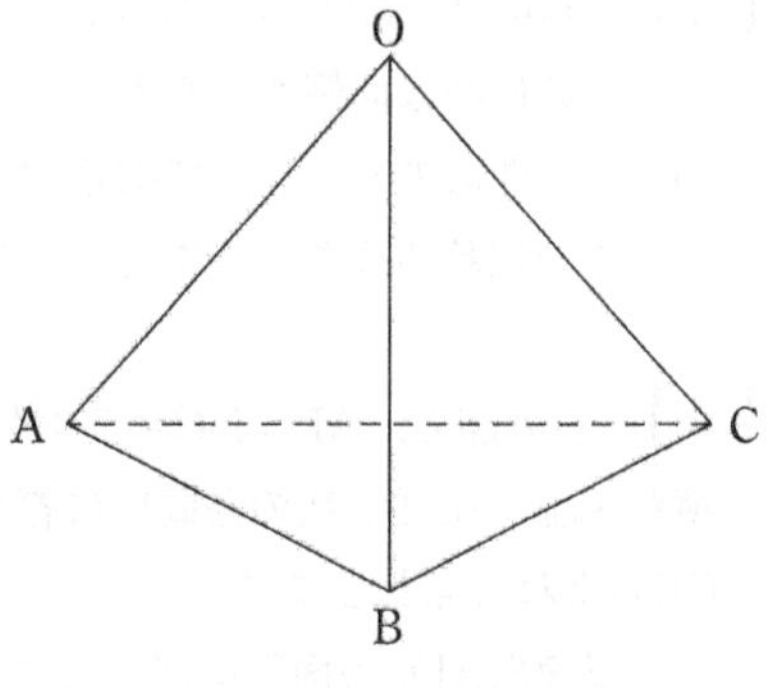


⑴ 点Ｐが出発してから３秒後に点A，B，C，Oにあるような移動の仕方はそれぞれ何通りですか。

⑵ 点Ｐが出発してから４秒後に点Oにあるような移動の仕方は何通りですか。

⑶ 点Ｐが出発してから５秒後に点Oにあるような移動の仕方は何通りですか。

**【理　科】**（40分）　＜満点：80点＞

**【１】** 次の文は，水族館に行ったときのたろうさんとお父さんの会話の記録です。文を読んで後の問いに答えなさい。なお，後に出てくる全ての絵は実際の大きさに関係なく，すべて同じくらいの大きさでかかれています。

たろう：魚がたくさんいるけど，みんな同じような形をしているね。でも，あの平べったい魚はわかりやすいね。あれはエイでしょ？

父　　：そうだね。あのエイはホシエイっていうみたいだね。

たろう：あっちはサメだね。背《せ》びれが大きいから見たらわかるね。

父　　：そうだね。あれはメジロザメだね。エイやサメの仲間は見つけやすいね。そういえば，エイやサメは，メダカやタイのようないっぱん的な魚の仲間とは異《こと》なる特ちょうが多くあるんだよ。

たろう：魚ならみんな同じような特ちょうなんじゃないの？

父　　：じゃあ，少しエイやサメについて話をしてみよう。エイとサメは親せきのような関係だと言われている。まず，エイとサメではどこがちがうかわかるかな？

たろう：エイは平たくて，サメは背びれが肉厚で立ってる，というところが特ちょうになるんじゃないかな？

父　　：そう見えるよね。でもちがうんだよ。例えば，エイもサメも，どちらもいっぱん的な魚と同じようにエラで呼吸《こきゅう》をしているんだけど，エイやサメのエラは少し異なり，エラ穴《あな》が左右で４対か５対開いているんだよ。では，次の２枚《まい》の絵を見てみよう。一方はノコギリエイ，もう一方はノコギリザメだよ。ちがいがわかるかな？

（A）

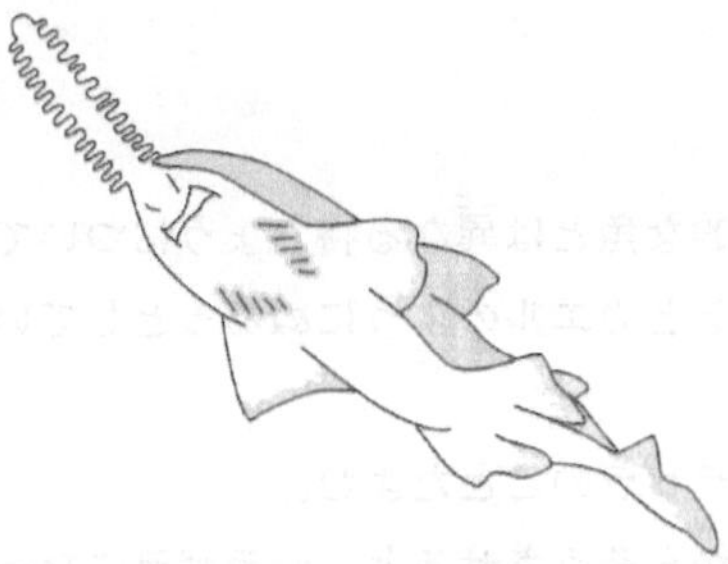

（B）

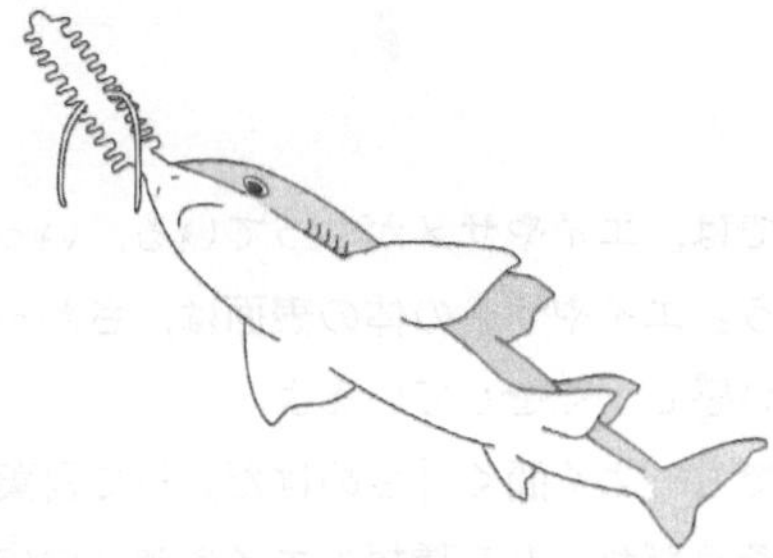

父　　：エイとサメを見分ける簡単《かんたん》なポイントはエラの位置なんだよ。サメはいっぱん的な魚と同様にエラは体の横にあるんだけど，エイのエラは体の下の部分にあるんだよ。

たろう：じゃあ，この２枚の絵のうちノコギリエイは（　あ　）の絵になるね。

父　　：そういうことだね。

⑴　文中の（あ）に入る記号を，ＡまたはＢで答えなさい。

⑵　次のページの動物を　①いっぱん的な魚の仲間，②エイの仲間，③サメの仲間，④魚以外　に分け，記号で答えなさい。

（ア） オオセ

（イ） シノノメサカタザメ

（ウ） アカエイ

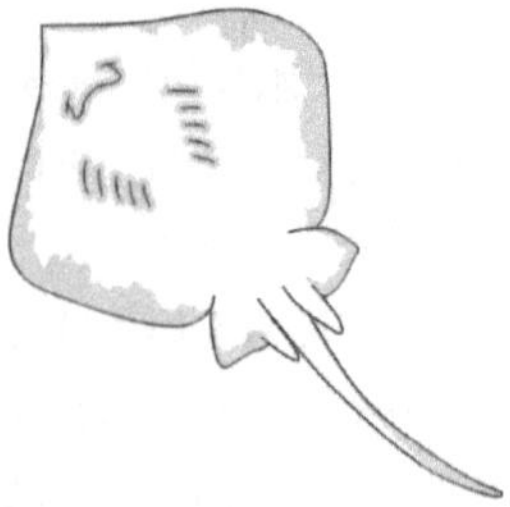

（エ） シャチ

（オ） ザトウクジラ

（カ） オタマジャクシ

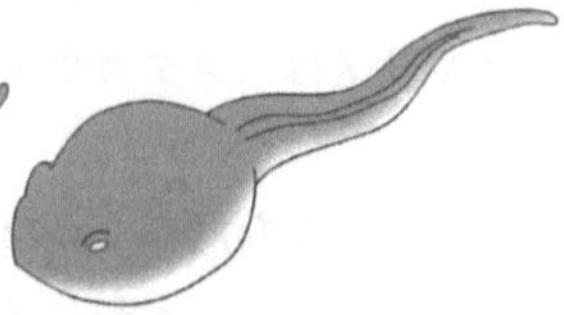

（キ） イタチザメ

（ク） アジ

父　　：では，エイやサメがもっている，いっぱん的な魚とは異《こと》なる特ちょうについて考えてみよう。エイやサメの体の表面は，さわってみるとカエルのようにぬるっとしていてやわらかい感しょくをしているよ。

たろう：でも，よく聞く「さめはだ」って言葉はザラザラのことだよね。

父　　：そうだね。ある種類のエイやサメの皮《ひ》ふをかんそうさせると，ザラザラになっておろし金《がね》の代わりにワサビをおろすことに使えるんだよ。

たろう：そうなんだ。すごいね。

父　　：他にもエイやサメがもつ，いっぱん的な魚とは異なる特ちょうについて考えてみよう。メダカはどのように産まれてくるかわかるかい？

たろう：(い)親のメダカが卵《たまご》を産んで，そこから子どものメダカがでてくるんだよね。

父　　：そうだね。でも，エイやサメの仲間はちがうものが多いんだ。この水族館でさっき見たホシエイは，卵を産み落とさずに子のエイを直接，複数ひき産むんだよ。他にも大型でおとなしいサメで知られるシロワニも，ホシエイと同じく，子のサメを直接，複数ひき産むんだよ。このように，エイやサメの仲間には卵を産み落とさない仲間がいるんだ。

たろう：でも，チョウザメって卵産むんでしょ？キャビアっていう高級食材になるんでしょ？

父　　：実は，チョウザメはサメの仲間ではないんだよ。形がサメに似ているので，そういう名前になったようだけれど，メダカやタイの仲間なんだよ。エイやサメの仲間ではないので，卵を産むことに全く不思議はないんだよ。

(3)　下線部(い)について，次の絵の中からメダカの卵の絵を選び，記号で答えなさい。

（ア）

（イ）

（ウ）

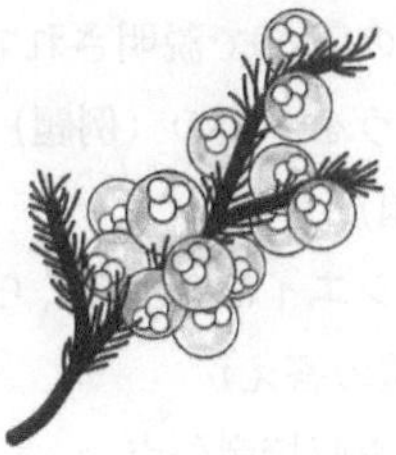

（エ）

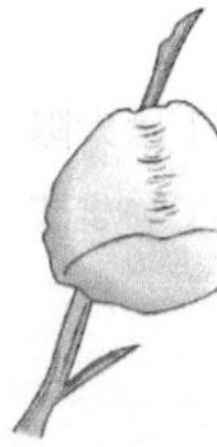

（オ）

(4)　文中から，エイやサメの仲間がもつ，いっぱん的な魚と異なる特ちょうは「卵を直接産み落とさない点」と「エラ穴が４対か５対あいている点」だということがわかります。しかし，他にも異なる特ちょうがあることが文中からわかります。それはいっぱん的な魚にある「あるもの」がエイやサメの仲間にはないという点です。この特ちょうについて，次の（　）に言葉を入れて答えなさい。

エイやサメの仲間には（　　　　　）がない点

たろう：じゃあエイやサメは卵を産まないんだね。

父　　：そうとも言いきれないんだよ。

「卵を産み落とさない」という「魚の仲間としては例外的な特ちょう」をもっているエイやサメだけど，その中でもさらに例外的に卵を産み落とす仲間もいるんだよ。

例えば，コモンカスベというエイは卵を産むし，トラザメやナヌカザメといったサメの仲間も，「人魚のさいふ」と呼《よ》ばれる，ここに展示されている（右の写真の）ような卵を産み落とすんだよ。

たろう：変わった形の卵だね。中の赤ちゃんが動いているのが見えるよ。それにしてもエイやサメの仲間って不思議だ

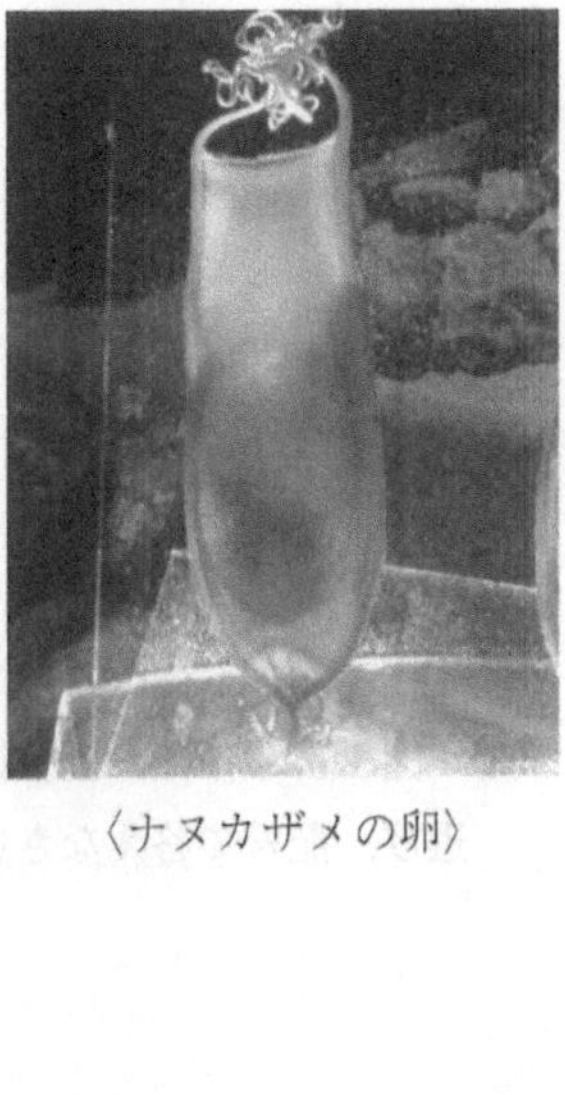

〈ナヌカザメの卵〉

ね。卵を産み落としたり，直接赤ちゃんを産んだりするんだね。

父　　：エイやサメ以外の魚にも卵を産まない魚はいるよ。さっき，たろうが言ったとおりメダカは卵を産み落とすというけれど，メダカの仲間のグッピーという魚は直接，子を産むんだ。他にも海で釣《つ》れるカサゴという魚も直接，子を産むよ。

たろう：そうなんだ。知らなかったよ。魚の仲間はみんな同じ特ちょうだと思っていたのに，たくさんの例外があるんだね。生物って面白いね。もう少し水族館で魚をしっかり観察したくなってきたよ。

⑸　次の①②で説明されてる魚の仲間の特ちょうについて，その仲間の生き方と異なる例外的な特ちょうを，次の（例題）（例題の答え）のように答えなさい。

（例題）

ホシエイは海水でくらし，魚などを食べ，子を直接産む。

（例題の答え）

子を直接産む点。

①　ハイギョはたん水で暮《く》らし，肺《はい》で呼吸《こきゅう》し，卵を産み落とす。

②　ウツボは肉食性で，するどい歯があり，胸《むな》びれはなく，おびれを使って泳ぐ。

【２】 太陽・地球・月について，次の文を読み，後の問いに答えなさい。図１は太陽の周りを回る地球と，地球の周りを回る月の，地球の北極上空から見た様子を簡単《かんたん》に表しています。月はア～クのどこかにあるものとします。

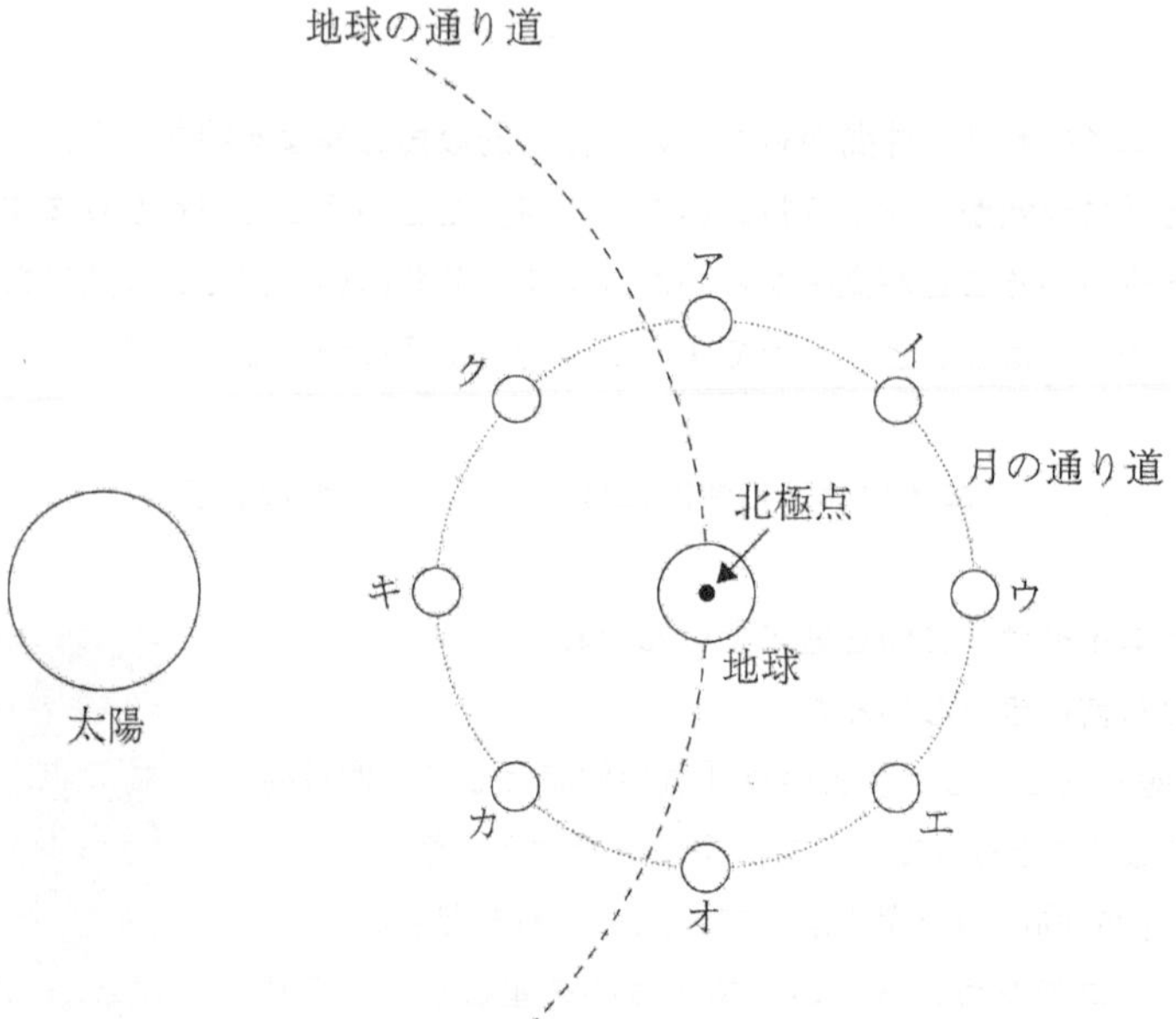


図１

⑴　図１において，上弦《じょうげん》の月は，月がどの位置にあるときに観察されますか。図１の位置から１つ選び，記号で答えなさい。

(2) 上弦の月が西の地平線にしずむ時刻《じこく》を次の中から１つ選び，記号で答えなさい。

(ア) 0時　(イ) 3時　(ウ) 6時　(エ) 9時
(オ) 12時　(カ) 15時　(キ) 18時　(ク) 21時

太陽を中心とした地球と月の動きを簡単に表すと，図２のようになっています。ただし，図中の記号は，地球と月の同じ日の位置を表しています。例えば，地球の位置がＡの位置にあるとき，同じ日に月もＡの位置にあることを示しています。

(3) 地球の自転の方向を（あ）・（い）のいずれかの記号で答えなさい。ただし，◀‐‐‐‐は地球の通り道で，◀――は月の動きを表しています。

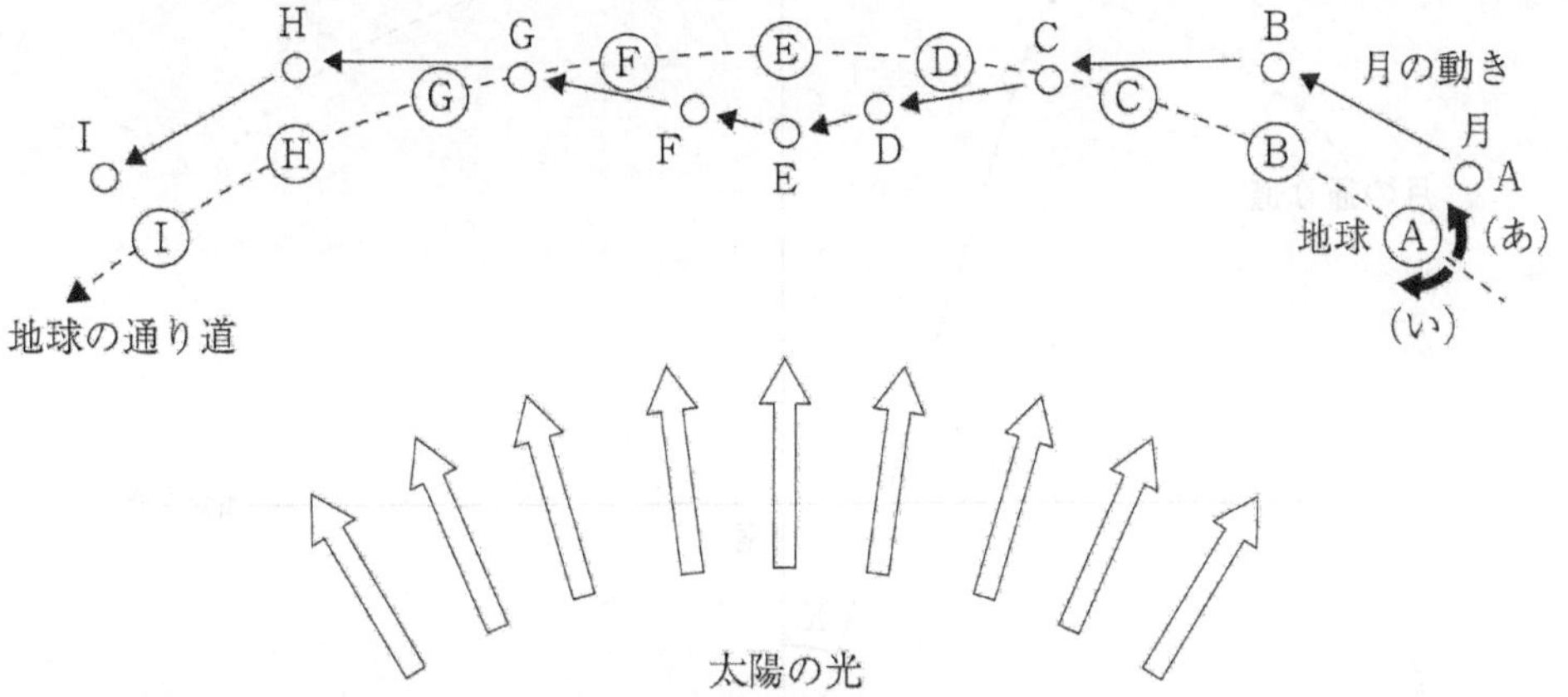


図２

(4) 図２において，上弦の月は，地球と月がどの位置にあるときに観察されますか。図２の位置から１つ選び，記号で答えなさい。

(5) 図３のように，ある日の午前６時に下弦《かげん》の月が南中しました。３日後の月が南中するのはおよそ何時ごろになりますか。次の中から１つ選び，記号で答えなさい。

(ア) 3時36分ごろ　(イ) 4時24分ごろ　(ウ) 5時12分ごろ　(エ) 6時ごろ
(オ) 6時48分ごろ　(カ) 7時36分ごろ　(キ) 8時24分ごろ

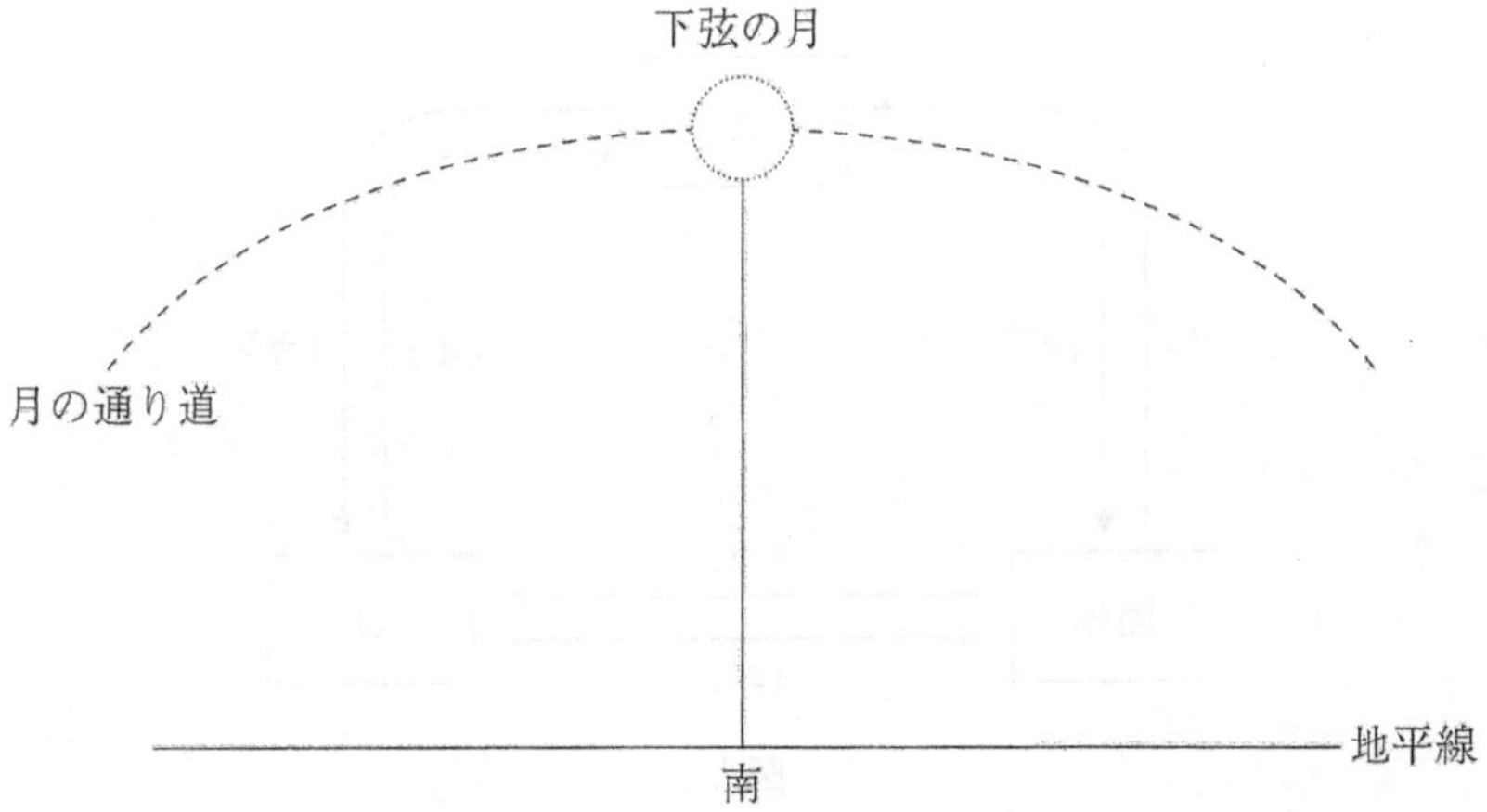


図３

⑹　下弦の月が南中した日から２日後の午前５時に，月がＪの位置に見られました。月は図４のＯ点を中心に回転しているとしたとき，Ｘの角度はおよそ何度になりますか。次の中からもっとも適当なものを１つ選び，記号で答えなさい。

（ア）ほぼ0°（２日前と同じ位置に見えた）　（イ）10°くらい
（ウ）20°くらい　（エ）40°くらい　（オ）60°くらい
（カ）70°くらい

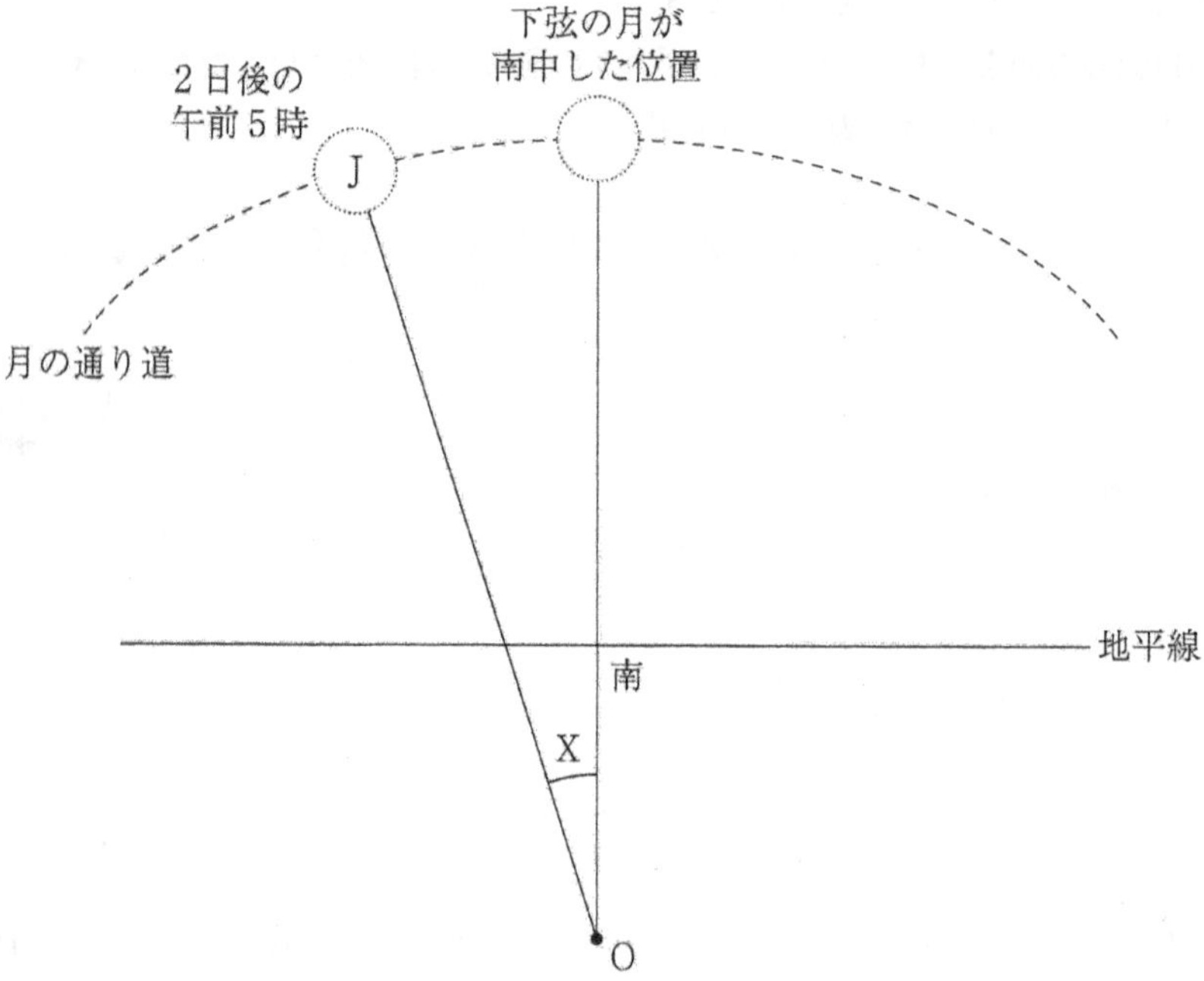


図４

【３】物質の三態について，次の文を読み後の問いに答えなさい。

物質は温度を変化させることで固体・液体・気体の３つの状態をとります。この変化を状態変化といいます。図１は状態変化の関係を表したもので，（ア）の変化は「しょうか」といいます。

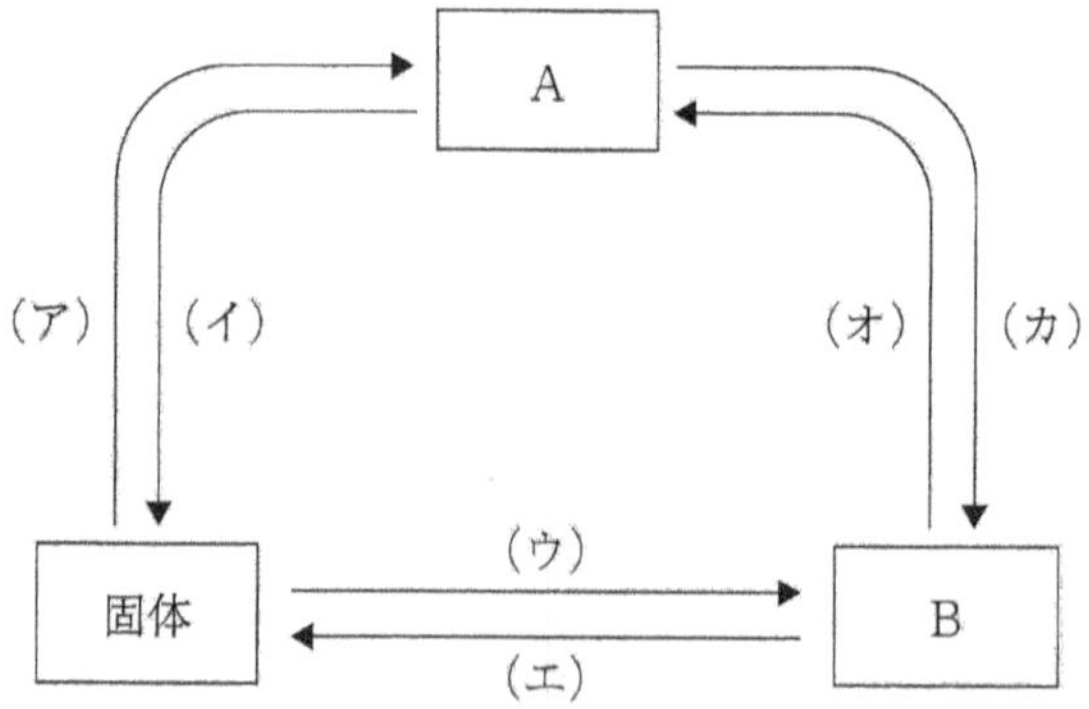


図１

⑴　図１のＡおよび（ウ）に入る用語を答えなさい。

⑵　水の状態変化を考えると，（イ），（エ），（カ）の矢印の変化は，どのようにするとおこすことができますか。６文字以内で書きなさい。

図２のように，氷で満たされたビーカーに温度計を設置し，以下の実験を行いました。

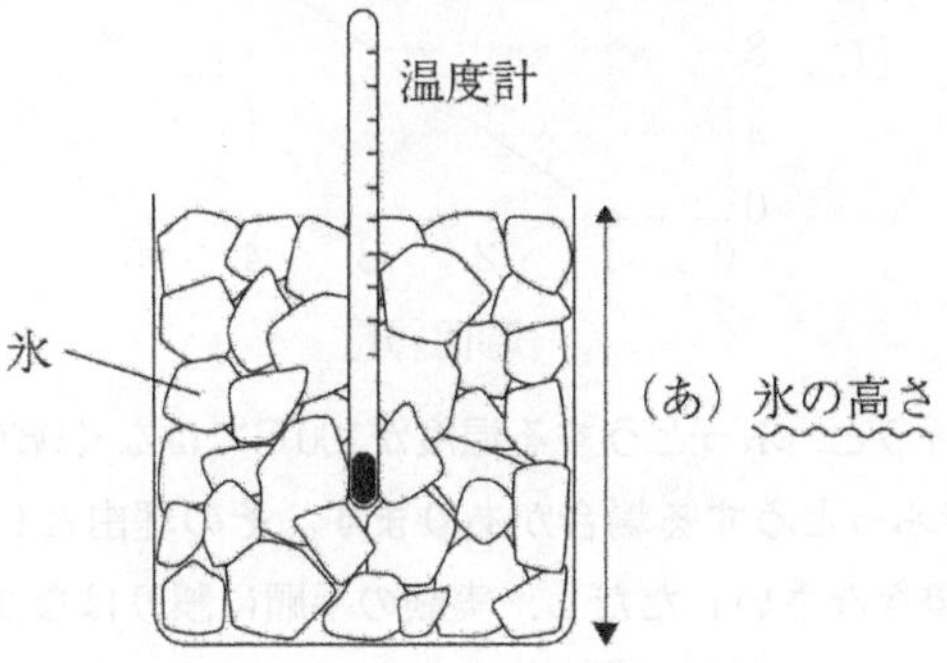


図２

〈実験１〉

図２のビーカーを室温に置いておくと，しだいに①氷がとけていった。その後，(い)氷が水にうかんでいる状態になり，やがて(う)全ての氷がとけて水になった。このとき，②ビーカーの表面には水てきがついていた。

〈実験２〉

新しく用意した図２のビーカーをガスバーナーで加熱すると，しばらくして水はふっとうし，水面から少しはなれたところで③湯気が観察できた。そのときの時間と水温の変化の関係は表１のようになった。

表１

| 時間［分］ | 0 | 3 | 6 | 9 | 12 | 15 | 18 | 21 |
|---|---|---|---|---|---|---|---|---|
| 水温［℃］ | 0 | 0 | 16 | 40 | 64 | 88 | 100 | 100 |

⑶　〈実験１〉〈実験２〉について，下線部①～③の現象は，どの状態変化に当てはまりますか。図１の（ア）～（カ）より選び，記号で答えなさい。ただし，同じものを何度選んでもよいものとします。

⑷　図２および〈実験１〉の波線部（あ）～（う）において，実験を始めたときの氷の高さ（図２の（あ）の高さ）と，（い）のときの水面の高さ，（う）のときの水面の高さの関係を以下の例のように表しなさい。

【解答例】　あ＝いくう

⑸　〈実験２〉について，表１のデータを元にグラフを作成することにしました。温度変化は一定の割合《わりあい》で行われるとして，予想される０～６分と，15～18分のグラフを解答らんに記入しなさい。ただし，次のページの【解答例】のように「０℃から温度が上がり始めるところ」と，「温度が100℃にちょうどなるところ」に点を打つこととし，グラフは直線で記入すること。定規は使わなくてよいが，線はていねいに書きなさい。また，グラフの一部をぬき出したため，縦《たて》じくや横じくの数字は０から始まらない場合があります。

【解答例】

0℃付近

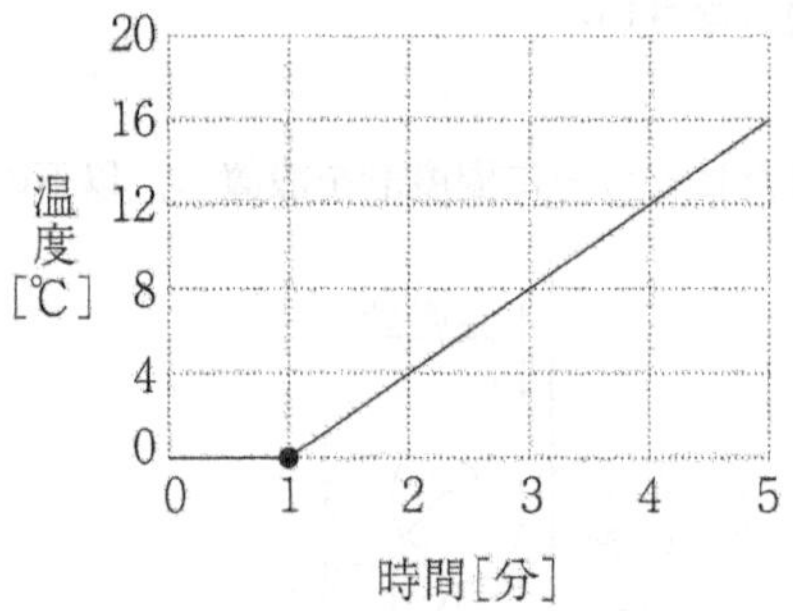


⑹　同じ実験を別の日に行うと，ふっとうする温度が100℃ではなく98℃でした。このように，水は100℃よりも低い温度でふっとうする場合があります。その理由として最も適当なものを次の中から１つ選び，記号で書きなさい。ただし，実験の手順に誤《あやま》りはなかったものとします。

（ア）　１回目の実験の日よりも気圧が高かったから。
（イ）　１回目の実験の日よりも気圧が低かったから。
（ウ）　１回目の実験の日よりも気温が高かったから。
（エ）　１回目の実験の日よりも気温が低かったから。
（オ）　１回目の実験よりも氷の量が多かったから。
（カ）　１回目の実験よりも氷の量が少なかったから。

【４】　のびたり縮《ちぢ》んだりするばねＡとばねＢがあります。おもりをつるさないときのそれぞれのばねの長さは30㎝です。ばねにつるすおもりのおもさとばねの長さの関係はそれぞれ下のグラフのようになりました。このばねＡ，ばねＢに，おもりＣをぶら下げていったときのことを考えます。なお，ばねＡ，ばねＢの重さと体積は考えないものとします。また，おもりＣは１辺５㎝の立方体です。

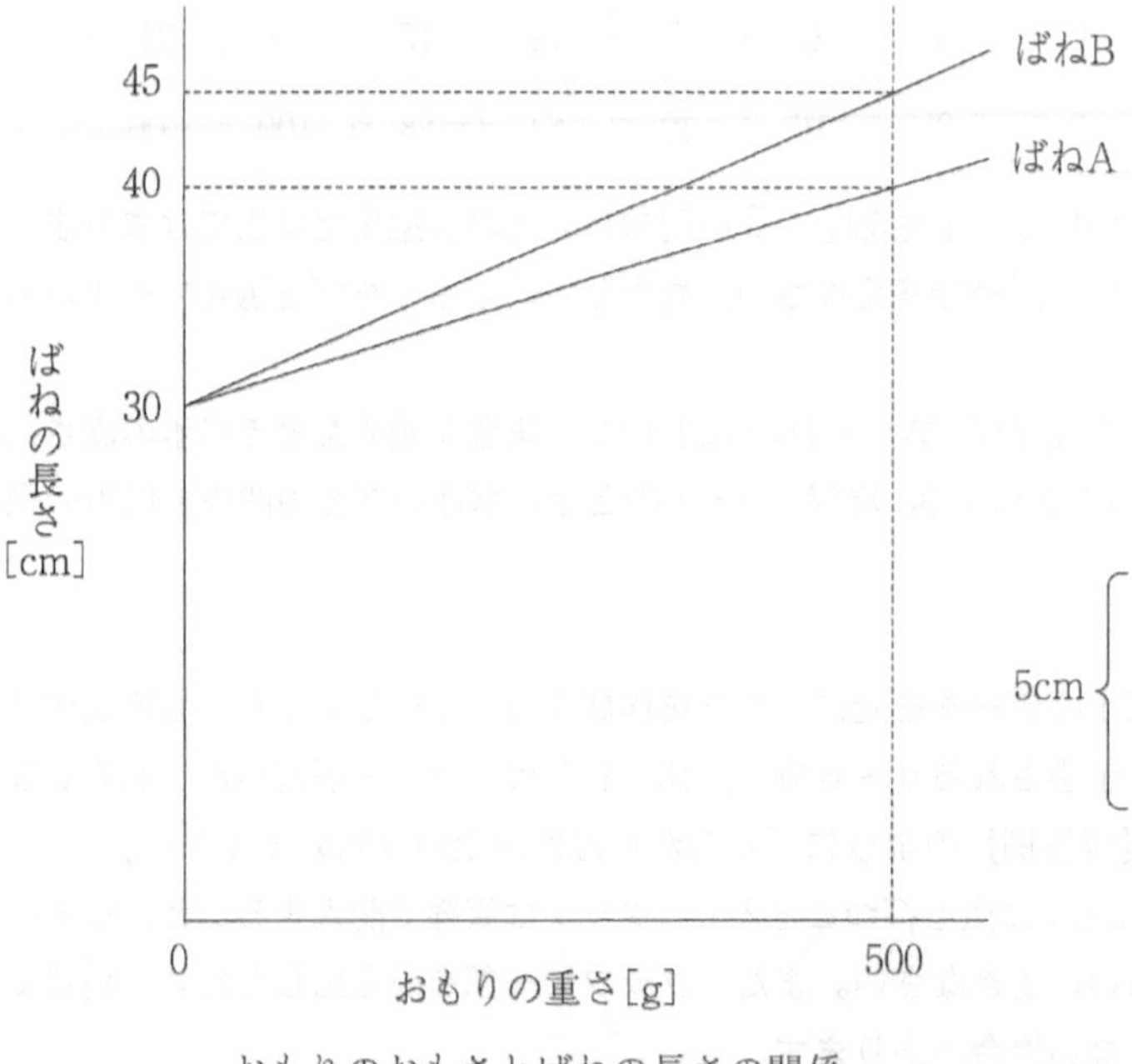


おもりのおもさとばねの長さの関係

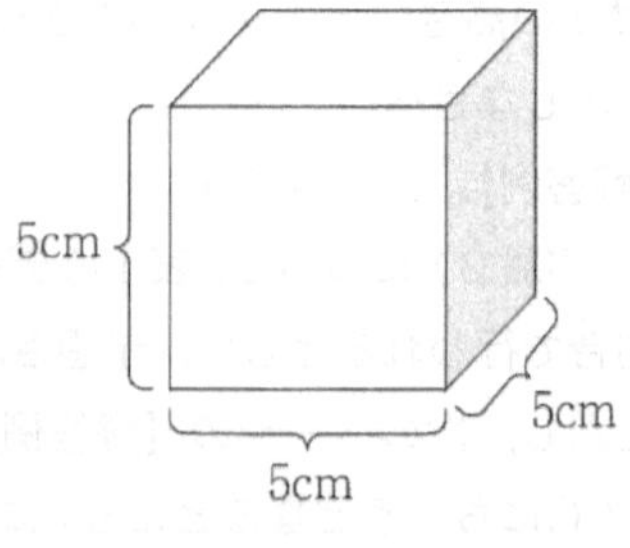


おもりC

⑴　図１のように，ばねＡにおもりＣを１つだけつるしたところ，ばねＡの全体の長さが34㎝になりました。おもりＣの重さは何ｇになるか答えなさい。

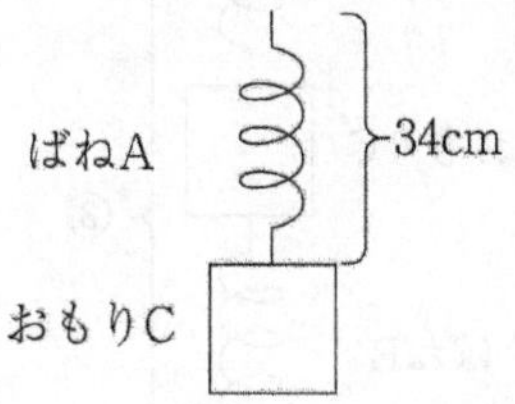


図１

⑵　図２のように，ばねＡとばねＢをつないで，おもりＣを１つだけつるしました。ばねＡの上からおもりＣの下までの長さ①は何㎝になるか答えなさい。

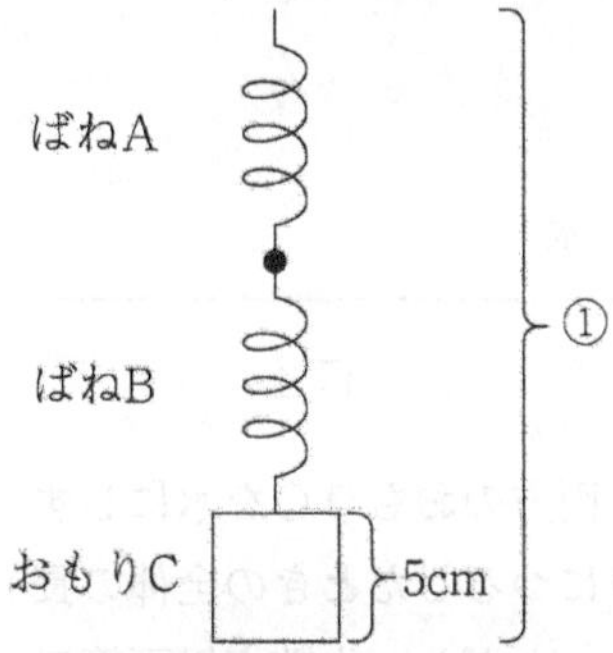


図２

⑶　図３のように，ばねＡとばねＢとおもりＣを２つつないで，つるしました。ばねＡの上から一番下のおもりＣの下までの長さ②は何㎝になるか答えなさい。

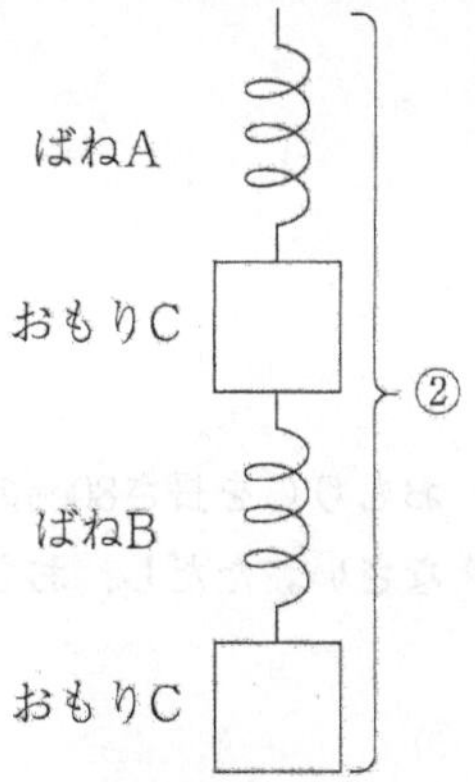


図３

⑷　図４（次のページ）のように，⑶の状態から下のおもりＣだけを水にしずめ，容器の底からはなれるようにつるしたときの全体の長さ③は何㎝になるか答えなさい。ただし，小数点以下第二位まで答えなさい。また，水の重さは１㎤あたり１ｇとします。

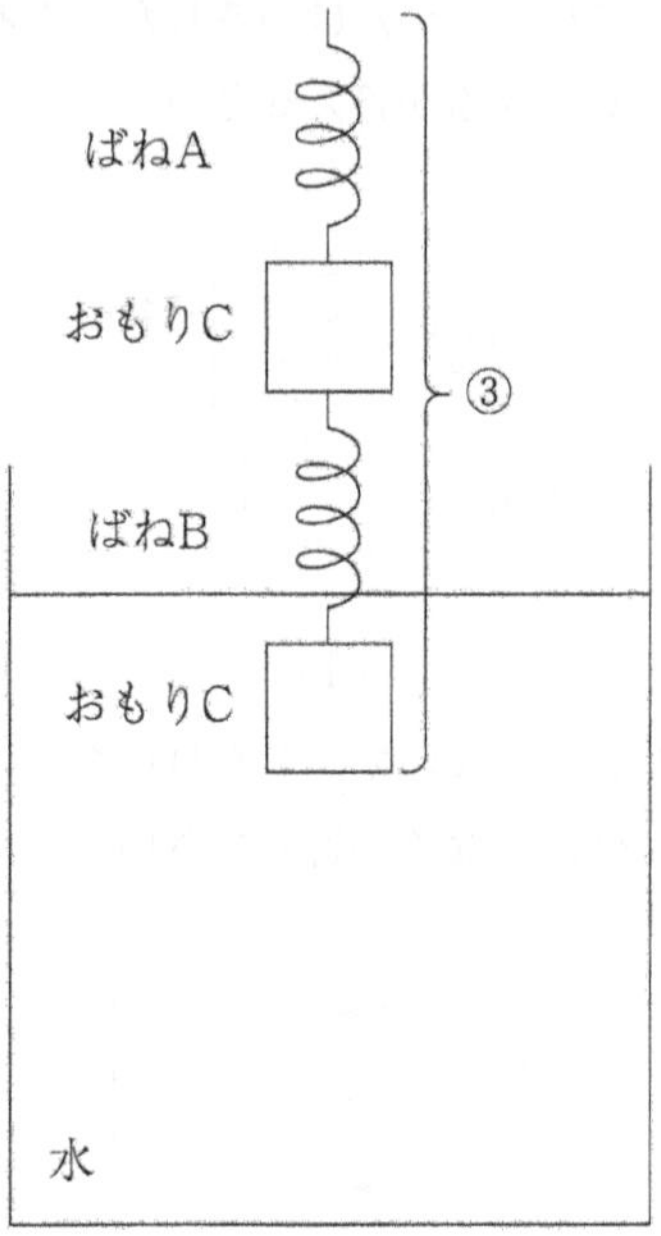


図４

⑸　図５のように⑷の状態から，両方のおもりＣを水にしずめ，容器の底からはなれるようにつるしたときの全体の長さ④は何㎝になるか答えなさい。ただし，小数点以下第二位まで答えなさい。また，水の重さは１㎤あたり１ｇとします。

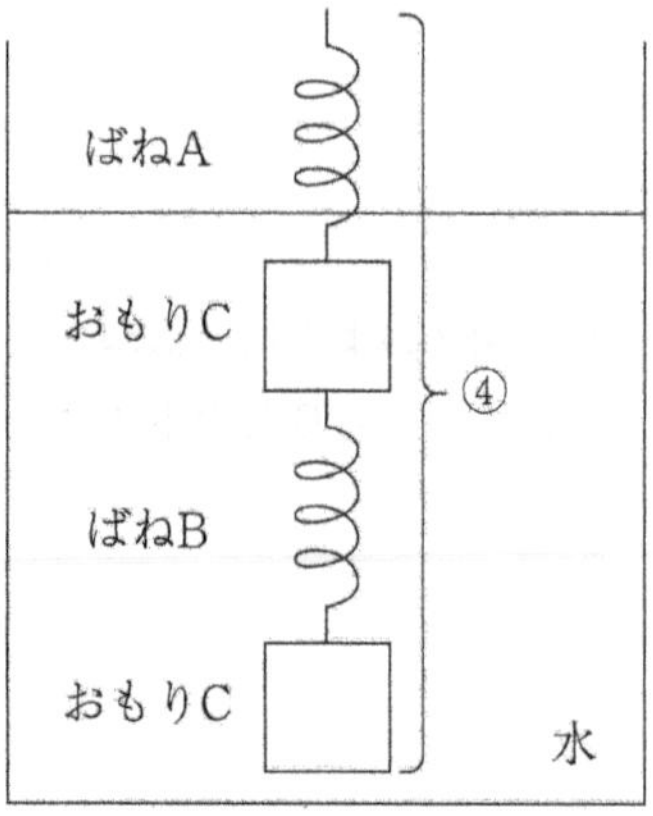


図５

⑹　図６のように，ばねＡ，ばねＢ，おもりＣを長さ80㎝の箱にいれて，両はしを固定したとき，ばねＡの長さ⑤は何㎝になるか答えなさい。ただし，おもりＣと箱との間のまさつは考えないものとします。

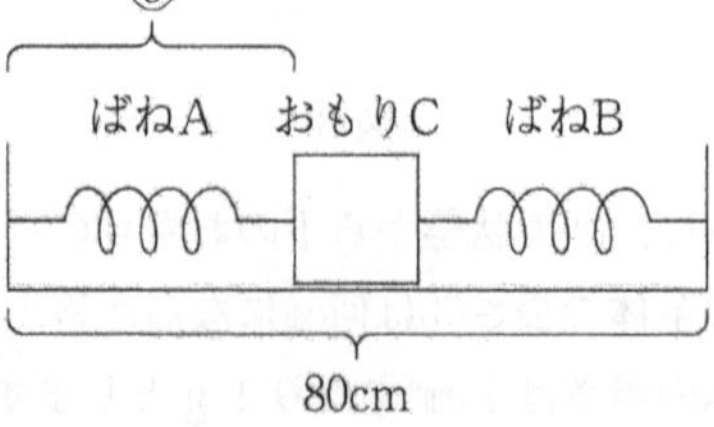


図６

【社　会】（40分）　＜満点：80点＞

【１】 次の文章を読み，表１～５を見て，あとの問いに答えなさい。なお文章中と表１～５の同じ記号，番号の空らんには同じ言葉が入ります。　（表３～表５は次のページにあります。）

日本は(a)明治時代以降，工業化を進め，その経済力を背景に，世界の国々と(b)貿易をおこなってきました。現在では多くの農水産物が輸入され，そのことで(c)私たちの食生活は多様性に富んでいます。一方，食料の多くを輸入にたよることには様々な問題もあります。

具体的に見てみましょう。次の表１～表３は私たちの生活に欠かせない穀物＜　A　＞に関連したものです。日本の＜　A　＞の生産は1960年代の後半になるまではほぼ100万トンをこえていましたが，外国産のほうが安いなどの理由により，生産量が減少していきました。1980年代以降に米からの転作をすすめたこともあり，＜　A　＞の生産量は少し増えましたが，いぜんとして大部分を輸入にたよっています。

日本の＜　A　＞の輸入先は（　１　），カナダ，（　２　）の３か国で輸入量全体の99％を占めています。国内で生産するよりも安い＜　A　＞を輸入することは合理的ですが，問題点もあります。2022年の２月に始まった（　３　）による（　４　）侵攻《しんこう》は＜　A　＞の国際的な価格に大きな影響《えいきょう》をあたえています。このように戦争や天候不順などが原因となり，価格が変動して，安定した食料の供給が難しくなってしまうことがあります。

畜産についても見てみましょう。表４は＜　B　＞の国内での生産量とその割合です。畜産が(d)北海道，(e)九州地方に集中していることが分かります。一方，表５は＜　B　＞の肉の日本の輸入先です。令和元年度の肉類の自給率※1は牛肉が35％，豚肉が49％，とり肉が64％でしたが，(f)飼料《しりょう》の自給率を反映させると，牛肉は９％，豚肉は６％，とり肉は８％と自給率は大きく下がってしまいます。

このような状況を改善するため，政府は令和12年度までに食料自給率※2を45％まで上げることを目標にかかげています。食料自給率を上げることは，(g)環境への負担を下げることにもつながります。これからの地球のためにも，まずは私たちの身の回りにある食べ物が，どのようにして作られ，どこから運ばれてきたのかを知ることが大切なのかもしれません。

※1　重量ベース（生産量や輸入量に使われる「重さ」を用いて，国産品の割合を示したもの）

※2　カロリーベース（国内で消費される各食品のカロリーの合計と，そのうちの国産品のカロリーの合計を求め，国産品の割合を示したもの）

表１　＜Ａ＞の生産量上位５か国（2019年）

| | 万トン | % |
|---|---|---|
| 中国 | 13360 | 17.5 |
| インド | 10360 | 13.5 |
| （　３　） | 7445 | 9.7 |
| （　１　） | 5258 | 6.9 |
| フランス | 4060 | 5.3 |
| 世界合計 | 76498 | 100.0 |

表２　＜Ａ＞の輸出量上位５か国（2019年）

| | 万トン | % |
|---|---|---|
| （　３　） | 3187 | 17.7 |
| （　１　） | 2707 | 15.0 |
| カナダ | 2281 | 12.7 |
| フランス | 1996 | 11.1 |
| （　４　） | 1390 | 7.7 |
| 世界合計 | 18017 | 100.0 |

表３　日本の＜ Ａ ＞の輸入先（2019年）

| | 万トン | ％ |
|---|---|---|
| （　１　） | 252.1 | 47.3 |
| カナダ | 183.2 | 34.4 |
| （　２　） | 88.9 | 16.7 |
| 合計 | 533.1 | 100.0 |

表４　日本国内の＜ Ｂ ＞の生産量とその割合（2021年）

| | 万 | ％ |
|---|---|---|
| 北海道 | 53.6 | 20.6 |
| 鹿児島 | 35.1 | 13.5 |
| 宮崎 | 25.0 | 9.6 |
| 熊本 | 13.5 | 5.2 |
| 岩手 | 9.1 | 3.5 |
| 全国 | 260.5 | 100.0 |

※出題の都合上，単位は省略されています。

表５　＜ Ｂ ＞の肉の輸入相手国（2020年）

| | ％ |
|---|---|
| （　２　） | 45.4 |
| （　１　） | 42.2 |
| カナダ | 5.0 |
| その他 | 7.4 |

輸入計60万トン

＜矢野恒太記念会『日本のすがた2022（日本国勢図会ジュニア版）』をもとに出題者が作成。＞

問１　表１～５中と文中の（１）～（４）にあてはまる最もふさわしい国名を次の中から選び，記号で答えなさい。

ア．アメリカ　　イ．イギリス　　ウ．ウクライナ
エ．ウルグアイ　　オ．オーストラリア　　カ．ブラジル
キ．ベラルーシ　　ク．ロシア

問２　文中と表１～３の＜Ａ＞にあてはまる最もふさわしい穀物名を答えなさい。

問３　文中と表４～５の＜Ｂ＞にあてはまる最もふさわしいものを次の中から選び，記号で答えなさい。

ア．肉用牛　　イ．肉用若鳥　　ウ．羊　　エ．豚

問４　下線部(a)について，次のページの４つのグラフは2019年度の日本の代表的な工業地帯・工業地域（京浜・中京・阪神・東海）のいずれかの生産額の割合を示したものです。Ｂ・Ｃの工業地帯・工業地域の説明として最もふさわしいものをア～エの中からそれぞれ１つずつ選び，記号で答えなさい。

ア．古くからせんい工業や，陶磁器を中心としたよう業がさかんであったが，第二次世界大戦後，四日市の石油化学工業などを中心に重化学工業が急速に発展した。中でも豊田の自動車工業を中心に，機械工業のしめる割合が高いのが特ちょうである。

イ．第一次世界大戦後に，沿岸部のうめ立て地に大きな工場や火力発電所が作られ，臨海工業地帯として発展した。第二次世界大戦後の長い期間，日本第一の総合工業地帯として発展していたが，近年ではその地位は下がっている。

ウ．二大工業地帯の中間にあり，さらに水力による電力や豊富なわき水などによる工業用水が豊かで，地元の資源をもとに発展してきた。輸送機械や食料品工業に加え，豊かな水資源を活用した紙・パルプなどの産業もさかんである。

エ．明治時代のぼう績業から始まり，重工業が発達してきた。第二次世界大戦前には日本最大の

工業地帯となったが，近年ではその地位は下がっている。他の工業地帯・地域と比べると，生産額に占める中小工場の割合が大きい。

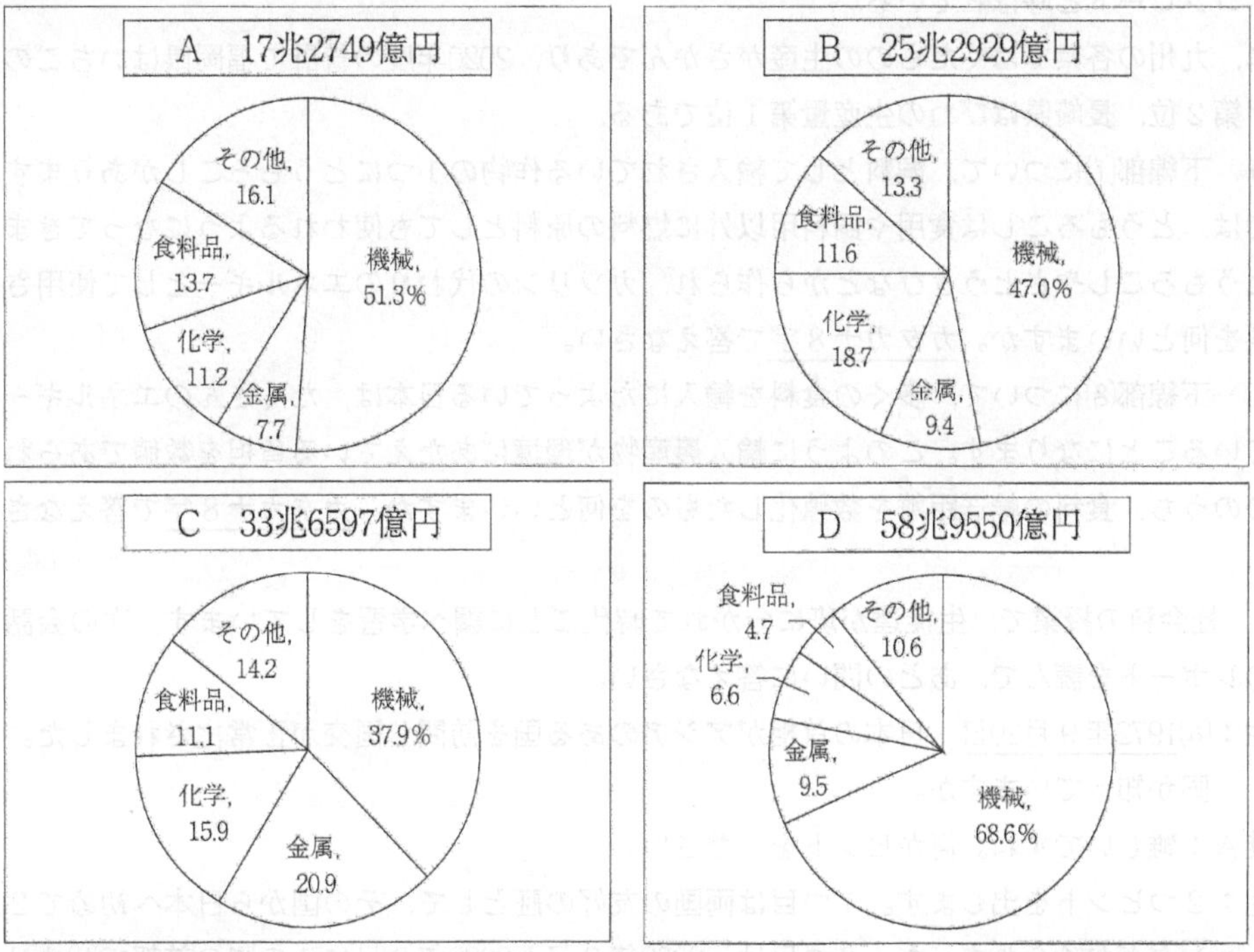


＜矢野恒太記念会『日本のすがた2022（日本国勢図会ジュニア版）』をもとに出題者が作成。＞

問５　下線部(b)について，日本の貿易に関して説明した文としてまちがっているものを次の中から１つ選び，記号で答えなさい。

ア．日本は石油・液化ガスなどのエネルギー資源や，鉄鉱石などの工業原料の多くを輸入に頼っている。

イ．日本は原料を輸入し，それを加工して工業製品として輸出する加工貿易がさかんである。

ウ．日本の最大の貿易相手はＥＵであり，日本とＥＵ間で貿易をめぐる問題が生じたことはない。

エ．日本の主な貿易港の中では，近年成田国際空港が輸出入の合計額第１位である。

問６　下線部(c)について，食生活が豊かになる過程で，米の消費量が少なくなりました。その結果，1970年頃から休耕や転作をすすめ，農家に補助金を支給する政策を行ってきました。農家の意欲を下げてしまうことや，市場での競争力が下がってしまうことを理由に，2018年に廃止《はいし》されたこのような政策を何と言いますか。解答らんに合わせて漢字２字で答えなさい。

問７　下線部(d)について，もともとは泥炭地《でいたんち》で農業に向いていなかったが，客土による土地改良と米の品種改良で，北海道有数の米の産地となった平野の名前を答えなさい。

問８　下線部(e)について，九州地方の説明として正しいものを１つ選び，記号で答えなさい。

ア．九州北部には高くて険しい九州山地が走っている。その多くは火山であるため，九州北部には火山灰でおおわれたシラス台地が広がっている。

イ．九州地方の気候は，千島海流と日本海流が近海を流れるため全体的に温暖である。九州北部は日本海に面しているが，夏に雨が多い気候である。

ウ．かつて八幡製鉄所を中心に鉄鋼業がさかんだったが，近年では集積回路産業が発達し，シリコンロードと呼ばれている。

エ．九州の各県ではくだものの生産がさかんであり，2020年度の統計で福岡県はいちごの生産量第２位，長崎県はびわの生産量第１位である。

問９　下線部(f)について，飼料として輸入されている作物の１つにとうもろこしがあります。最近では，とうもろこしは食用や飼料用以外に燃料の原料としても使われるようになってきました。とうもろこしやさとうきびなとがら作られ，ガソリンの代わりのエネルギーとして使用される燃料を何といいますか。カタカナ８字で答えなさい。

問10　下線部(g)について，多くの食料を輸入にたよっている日本は，たくさんのエネルギーを使っていることになります。このように輸入農産物が環境にあたえている負担を数値であらわしたもののうち，食料の輸送距離《きょり》を数値化したものを何といいますか。カタカナ８字で答えなさい。

【２】　社会科の授業で，生徒達が班に分かれて時代ごとに調べ学習をしています。次の会話文や各班のレポートを読んで，あとの問いに答えなさい。

先生：(a)1972年９月29日，日本の首相がアジアのある国を訪問し国交が正常化されました。どこの国か知っていますか。

生徒Ａ：難しいですね。何かヒントをください。

先生：２つヒントを出します。１つ目は両国の友好の証《あかし》として，その国から日本へ初めて２頭のパンダがおくられました。２つ目は，2008年８月と2022年２月にこの国の首都で(b)オリンピックが行われました。

生徒Ｂ：ということは，北京オリンピックなので中国のことですね。

先生：正解です。それでは，今日の授業は時代ごとにグループに分かれ，日本と中国のつながりについて調べ，レポートにまとめましょう。

＜１班＞

①　聖徳太子（厩戸王）は小野妹子に国書を持たせ，中国に使いとして送った。

②　朝鮮半島では，新羅が中国と結んで百済を滅《ほろ》ぼした。中大兄皇子は百済からの助けの求めに応じて朝鮮半島に大軍を送ったが戦いに敗れた。これを白村江の戦いという。

③　中国にならい，(c)大宝律令が制定された。この翌年，中国に使いを送った。

＜２班＞

○　朝鮮で甲午農民戦争が起こり，これをしずめるために【Ｘ】中国が朝鮮に兵を送ると，日本も同様に兵を送った。その後も，両国ともに兵を引かなかったために戦争が始まった。日本は各地で勝利し，【Ｘ】中国との間で(d)下関条約が結ばれた。

＜３班＞

○　日本の関東軍は奉天郊外《ほうてんこうがい》の柳条湖で南満州鉄道を爆破《ばくは》し，これを中国のしわざとして戦いを始め，満州を占領《せんりょう》した。これを(e)満州事変という。

○　日本は中国の南に勢力を広げようとし，北京郊外の盧溝橋で日本と中国の両軍が衝突《しょうとつ》したことをきっかけに(f)日中戦争が始まった。

＜4班＞

④　中国の都にならい完成した平安京に都が移された。

⑤　(g)最澄と空海が中国にわたり，それぞれが日本に帰国した後に宗派を開いた。

⑥　菅原道真が意見したことなどによって，日本は長らく続けていた中国への使いを停止した。その後，彼は九州の（　1　）に流された。

⑦　平清盛は大輪田泊を改修して，中国との貿易を行った。

＜5班＞

○【Y】中国の都にならい完成した平城京に都が移された。

○　大仏開眼《かいげん》供養《くよう》が行われ，インドや【Y】中国から来た僧をふくめて1万人が参加した。

○　暴風雨等のために，【Y】中国より何度も日本へわたることに失敗した（　2　）は，6度目にしてようやく日本にわたることができた。

＜6班＞

○　(h)足利義満は，幕府の収入を増やそうと考え中国との(i)貿易を行った。

○　嵐《あらし》にあったポルトガル人を乗せた中国船が種子島に流れ着き，日本に(j)鉄砲を伝えた。

＜7班＞

○　日本には100あまりの国があり，中にはみつぎ物を持って定期的に楽浪郡に使いを送る国があった。

○　中国の皇帝《こうてい》より，日本のある国の王が(k)金印を授《さず》けられた。

○日本の国王である帥升等《ら》が奴隷《どれい》160人を中国の皇帝に献上《けんじょう》した。

○　邪馬台国の女王が中国の皇帝から金印等を授かり，「(　3　)」の称号《しょうごう》を受けた。

＜8班＞

○　【Z】中国が高麗を使いとして日本に従うよう要求してきたが，幕府8代執権である北条時宗はこれを拒否《きょひ》した。そのため【Z】中国は，日本に(l)二度襲来《しゅうらい》した。

＜9班＞

○　(m)第一次世界大戦中，日本は中国に対して二十一か条の要求をした。

<10班>

○　讃《さん》・珍《ちん》・済《せい》・興《こう》・(n)武《ぶ》と記された日本の5人の王が，計13回にわたり中国に使いを送った。

<11班>

○　幕府は，(o)キリスト教の布教に関係のないオランダと中国だけに長崎での貿易を許した。

問1　下線部【X】,【Y】,【Z】が示している中国の王朝名として正しいものを，次のページの中からそれぞれ1つ選び，記号で答えなさい。

ア．後漢　イ．清　ウ．明　エ．魏　オ．宋

カ．元　キ．隋　ク．秦　ケ．唐

問2　下線部(a)について，この日付から50年後までの出来事として最もふさわしいものを次の中から1つ選び，記号で答えなさい。

ア．鳩山一郎首相が，日ソ共同宣言に調印し，日本とソ連両国の国交が正常化した。

イ．佐藤栄作首相が，首相を退任した後にノーベル平和賞を受賞した。

ウ．吉田茂首相が，サンフランシスコ平和条約を結んだ。

エ．岸信介首相が，新しい日米安全保障条約を結んだ。

問3　下線部(b)について，1964年にアジアで初めてとなる東京オリンピックが行われました。東京オリンピックが行われるよりも前の出来事として，最もふさわしいものを次の中から1つ選び，記号で答えなさい。

ア．株や土地の価格が急上昇《きゅうじょうしょう》し，バブル景気となった。

イ．公害問題が起きたことで，公害対策基本法が制定された。

ウ．日本国憲法が公布され，その半年後に施行《しこう》された。

エ．第四次中東戦争がきっかけで，第一次石油危機がおこった。

問4　下線部(c)について，大宝律令の内容として正しいものを次の中から1つ選び，記号で答えなさい。

ア．雑徭は国司の命令で国の土木工事などにつく労役で，年間で働く日数は限られていた。

イ．租は1段《たん》の田につき，稲を二束《そく》二把《わ》おさめるものであった。二束二把とは，収穫《かく》量の約30%の税である。

ウ．政府は，毎年つくる戸籍に人々を登録し，その戸籍にもとづいて6歳以上の男女に口分田を与《あた》えた。

エ．成年男子は3～4人につき1人の割合で兵士として集められ，その中には都を警備する衛士や東北を守る防人などの兵役の義務があった。

問5　1班のレポート①～③について，「大化の改新」が行われたのは次のア～エのどの時期ですか。正しいものを1つ選び，記号で答えなさい。

ア．①の前　イ．①と②の間　ウ．②と③の間　エ．③の後

問6　下線部(d)について，下の［語群］は下関条約が結ばれた前後の出来事です。下関条約が結ばれた後の出来事はいくつあるか，次の中から1つ選び記号で答えなさい。

［語群］

三国干渉　大日本帝国憲法の制定　民撰議院設立の建白書の提出

廃藩置県　日比谷焼きうち事件

ア．1つ　イ．2つ　ウ．3つ　エ．4つ　オ．5つ

問7　下線部(e)と(f)の間に，日本では五・一五事件がおこり，犬養毅首相が暗殺されました。これにより8年続いた○○政治（内閣）が終わり，軍人や役人等からなる内閣がつくられました。○○に入るふさわしい語句を，漢字2字で答えなさい。

問8　下線部(g)について，最澄と空海の説明として正しいものを次のページの中から1つ選び，記号で答えなさい。

ア．最澄は，比叡山に延暦寺を建て浄土宗を広めた。

イ．最澄は，書道にすぐれ弘法大師《こうぼうだいし》と呼ばれた。

ウ．空海は，嵯峨天皇から教王護国寺（東寺）をあたえられた。

エ．空海は，高野山に金剛峯寺を建て日蓮宗を広めた。

問９　文中の（１）にあてはまる語句を，漢字で答えなさい。

問10　４班のレポート④～⑦について,「白河上皇による院政」が行われたのは次のア～エのどの時期ですか。正しいものを１つ選び，記号で答えなさい。

ア．④と⑤の間　　イ．⑤と⑥の間　　ウ．⑥と⑦の間　　エ．⑦の後

問11　文中の（２）にあてはまる人物名を，漢字で答えなさい。

問12　下線部(h)について，足利義満のころの北山文化の説明として正しいものを次の中から１つ選び，記号で答えなさい。

ア．金閣がつくられた。　　　　　イ．『日本書紀』が編さんされた。

ウ．平等院鳳凰堂がつくられた。　エ．『奥の細道』がつくられた。

問13　下線部(i)について，足利義満が中国と行った貿易の説明として正しいものを次の中から１つ選び，記号で答えなさい。

ア．倭寇と区別するため，正式な貿易船に朱印状を持たせた。

イ．輸出品としては，銅銭やいおうなどがある。

ウ．琉球王国に依頼《いらい》し，南蛮貿易を行った。

エ．日本が臣下となり，中国にみつぎ物をして，中国からはみつぎ物よりも高価な返礼品があたえられる貿易の形式であった。

問14　下線部(j)について，下の［語群］のうち，鉄砲が用いられた乱や戦いはいくつあるか，正しいものを次の中から１つ選び，記号で答えなさい。

［語群］

応仁の乱　　　　長篠の戦い　　　壇ノ浦の戦い

藤原純友の乱　　関ヶ原の戦い　　保元の乱

ア．１つ　　イ．２つ　　ウ．３つ　　エ．４つ　　オ．５つ　　カ．６つ

問15　下線部(k)について，金印が志賀島で発見された時は1784年であるが，そのころ政治の権力をにぎっていたのはだれか，正しいものを次の中から１つ選び，記号で答えなさい。

ア．徳川家光　　イ．田沼意次　　ウ．水野忠邦　　エ．徳川慶喜

問16　文中の（３）にあてはまる語句を，漢字で答えなさい。

問17　下線部(l)について，次のページの絵は文永の役の様子をえがいたものです。幕府軍は相手に苦戦したといわれています。苦戦した理由はさまざまなことが考えられますが，この絵から読み取れる理由を２つ説明しなさい。

※国立国会図書館デジタルコレクションより引用

問18　下線部(m)について，第一次世界大戦中とその前後の日本についての説明として，まちがっているものを次の中から１つ選び，記号で答えなさい。

ア．第一次世界大戦が始まる前，日本各地で米騒動がおこった。

イ．第一次世界大戦後，日本では関東大震災がおこった。

ウ．第一次世界大戦中，日本は輸出が輸入を上回り大戦景気となった。

エ．第一次世界大戦後，日本は国際連盟に加盟した。

問19　下線部(n)について，「武」に関係する鉄剣が発見された埼玉県の古墳として正しいものを次の中から１つ選び，記号で答えなさい。

ア．　高松塚古墳　　イ．　江田船山古墳　　ウ．　稲荷山古墳　　エ．　大仙古墳

問20　下線部(o)について，米将軍と呼ばれた人物はキリスト教に関係のない漢訳洋書の輸入を許可しました。この将軍が行ったこととして，正しいものを次の中から１つ選び，記号で答えなさい。

ア．禁中並公家諸法度を制定した。　　イ．生類あわれみの令を制定した。

ウ．囲米を行った。　　エ．公事方御定書を制定した。

【３】 次の太郎《たろう》くんとお父さんの会話を読み，あとの問いに答えなさい。

太郎くん：最近，ニュースで「持続可能な開発目標」っていう言葉をよく聞くね。

お父さん：よくニュースを見ているんだね。「持続可能な開発目標」は，アルファベットを使って（　1　）とも表現されているね。簡単にいうと，（　2　）年までに達成をめざす全人類共通の（　3　）の目標のことだよ。

太郎くん：（　1　）はどういう背景で作られたのかな？

お父さん：2015年，アメリカのニューヨークにある(a)国際連合の本部で「国連持続可能な開発サミット」が開かれた。このサミットでは，21世紀の国際目標として2000年に採択《さいたく》された「国連ミレニアム宣言」などの振《ふ》り返りが行われ，その課題をいっそう具体的にしたんだよ。

太郎くん：15年間も過ぎたけれど，解決できていない課題が多く残っていたんだね。

お父さん：そうだね。そして（　1　）は，2016年1月1日に正式に発効となった。

太郎くん：（　1　）の目標って，どういうものがあるの？日本に住んでいるぼくにとっては，こういう目標と自分とは，あまり関係ないように感じるなぁ。

お父さん：たとえば，(b)「貧困をなくそう」・「飢餓《きが》をゼロに」など，発展途上国《とじょうこく》と先進国との間にある豊かさの差をなくそうとする目標がある。ほかには，(c)「すべての人に健康と福祉《ふくし》を」・「ジェンダー平等を実現しよう」など，すべての人の人権を尊重しようとする目標もあるよ。その他の目標もそうだけれど，（　1　）は今の日本にも大きく関係しているよ。

太郎くん：そうなんだね。

お父さん：他には，(d)労働や経済などに注目した「働きがいも経済成長も」・「産業と技術革新の基《き》盤《ばん》をつくろう」という目標や，(e)世界平和に注目した「平和と公正をすべての人に」という目標もある。残りの目標は自分で調べてね。

太郎くん：ぼくも中学生になったら，（　1　）と自分には大きな関わりがあることが分かってくるんだね，勉強がんばろう。

問1　文中の（1）にあてはまる最もふさわしい語句をアルファベット4字で答えなさい。

問2　文中の（2）にあてはまる最もふさわしいものを次の中から1つ選び，記号で答えなさい。

ア．2025　　イ．2030　　ウ．2035　　エ．2040

問3　文中の（3）にあてはまる最もふさわしいものを次の中から1つ選び，記号で答えなさい。

ア．7　　イ．17　　ウ．27　　エ．37

問4　下線部(a)について，以下の問いに答えなさい。

①　国際連合の安全保障理事会は，15の国で構成されていますが，その中で「拒否権《きょひけん》」を持っている常任理事国は何か国ありますか。解答らんにあてはまるように算用数字で答えなさい。

②　国際連合の総会によって設立され，教育や栄養指導など，子どもたちの権利や命を守る活動を行っている機関はどれですか。最もふさわしいものを次の中から1つ選び，記号で答えなさい。

ア．UNICEF《ユニセフ》　　イ．UNHCR

ウ．UNESCO《ユネスコ》　　エ．WTO

問5　下線部(b)について，以下の問いに答えなさい。

①　先進国と発展途上国との間にある経済格差（貧富の差）から生じる問題のことをなんとよびますか。漢字4字で答えなさい。

②　ある国の経済発展などを目的として発展途上国へ行う援助《えんじょ》のことをなんというか。次の中から1つ選び，記号で答えなさい。

ア．オンブズマン制度　　イ．CTBT

ウ．ODA　　エ．ユニバーサルデザイン

問6　下線部(c)について，この内容を保障するために，日本国憲法には以下のような条文があります。（A）と（B）にあてはまる最もふさわしい語句を漢字で答えなさい。

第14条　すべて国民は，法の下に平等であって，人種，信条，（　A　），社会的身分，又《また》は門地により，政治的，経済的または社会的関係において，差別されない。

第25条　すべて国民は，健康で（　B　）的な最低限度の生活を営む権利を有する。

問７　下線部(d)について，1999年に「ディーセントワーク」という考え方を提言した国際連合の機関はどれですか。最もふさわしいものを以下から１つ選び，記号で答えなさい。

ア．ＳＮＳ　　イ．ＰＫＯ　　ウ．ＮＧＯ　　エ．ＩＬＯ

問８　下線部(e)について，この内容を保障するために，日本国憲法には以下のような条文があります。(Ｃ) と (Ｄ) にあてはまる最もふさわしい語句を漢字で答えなさい。

第９条　１項《こう》

日本国民は，正義と秩序《ちつじょ》を基調とする国際平和を誠実に希求し，国権の発動たる（　Ｃ　）と，（　Ｄ　）による威嚇《いかく》又は（　Ｄ　）の行使は，国際紛争《ふんそう》を解決する手段としては，永久にこれを放棄《ほうき》する。

B＝「もうこれが最後だろうな」「行きなさい」などのせりふ

エ　A＝隠喩《いんゆ》の使われ方がたくみで、飼い猫の死という悲しいできごとが視点をずらして劇的に表現されている

B＝浩太が浩美の「背中から落ちていた」描写

三　次の――線部について、カタカナは漢字になおし、漢字は読みをひらがなで答えなさい。なお、漢字はていねいにはっきりと書くこと。

①赤字ローカル線のソンゾクが危ぶまれる。

②アルバムを見てカンショウ的な気分になる。

③巨大な山城をキズく。

④ナマズが暴れるのは地震のゼンチョウではない。

⑤政治家のキョシュウが気にかかる。

⑥犬も歩けばボウに当たる。

⑦有人月面タンサを目指す。

⑧ゲントウの雪山で正月をむかえる。

⑨その考えは机上の空論だ。

⑩展覧会が閉幕する。

身は気に入っていなかったが、この名前をずっと好きだった浩太が亡くなるときに浩美に急激な変化が現れ、父が思わずおどろいてしまったこと。

イ　兄弟それぞれに両親から一字ずつとってつけた浩美という名前を、本人が気に入ってくれていたと知ってうれしかったが、浩太が亡くなるタイミングで突然打ち明けられたため、父は素直に喜べなかったということ。

ウ　兄弟に共通する「浩」の字に母親から一字をとった浩美という名前に、家族の結びつきがよくあらわれていると最期に浩太が心の中で強く思ったことが浩美には感じ取れた一方で、父には伝わっていなかったということ。

エ　兄弟それぞれに両親から一字ずつとってつけた名前には家族の結びつきがよくあらわれていると思うが、この家族が浩太をうしなった悲しみを乗りこえるには、これから長い時間が必要だと父は思っているということ。

問七　この文章を読んだ生徒たちが話し合っています。

**みどり**：タイトルが「みとりねこ」ってなっているのが、最初はどういうことだか分からなかったけれど、浩太の［(1)］という気持ちが書かれているところを読んで、ああなるほどと思ったよ。

**さき**　：浩美を自分の本当の弟のように見つめている、浩太の優しさだね。

**まなぶ**：そうか、とてもせん細なところがある浩美を悲しませないようにと、自分が猫又になっていつまでも生き続けてみとる側になるのが浩太の使命だったんだな。だけど浩太は［(2)］、最期はみとられていくんだね。

**やしお**：［(3)―A］から、なんか感情移入しちゃったよ。

**ゆきこ**：そうね、やしおさんの言っていることは［(3)―B］によく表れていると思うわ。

(1)　空らん［(1)］にあてはまる表現を本文中より二十五字でぬき出し、はじめの五字を答えなさい。

(2)　空らん［(2)］にあてはまる表現として最もふさわしいものを選び、記号で答えなさい。

ア　猫又になることをあきらめられないまま

イ　家族みんながそろうのを待って

ウ　浩美の成長を見届け安心して

エ　生まれ変わりを信じながら

(3)　空らん［(3)―A］・［(3)―B］にあてはまる表現の組み合わせとして最もふさわしいものを選び、記号で答えなさい。

ア　A＝小さな段落が続きスピード感とリズムが生まれることによって、猫の死が際立たされている
　　B＝「おっと、背中ががら空き」「高速を使って家まで一時間」が、独立した一行で書かれていること

イ　A＝同じ場面を前半は飼い猫の視点から後半は飼い主の視点から、思いが重なるように映し出されている
　　B＝浩太の「喉が鳴りだ」すシーン

ウ　A＝会話文が多く用いられ、飼い猫に対する家族ひとりひとりの思いが明確な言葉に投影されている

字以内で答えなさい。

［　　　　　　　　　　］ことを頼んだ。

問二　空らん［②－1］と［②－2］にあてはまる語の組み合わせとして最もふさわしいものを選び、記号で答えなさい。

ア　1　いそいそと　　2　ぬけめなく
イ　1　うきうきと　　2　いとおしく
ウ　1　おずおずと　　2　せわしなく
エ　1　そわそわと　　2　さりげなく
オ　1　はきはきと　　2　ほこらしく
カ　1　わくわくと　　2　やかましく

問三　～～線部③－A・③－Bの表現について、ここでの意味として最もふさわしいものをそれぞれ選び、記号で答えなさい。

A　尻目に

ア　他の人のおめでたい出来事にちゃっかり便乗して調子づくさま。
イ　自分のうらやましい気持ちを気づかれまいとして横目で見るさま。
ウ　ほほえましい様子に同調・共感しながら目尻を下げて眺めるさま。
エ　その場の様子をちらっと見てあとは構わず自分の行動を進めるさま。

B　三寒四温

ア　冬の終わりのころに、寒い日が三日続いた後に暖かい日が四日続くこと。
イ　三月から四月にかけて、急激に寒さがやわらぎ気温が上がっていくこと。
ウ　春一番が吹いた後の三、四日間、寒暖差の大きい不安定な天気が続くこと。
エ　季節の変わり目に、気温が平年より三度低かったり四度高かったりすること。

問四　――線部④「どうやらダイアナを捕まえていった老いが、浩太も捕まえにきたらしい」とありますが、これは具体的にどのようなことを表していますか。二十字以内で答えなさい。

問五　――線部⑤「浩太の書類はもう届かない」とありますが、これはどういうことですか。最もふさわしいものを選び、記号で答えなさい。

ア　浩太に書類を届ける猫の郵便屋さんを春まで待たなければならないのを忘れて、油断していたこと。
イ　浩太には書類が家に届けられるのを待っていられるだけの時間が、もう残されていないということ。
ウ　浩太が待ち望んでいた不死の猫又になるための書類は、はじめから存在していなかったということ。
エ　浩太に書類が届く期限はさつきちゃんから聞いた二十歳までで、それを三年も過ぎてしまったこと。

問六　――線部⑥「何だ、急に」とありますが、父がこのように言ったことから、どのようなことが分かりますか。最もふさわしいものを選び、記号で答えなさい。

ア　兄弟に共通する「浩」の字に母親から一字をとった名前を浩美自

空港には父が車で迎えに来ていた。

高速を使って家まで一時間。

「行きなさい」

父がそう言ってくれたので、ガレージ前で車を降りて走った。

玄関《げんかん》の鍵《かぎ》は開いていた。靴《くつ》を脱《ぬ》ぎ捨《す》てるように上がった。

リビングの一番暖かないい場所に浩太の寝床《ねどこ》を作ってあった。

母が泣き腫《は》らした目で付き添《そ》っていた。

「……まだ?」

母が頷《うなず》いた。——まだ生きてる。

慄《おのの》くようにそっと近づき、膝《ひざ》を突《つ》き、サバトラ模様の小さな頭をなでた。

喉をくすぐり、耳の後ろを掻いた。

浩太の喉が鳴りだした。——生きている。

「浩太」

呼んだ声はかすれた。浩太もかすれた声でか細く鳴いた。

家族で代わる代わる、ずっとずっとなでていると、浩太の喉も応えるみたいにときどき鳴った。

明け方近く、鳴っていた喉がふと途絶《とだ》えた。

ああ、眠ったのだと思った。——眠りについて、喉は二度と鳴りださなかった。

何故《なぜ》だか悲しくなかった。

ただありがとうと思った。

「浩美を待っててくれたのね」

母の声は穏やかだった。

「浩美の初めてのお仕事が悲しい思い出にならないように」

父が笑った。

「登り猫で、画伯《がはく》猫で、抱っこ猫で、今際《いまわ》のきわは気遣いの猫か。多芸多才だったなぁ」

「お父さん」

どうしてそのときだったのか分からない。だが、突き動かされるように言葉が漏《も》れた。

「俺《おれ》の名前、いい名前だね」
⑥「何だ、急に」
「いい名前だと思って」

まだ温もりの残っている浩太の体をそっとなでる。

「俺、生まれ変わってもお父さんとお母さんの子供になれたらいいな。そんでまた浩美って名前をつけてもらって、浩太を飼えたらいいな」

昌浩が抜けてるわよ、とお母さんが混ぜっ返す。

「兄貴は頼んできたら兄貴にしてやってもいいや」

兄もきっと、頼んできたら弟にしてやると言うだろう。

「だから、また兄貴に昌浩ってつけて、俺に浩美ってつけてよ」

「ああ、まあ、いいけど……」

何で今そんなことを言いだしたのかと父は怪訝《けげん》な顔のままだった。


（有川　ひろ『みとりねこ』より）

※1　ダイアナ…浩太より先に桜庭家に引き取られた猫だったが、先に亡くなっている。

問一　——線部①「そう頼んだ」とありますが、浩美は母に、何のために、どういうことを頼んだのですか。空らんにあてはまるように三十

「大丈夫《だいじょうぶ》よ、たった一週間じゃない。きっと待っててくれるわよ」

そんなことを言いながら、お母さん自身もそれを信じてはいない。

誰《だれ》も信じていないけど、ぼくはぼくを信じよう。

ぼくは浩美が帰ってくるまで待っていられる。

さあ、行っておいで。二十三年も生きた猫がたったあと一週間くらい待てないことがあるものか。

浩美はまるで今生《こんじょう》の別れのように浩太の毛羽立った毛並《けな》みを長いことなでて、それからツアーに旅立った。

電話は毎日かかってきた。朝となく、夜となく。

時には明け方が近いような時刻に電話のベルが鳴ることもあったが、お母さんはたったの一度もうるさそうな声を出さなかった。

「大丈夫よ、お薬もちゃんと飲んでくれてるわ」

離《はな》れて暮らしている昌浩《まさひろ》も一度様子を見に帰ってきた。

「もうこれが最後だろうな」

名残《なごり》を惜《お》しむように真夜中までいて、車を運転して帰っていった。

一晩。二晩。……今日で何日、

ずっとずっと穏《おだ》やかな眠気《ねむけ》が波のように寄せている。

この波に呑《の》まれたら、きっともう目を覚まさない。

恐《こわ》くはないよ。だってダイアナも行ったところだからね。

いつか誰もが行くからね。お父さんも、お母さんも、昌浩も、——そして浩美も。

ああ、でも、浩美を看取《みと》ってやれないことは残念だよ。せっかくさつきちゃんが猫又のことを教えてくれたのに。

拇印も上手に押せるようになったのに。

たった一日、浩美よりも長生きできたらそれでよかった。

でも、浩美はもうすっかり大きくなった。大きくなって、丈夫になって、背も家族の中で一番高くなった。もう浩太が登れないくらい。

だからきっと大丈夫。

大きくなって、丈夫になった体で、受け止められる悲しみの量もずいぶん増えたはずだ。

とろとろと眠気の波が寄せる。

ふと大きな手が頭をなでた。喉《のど》を指先がくすぐった。そのまま耳の後ろを掻《か》く。

喉が勝手に鳴りだした。

やめてくれよ、そんなに気持ちよくしたら眠っちゃうだろ。もう目覚めることができないのに。

浩太、と浩美の声が呼んだ気がした。

浩美。

浩美。浩美。ひろみ。

いい名前だよ。友達にからかわれるくらい些細《ささい》なことだよ。

昌浩の昌はお父さんから取って、浩美の美はお母さんから。昌浩と浩がお揃《そろ》いで、しりとりで。

ぼくの名前とも浩がお揃い。

こんな家族でしっかり繋《つな》がってる名前なんて他にないよ。

だから、お父さんにいい名前だよって言ってあげなね——

*

「この資格を持ってたら、海外旅行の添乗員《てんじょういん》ができるようになるんだよ」

「最初の添乗はいつになるの？」

お母さんが問いかけたが、浩美は「さあ」と首を傾げた。

「早い人は一年目でも添乗するみたいだけど」

どこになるのか、いつになるのか、浩美は楽しみに待っているようだった。

冬が来て、※1ダイアナの命日が過ぎて、もうすぐ春。

そんなある日のことだった。

浩美が洗面所で髭《ひげ》を剃《そ》っていた。

おっと、背中ががら空き。

ジャンプで飛びつき、一気に駆《か》け登ろうとして、――あれれ。

気がつくと、ぼてっと背中から落ちていた。振《ふ》り向《む》いた浩美が驚《おどろ》いたように見下ろしている。

失敗失敗、今日はちょっと調子が悪いみたい――決まりの悪さでそそくさと退散する。

しかし、その日を境に、浩太が浩美の背中を駆け登ることはもうなくなった。何度挑戦《ちょうせん》しても登りきらずに止まってしまう。

それだけではなく、テーブルにも一息には登れなくなった。一回椅子《いす》に飛び乗って中継《ちゅうけい》しないといけなくなった。

④どうやらダイアナを捕《つか》まえていった老いが、浩太も捕まえにきたらしい。

おやおや、これは――ちょっと油断してたぞ、だってさつきちゃんは二十年も生きたら化けるって言ってたから。

浩太は二十三歳《さい》になっていた。次の梅雨が来たら二十四歳だ。

ここまで生きたのだから、てっきりこのまま猫又になれるものだと思っていた。

⑤浩太の書類はもう届かない。

あーあ、せっかく拇印もたくさん練習したのに。

もうすぐ春。冬将軍と春風がせめぎ合い、気温はなかなか定まらない。

③―B三寒四温のそんな頃、うっかり風邪《かぜ》を引き込んだ。目の瞬膜《しゅんまく》がでろんと出てしまい、お母さんが慌《あわ》てて病院に連れていった。

獣医《じゅうい》さんは点滴《てんてき》を打ってくれたが、風邪は長引いて浩太の体力をごっそり削《けず》った。――もう分かる。

もう長くない。

そんな折に、――浩美の初めてのツアーが決まった。

「どこになったの？」

「フランス。モン・サン・ミシェルを回るコースだって」

「よかったじゃない、前から観たがってたものね」

お母さんは明るい声を出したが、少々演技が見え透《す》いている。

「観たかっただけどさ。……どうしてこんなときに」

「仕方ないわよ、猫が心配なので行けませんなんて言ったらクビになっちゃうわ」

お母さんはスポイトで浩太の口の端《はし》から水薬を流し込んだ。最初は嫌《いや》がって暴れたものだが、もうされるがままだ。

だって、無駄《むだ》に暴れたら残り時間がどんどん減ってしまう。

をかかえているから。

エ　経済と資本主義のシステムは私たちが生まれる以前から存在しているもので、人間にとって自然環境とほとんど変わらないものになっているから。

問十　～～線部A・Bのここでの意味として最もふさわしいものをそれぞれ選び、記号で答えなさい。

A「しのぎを削り」

ア　技術を上達させ　イ　互いに影響し合い

ウ　同じような物が乱立し　エ　はげしく争い

B「カラクリ」

ア　構造　イ　計略　ウ　歯車　エ　機械

二　次の文章を読んで、あとの問いに答えなさい。

「ぼく」(=浩太《こうた》)は、生後間もなく捨てられたところを桜庭《さくらば》家に拾われた飼《か》い猫《ねこ》である。二十年以上生きれば妖怪《ようかい》の「猫又《ねこまた》」になってずっと生き続けることができ、猫又になるためには書類に印を押《お》す手続きが必要だと思い込んでいた。そうして、印を押す練習をしながら書類が家に届く日をずっと待ち望んできた。

ある日、会社から帰ってきた浩美《ひろみ》がお母さんに①そう頼《たの》んだ。浩美が社会人半年目を迎《むか》えた秋のことだ。

「あら、なぁに？　試験でもあるの？」

好き嫌《きら》いがなく何でもよく食べる浩美は、あまりごはんに注文をつけない。リクエストが出るのは、大事な試験の前日に験《げん》を担《かつ》いでトンカツくらいだ。

でも、もう学校は卒業したのに。浩太が首を傾《かし》げると、浩美は種明かしをした。

「うん、仕事の資格の試験があるんだ」

そういえば、最近は大学の試験の時期みたいに夜中にガリガリ勉強していた。

お母さんは腕《うで》によりをかけてトンカツを作った。お皿に残ったとんかつソースで浩太が拇印《ぼいん》を押そうとすると、「止めて止めて」とお母さんが悲鳴を上げて、お父さんと浩美と二人がかりで阻止《そし》された。

そして浩美は翌朝、意気揚々《ようよう》と試験に出かけた。

それから一ヶ月ほどして、郵便を仕分けていたお母さんが「あらっ」と声を上げた。

「これ、合格通知じゃないかしら」

お母さんは［②－1］浩美の帰りを待ち、浩美に精一杯《せいいっぱい》［②－2］通知を渡《わた》した。

浩美が緊張《きんちょう》した面持ちで封書《ふうしょ》を開く。

お母さんのトンカツが効いたのか、浩美の努力の成果か、結果は見事に合格だった。

わぁっとはしゃぐ親子を③－A尻目《しりめ》に、浩太は通知書類をふんふん嗅《か》いだ。

――この書類ははんこは押さないの？

「どうしたの、浩太。読むのか？」

いえいえ、ぼくの書類はなかなか来ないなと思っていただけですよ。

――だが、浩太が興味を持っていると勘違《かんちが》いしたのか、浩美は書類の内容を説明してくれた。

合わせとして最もふさわしいものを選び、記号で答えなさい。

ア　1　そして　2　だから　3　けれども
イ　1　ところが　2　また　3　なぜなら
ウ　1　ところが　2　つまり　3　しかも
エ　1　そして　2　だから　3　ところが
オ　1　ところが　2　だから　3　つまり
カ　1　そして　2　しかも　3　なぜなら

問七　――線部⑦－1「『使用価値』」・⑦－2「『交換価値』」とありますが、次の⑴～⑶について、「使用価値」にあたるものはア、「交換価値」にあたるものはイとそれぞれ答えなさい。

⑴　古いギターだが、祖母がくれたものなので修理して弾く。
⑵　伝統工芸品の包装を若者向けのものにして客層を広げた。
⑶　入学祝いにもらって長年愛用してきた古い時計を質《しち》に入れた。

問八　――線部⑧「『経済成長』」について、次のA・Bの各問いに答えなさい。

A　経済成長という語に「　」をつけて表現していますが、この表現について説明したものとして最もふさわしいものを選び、記号で答えなさい。

ア　経済成長はGDPの伸び率で計ってきたが、ここでは「　」がつくことによって、これからは人間の幸せや健康の度合いで計るべきだと筆者が提案する表現になっている。
イ　経済成長とは本来人間の幸せのために行われることを目指すべきものだが、ここでは「　」がつくことによって、その実現の困難さを強く印象づける表現になっている。
ウ　経済成長とは国が産業を大きく盛りたてることで成り立つものだが、ここでは「　」がつくことによって、国ではなく各企業が利益を得ているだけだと警告する表現になっている。
エ　経済成長は需要と供給が拡大することで達成できるが、ここでは「　」がつくことによって、現在の資本主義経済のあり方に対する筆者の批判的な考えを表現している。

B　ここでの「経済成長」にあてはまるものをすべて選び、記号で答えなさい。

ア　商品を過剰《かじょう》に生産して、必要以上に消費する。
イ　太りすぎで病気になり、病院やスポーツジムに通う。
ウ　食品ロスが増えると、その処理をする事業が必要になる。
エ　余分な出費を減らして、自治体の財政を立て直す。
オ　地球環境の持続可能性を重視し、リサイクルを推進する。

問九　――線部⑨「いきなり経済や資本主義の話になって」とありますが、筆者が「経済や資本主義の話」をしたのはなぜだと考えられますか。最もふさわしいものを選び、記号で答えなさい。

ア　経済や資本主義の仕組みの中ではさまざまな産業がからみ合っており、食べものも例外なく作られ加工された商品としてその価値を認めるべきだから。
イ　経済や資本主義の視点では自然の恵みや人の健康の価値が重視されないということが、現在の農業と食料の問題を生み出す要因になっているから。
ウ　経済や資本主義は人間と自然が幸せになるために必要不可欠なものであるにも関わらず、政治がその成長をはばんでいるという矛盾《むじゅん》れ加工され私たちの口まで届けられます。私たちが食べるモノに関わるいろんなルールや貿易協定を決めているのは政府です。そして、そのすべてが基づいている、いわば今の世界のオペレーティング・システムが「資本主義」なのです。（平賀 緑『食べものから学ぶ世界史』より・一部改）

※1 GDP…国内総生産。国内の経済活動を量的に計る指標の一つ。

問一 ――線部①「『農は自然の恵み』『食は生命の糧』」とありますが、どのような表現効果があると考えられますか。最もふさわしいものを選び、記号で答えなさい。

ア だれもがいだいている農業や食料に対するイメージは過去のもので、現在ではまるで異なるものになってしまったというショックを伝える効果。

イ 農業と食料について多くの人が持っている自然や生命といった温かいイメージを、いつまでも伝統として残さなければならないという責任感を強調する効果。

ウ 現代の農業や食料の多くは人工的で不健康なものであるのが実態なのに、自然で健康的な正反対のイメージを持たれているということを示す効果。

エ 筆者と読者とが共有する農業や食料に対する温かいイメージが、生産現場の実情とはかけはなれたものになっていることの残念さを強くうったえかける効果。

問二 空らん [②] にあてはまる語として最もふさわしいものを選び、記号で答えなさい。

ア 動物園　イ 動物工場　ウ 動物学校　エ 動物病院

問三 ――線部③「現在の農業と食料システム」とありますが、どのようなものだと筆者は述べていますか。最もふさわしいものを選び、記号で答えなさい。

ア 自然のありさまを無視して、商品的価値のある物を大量に作り出すもの。

イ 人の手ではなく機械を使って、簡単に価値の高い商品を作り出すもの。

ウ 人々の豊かな暮らしを支えるために、商品の種類と量を増加させるもの。

エ 非効率的であっても、質がよく価値のある商品を安定して供給するもの。

問四 ――線部④「食べものが『商品』となり」とありますが、具体的にどういうことですか。次の文の空らん⑴・⑵をそれぞれ指定された字数で補って説明しなさい。

かつて人々は [⑴（二十字以上二十五字以内）] ていたが、産業革命以後、自分たちの土地を失ったため自分たちで食べものを作れずに、[⑵（十字以上十五字以内）] ようになったということ。

問五 ――線部⑤「入会地」について述べたものとして<u>ふさわしくないもの</u>を一つ選び、記号で答えなさい。

ア 自給自足の生活を送るための資源となる環境。

イ 子孫の代まで利用できるように管理された自然。

ウ 資源を使って利益を得るために大切にされた土地。

エ 地域の人々がルールを守って使う共有の財産。

問六 空らん [⑥－1]・[⑥－2]・[⑥－3] にあてはまる語の組み

したりする産業などが作られていったというわけです。食べるモノも、自分で栽培する・育てるモノから、企業《きぎょう》など他の人たちが製造した「食べられる商品＝食品」へと変わりました。

ここでポイントは、「商品」とは、市場で他の人に売って利潤《りじゅん》を得るために生産するモノであって、自分で使うために作るモノではないということ。そして、自分で使うために作るモノと、売って利潤を得るために作るモノとでは、違《ちが》ってくるということです。自分で使うためにモノを作るときには、空腹を満たして元気になるとか、寒さを防ぐとか、長く使えるとか、役に立つことが重要でしょう（経済学では⑦-1「使用価値」といいます）。そのモノを作るための資源や知恵《ちえ》やスキルを自分が持ち続けることも大切です。

対して「商品」としてモノを作るときには、売って利潤を得ることが第一目的です。儲けるために作っているのですから、いくらで売っていくら儲けられるかが重要になります（経済学では⑦-2「交換《こうかん》価値」といいます）。

〔中略〕

結果として現在では、大多数の人たちが買い食いする「商品」を供給するために、農業は、自分たちが食べるモノを育てるというより、売るための「商品作物」を生産する産業へと変わってきました。そして、この農産物を原料として使う製造業、さらには流通・小売業、外食産業、商社や金融《きんゆう》業など、農と食に関わるさまざまな産業が発展してきました。現在ではもっとたくさんの産業が絡《から》み合って、私たちに日々の食を提供しています。

このような、さまざまな企業と産業が構成する食料供給体制は「資本主義的食料システム（capitalist food system）」（Holt-Gimenéz, 2017）といわれています。そして、このシステムを構成する企業たちはそれぞれ利潤を求めてAしのぎを削《けず》り、産業や政府は成長を目指す、資本主義経済のBカラクリで動いているのです。

この経済のカラクリの中では、人などの幸せや自然環境は、お金で計る企業の損得勘定《かんじょう》には含《ふく》まれず、むしろ何かの対策をとるために費用（コスト）になる、マイナス要素になってしまいました。国のGDP※1は、人と自然を破壊することでもお金が動けば経済成長としてプラスに計上されるほどです。『肥満の惑星《わくせい》（Planet Obesity）』という本は、経済成長をGDPで計っていると、人や地球が不健康になればなるほど⑧「経済成長」することになると指摘《してき》しています。

〔中略〕

逆に、自分が家庭菜園で有機栽培した野菜を、自分で料理して、おいしく健康な食生活をすることは、人と自然がハッピーにはなれても、GDPには計上されず経済成長につながらないのです。

それが、生まれる前から私たちがその中で生きている、資本主義経済のシステムです。

食べものの話から、⑨いきなり経済や資本主義の話になってちょっとビックリかもです。食べものって、個人の好みや文化だし、もっと柔《やわ》らかい話だと思っていたのに、経済や政治に関係あるなんて、と。でも、お金がないと食べられないように、私たちが日々食べているモノは、この経済と政治の仕組みの中で、いろんな企業や産業が絡み合って、作らも不健康にしてしまう状態になったのでしょうか？　それは、④食べものが「商品」となり、資本主義経済の仕組みに組み込まれてしまったことに原因がありそうです。

お金がないと食べられないって、当たり前でしょうか。今日のご飯どうすると聞かれたら、コンビニで買うとか、学食で食べようとか、考える人が多いと思います。ときには家で料理をしたり、家族が作ってくれたご飯を食べたり。でもその食材けスーパーや生協などで購入《こうにゅう》する。最近はテイクアウトしたりネット注文したりするかも。つまり、現在では「買い食い」が当たり前になっているといえるでしょう。

でも、人類の歴史をふり返ると、これは比較的新しい現象です。毎日の食を確保することは、狩猟《しゅりょう》採集の古代から現在まで生きるために必須《ひっす》な行為です。ただ、食べるために働くことの意味が変わりました。

かつて世界のほとんどの地域で大多数の人たちは、自然に近い農村に住み、自分たちの食べるモノ、着るモノ、使う道具などを、基本的には自分たちで作って、食べたり着たり使ったりしていました。労働とは、自分や家族が使用するモノを自分たちで作ること。田畑を耕し、種をまいて作物を育て、家畜の世話をして、その収穫《しゅうかく》物を料理して食べ、その残骸《ざんがい》やふん尿を土に戻《もど》して地力を保つ。そのための資源は、自分の田畑か借りた土地か、村が共同で使う野山や川や海など周りの自然環境でした。

このような、生活のためにみんなで管理して利用するみんなの資源を日本では⑤入会地《いりあいち》と呼んだり、英語では「コモンズ（commons）」と呼んだりします。

自然環境とは共有財産で、そこで生活し、その資源で自分たちが生きていくために必要なもの。だからこそ、この生活の基盤《きばん》を護《まも》るためにいろんなルールが決められていました。みんなの財産といっても、だれもが好き勝手に使えたわけではありません。自然を利用させてもらいながら子孫の代まで維持《いじ》できるよう、土の力を回復するために堆肥《たいひ》を入れたり、木を植え山の手入れをしたり、魚を捕《と》る時期や量を制限したりして、環境を持続させていたのです。

⑥－1　200～300年ほど前から、多くの人たちが農村を離《はな》れ、都市部の工場や商店で働き始めました。自分の土地も村の共有財産も失い、自力では食べるモノ・使うモノを作れない。⑥－2　、他者（＝資本家）の土地や工場で、決められた時間、決められた仕事をして（＝賃労働）、その稼《かせ》いだお金で食品や必要なモノを買う。⑥－3　賃金を得るために労働して、そのお金で、食べたり、着たり、使ったりするモノを買うようになりました。

現在では当たり前かもしれませんが、賃労働という、他の人に雇《やと》われて、生活とは切り離された工場や会社に行って働いて、その代わりに賃金を受け取るという労働の形は、資本主義社会に入り産業革命のころに始まった新しい働き方でした。

すると、この労働者たちが必要とするモノを代わりに供給する産業が形成されます。モノを買う「消費者」が集まった「市場《しじょう》」向けに、売って儲けるために「商品」を製造する産業、その商品を流通したり小売り

**【国　語】**（五〇分）〈満点：一〇〇点〉

【注意】　※字数制限のあるものは、句読点および記号も一字とする。

一　次の文章を読んで、あとの問いに答えなさい。

①「農は自然の恵《めぐ》み」「食は生命の糧《かて》」など、聞いたことあると思います。たぶん「農業」というと、自然豊かな緑の大地に鶏《にわとり》や豚《ぶた》や牛が放たれ、黒々とした豊かな土壌《どじょう》の畑に青々とした作物が育つイメージを持つでしょう。日本では稲《いね》が整然と並んだ水田や里山を思い浮《う》かべる人が多いかも。そして「食」というと、おいしい、健やか、まごころという温かいイメージや、和食など伝統や文化として語られることが多いでしょう。

残念ながら、現在の農業や食料の生産現場は、そんなのどかな姿ではありません。

地平線まで広がる畑で農薬や化学肥料や遺伝子操作した種子を使って、大きな機械を石油で動かして、売って儲《もう》けるために大豆やトウモロコシなど一つの作物だけを大量に栽培《さいばい》する（＝単一栽培、モノカルチャー）。その穀物をエサに、鶏や豚や牛は「　②　」とも言われる狭《せま》い空間に押《お》し込《こ》められて、日に当たることも外の風に吹《ふ》かれることもほとんどなく短い生涯《しょうがい》を終えて、肉や乳製品や卵や羽毛が大量生産される。

こんな工業的農業・食料生産のために、石油や化学薬品やプラスチックや水やエネルギーを大量に使って、二酸化炭素やメタンやふん尿《にょう》などを大量に排出《はいしゅつ》しています。

近年は、病気でもないのに家畜《かちく》に抗生《こうせい》物質を使いすぎたことから、薬が効かない耐性菌《たいせいきん》がでてきたり、鳥インフルエンザ、狂牛病《きょうぎゅうびょう》、豚インフルエンザ、豚コレラと、家畜の病気が次々と発生したりと、畜産業も大変な状況です。そして、病気が発生する度に、大量の生命が無益に廃棄《はいき》されています。「鳥インフルエンザ　殺処分」というキーワードでネットニュースを検索《けんさく》してみてください。２０２１年の初めにも日本で９００万羽もの鶏が殺され捨てられた記事がみつかるでしょう。これはほんの一例です。同じ動物を大量に「密」に飼うことは、病原体の温床《おんしょう》となりかねません。

こうして、③現在の農業と食料システムは、地球環境《かんきょう》と人の健康と地域社会を破壊《はかい》している一大要因だと批判されるほどになってしまいました。

それでも、まだ世界には充分《じゅうぶん》に食べることができない人が数億人もいるから、アジアやアフリカなど新興国で肉や油の需要《じゅよう》増加が見込まれるから、２０５０年までに世界人口が90億人に増えるからなどの理由から、農業生産をより大規模に、より近代的に、より拡大していくことが必要といわれています。

ではそうやって生産した食料で、世界の人たちがハッピーになれたかといえば、残念ながらそうでもありません。まだまだ飢餓《きが》に苦しむ人がいる一方、食べ過ぎや肥満で寿命《じゅみょう》を縮めたり、心臓や脳の血管が破れて命を落としたり、いわゆる生活習慣病になったりと、食生活が由来の不健康で苦しんでいる人も多い。みんな、健康に生きたいと願っているのに。「バランスのとれた食事」もわかっているはずなのに。

なぜ、自然の恵みである農や生命の糧である食が、これほど地球も人

# 2023年度

# 解　答　と　解　説

《2023年度の配点は解答欄に掲載してあります。》

## ＜算数解答＞

【1】 (1)　1999　(2)　$\frac{1}{2}$[0.5]　【2】 (1)　6回目　(2)　144度　(3)　85$cm^2$

【3】 (1)　101個　(2)　34個　(3)　48個

【4】 (1)　10$cm^2$　(2)　18$cm^2$　(3)　9：4

【5】 (1)　46番目　(2)　6　(3)　545

【6】 (1)　(午前)8時48分　(2)　280　(3)　5分24秒後

【7】 (1)　A：7通り，B：7通り，C：7通り，O：6通り　(2)　21通り　(3)　60通り

○推定配点○

【4】，【6】，【7】(2)・(3)　各5点×8　他　各4点×15　計100点

## ＜算数解説＞

【1】 (四則計算)

(1)　(10＋0.01×1000)×100－0.001×1000＝20×100－1＝1999

(2)　□＝2.25－1×$\frac{7}{4}$＝2.25－1.75＝0.5

重要【2】 (平均算，速さの三公式と比，時計算，平面図形)

図1

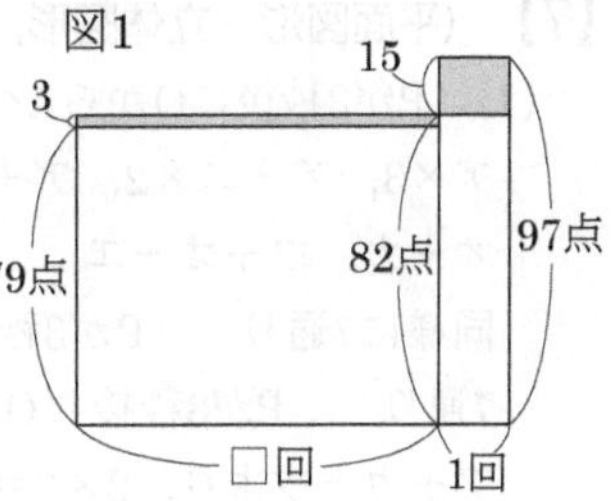


(1)　今までのテストの回数…右図1より，色がついた部分の面積が等しく，(97－82)×1÷(82－79)＝5(回)　したがって，全体の回数は5＋1＝6(回目)

(2)　7時の両針の間の角度…30×7＝210(度)　したがって，12分後の角度は210－(6－0.5)×12＝144(度)

(3)　右図2より，10×17÷2＝85($cm^2$)

図2

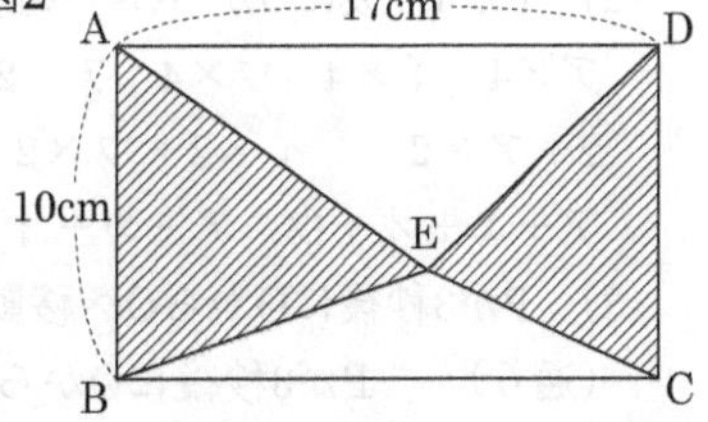


重要【3】 (数の性質，規則性，植木算)

(1)　(300－98)÷2＝101(個)

(2)　3で割り切れる偶数…102，108，～，300　したがって，求める個数は(300－102)÷6＋1＝34(個)

(3)　3で割り切れる偶数…(2)より，34個　5で割り切れる偶数…100，110，～，300より，(300－100)÷10＋1＝21(個)　15で割り切れる偶数…15×8＝120，～，15×20＝300より，(20－8)÷2＋1＝7(個)　したがって，求める個数は34＋21－7＝48(個)

図3

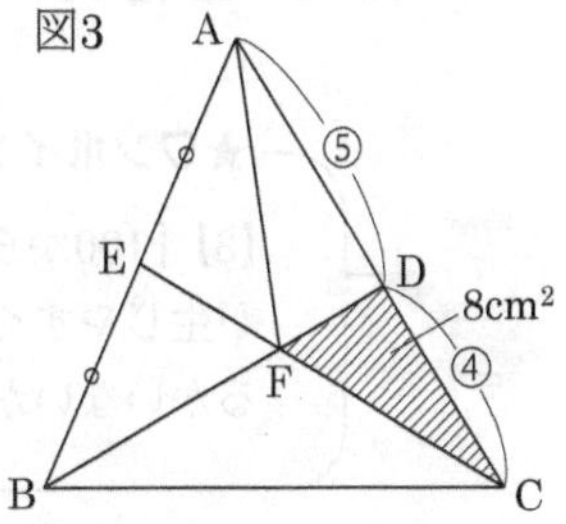


【4】 (平面図形，割合と比)

基本 (1)　右図3より，三角形AFD…8÷4×5＝10($cm^2$)

重要 (2)　三角形BCF…(1)より，10＋8＝18($cm^2$)

(3)　BF:FD…(2)より，18：8＝9：4

重要 **【5】 (数列，数の性質，植木算)**

1
2，1
3，2，1
4，3，2，1
5，4，3，2，1

(1)　10…右表より，10行目の1列目　　したがって，10は(1＋9)×9÷2＋1＝46(番目)

(2)　1から13までの和…(1＋13)×13÷2＝91(個)　　したがって，100番目の整数は14＋1－(100－91)＝6

(3)　13行までの整数の和…(2)より，1＋3＋6＋10＋15＋21＋28＋36＋45＋55＋66＋78＋91＝20＋36＋64＋100＋144＋91＝220＋235＝455　　したがって，100番目までの整数の和は455＋(14＋6)×4＋10＝545

**【6】 (速さの三公式と比，旅人算，割合と比，グラフ)**

基本 (1)　兄が家を出た時刻…下図(a)グラフより，8時40分＋8分＝8時48分

重要 (2)　弟が歩いた分速…下図(b)グラフより，480÷8＝60(m)　　弟が走った分速…60×1.5＝90(m)　　弟が家を出た12分後の兄弟間の距離ア…480－(110－60)×(12－8)＝280(m)

(3)　兄弟が出会った時刻…兄が家を出てから4＋280÷(90＋110)＝5.4(分後)すなわち5分24秒後

図(a)

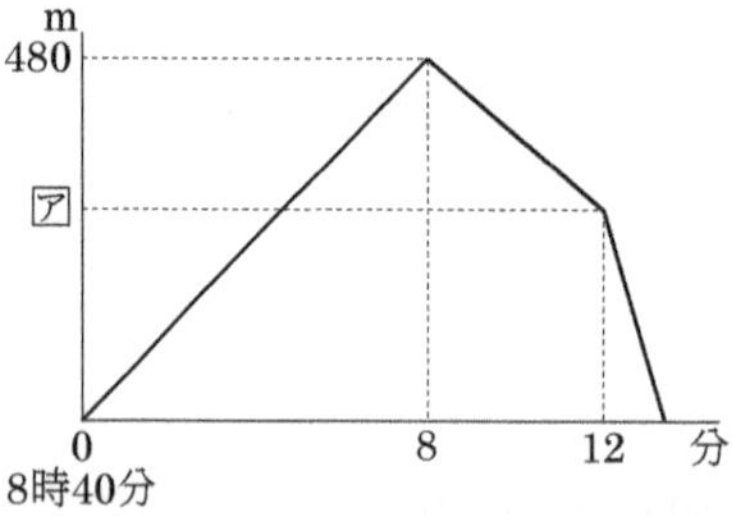


図(b)

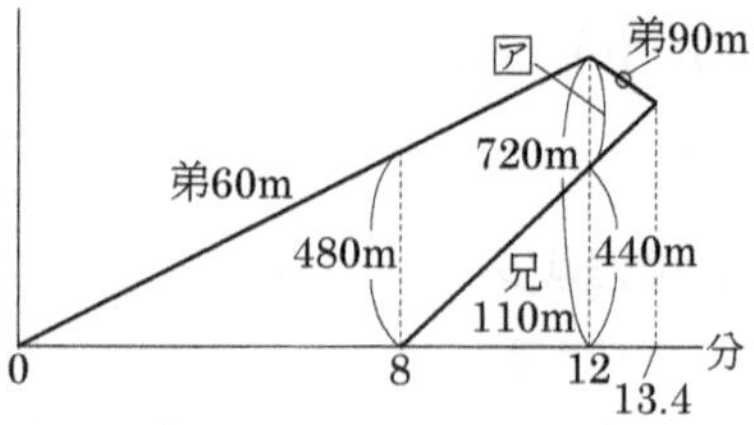


**【7】 (平面図形，立体図形，場合の数)**

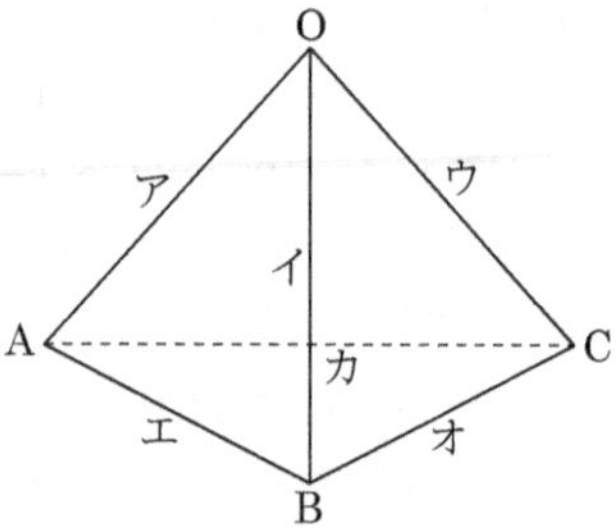


重要 (1)　Pが3秒後にOからAへ移動する場合…以下の7通り
ア×3，ア＋エ×2，ア＋カ×2，イ×2＋ア，ウ×2＋ア，イ＋オ＋カ，ウ＋オ＋エ　　Pが3秒後にOからBへ移動する場合…同様に7通り　　Pが3秒後にOからCへ移動する場合…同様に7通り　　Pが3秒後にOからOへ移動する場合…ア＋エ＋イ，ア＋カ＋ウより，2×3＝6(通り)

(2)　Pが4秒後にOからOへ移動する場合…以下の21通り
ア×4　イ×4　ウ×4　ア×2＋イ×2　ア×2＋ウ×2　　イ×2＋ア×2　　イ×2＋ウ×2　　ウ×2＋ア×2　　ウ×2＋イ×2より，3＋2×3＝9(通り)
ア＋エ＋オ＋ウ，ア＋カ＋オ＋イ，ア＋エ×2＋ア，ア＋カ×2＋アより，4×3＝12(通り)

やや難 (3)　Pが3秒後にOからOへ移動し，さらに2秒後にOからOへ移動する場合…(1)より，6×3＝18(通り)　　Pが3秒後にOからAかBかCへ移動し，さらに2秒後にOへ移動する場合…(1)より，7×3×2＝42(通り)　　したがって，全部で18＋42＝60(通り)

**★ワンポイントアドバイス★**

【3】「100から300までの偶数」に関する問題は，考え方自体は難しくはないがミスが生じやすく注意する必要がある。【4】「面積比」の問題は頻出であり，練習しているかいないかで差が出やすい。他の問題についても，難問はない。

## ＜理科解答＞

【1】 (1) A　(2) ① ク　② イ，ウ　③ ア，キ　④ エ，オ，カ　(3) ウ
(4) うろこ　(5) ① 肺で呼吸する　② 胸びれがない

【2】 (1) オ　(2) ア　(3) あ　(4) G　(5) キ　(6) エ

【3】 (1) A 気体　ウ ゆう解　(2) 温度を下げる[水温を下げる／冷やす]
(3) ① ウ　② カ　③ カ　(4) あ＞い＝う　(5) 下図　(6) イ

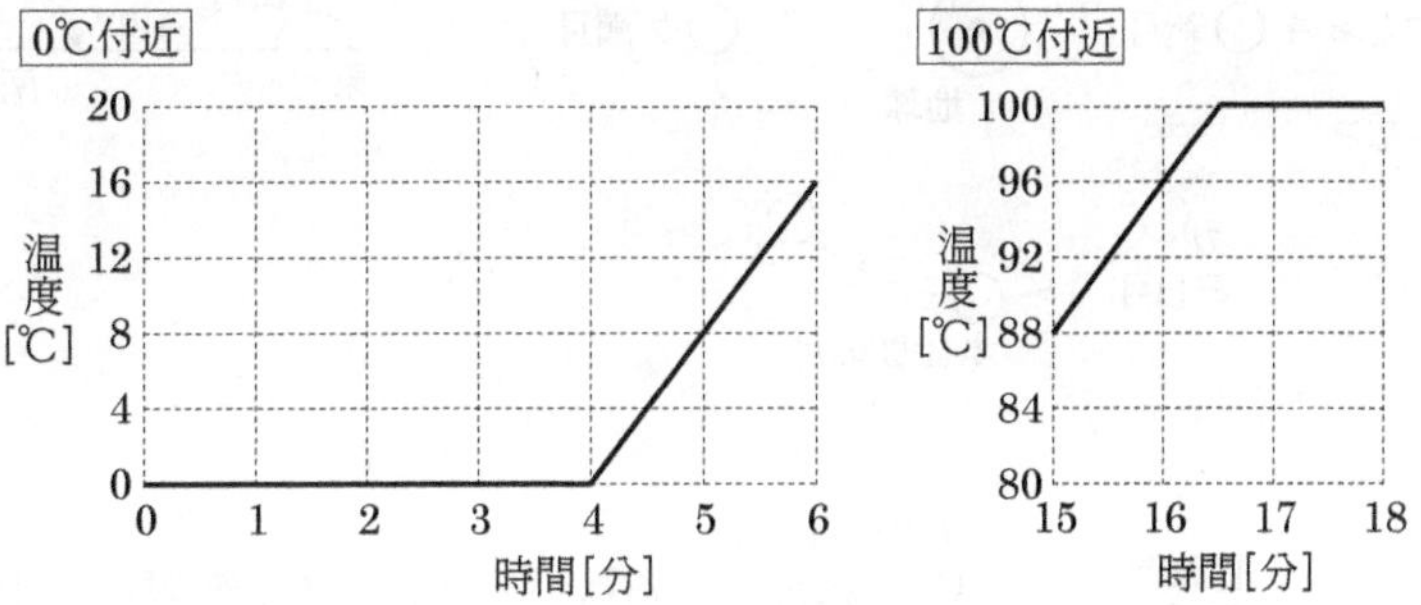


【4】 (1) 200g　(2) 75cm　(3) 84cm　(4) 77.75cm　(5) 75.25cm
(6) 36cm

○推定配点○

【1】 各2点×9((2)②・③・④各完答)
【2】 (4)，(5) 各4点×2　他 各3点×4
【3】 (2)，(4)，(6) 各3点×3　他 各4点×3((1)・(3)各完答)
【4】 (1)～(3) 各3点×3　他 各4点×3　計80点

## ＜理科解説＞

### 【1】 (生物－動物)

基本 (1) エイのえらは体の下にあるからAである。

基本 (2) えらの位置からエイのなかまはイ・ウ，サメのなかまはア・キ，シャチとザトウクジラはホニュウ類，オタマジャクシは両生類，アジは魚類である。

(3) メダカの卵は1つ1つに付着毛があり水草にからみついているウである。

(4) 本文から「エイやサメの体の表面は，カエルのようにぬるっとしていてやわらかい感しょく」ということから「うろこ」がないことがわかる。

(5) ① 魚のなかまはえらで呼吸するがハイギョは肺で呼吸する。　② 魚のなかまには背びれ・尾びれ・胸びれ・尻びれ・腹びれがあるが胸びれがない。

### 【2】 (天体・気象・地形－地球と太陽・月)

基本 (1) 次ページの図1で見える月は図2のようになり，夕方6時に見える月の位置は図2のようになるので，上弦の月は夕方6時ごろ南中する。図1の地球の夕方は下側になり，南の方角も下の方向になるのでオが上弦の月である。

(2) 上弦の月は図2のように夕方6時ごろ南中する。西の地平線に沈むのは6時間後の真夜中0時である。

(3) 地球の自転の向きと公転の向きは同じ向きなので，「あ」である。

(4)　上弦の月は太陽が西に沈む夕方6時ごろに南中する。図2で見える月はおおよそ下の図3のようになる。地球の夕方は地球の右側で南の向きに月があるのはGである。

図1

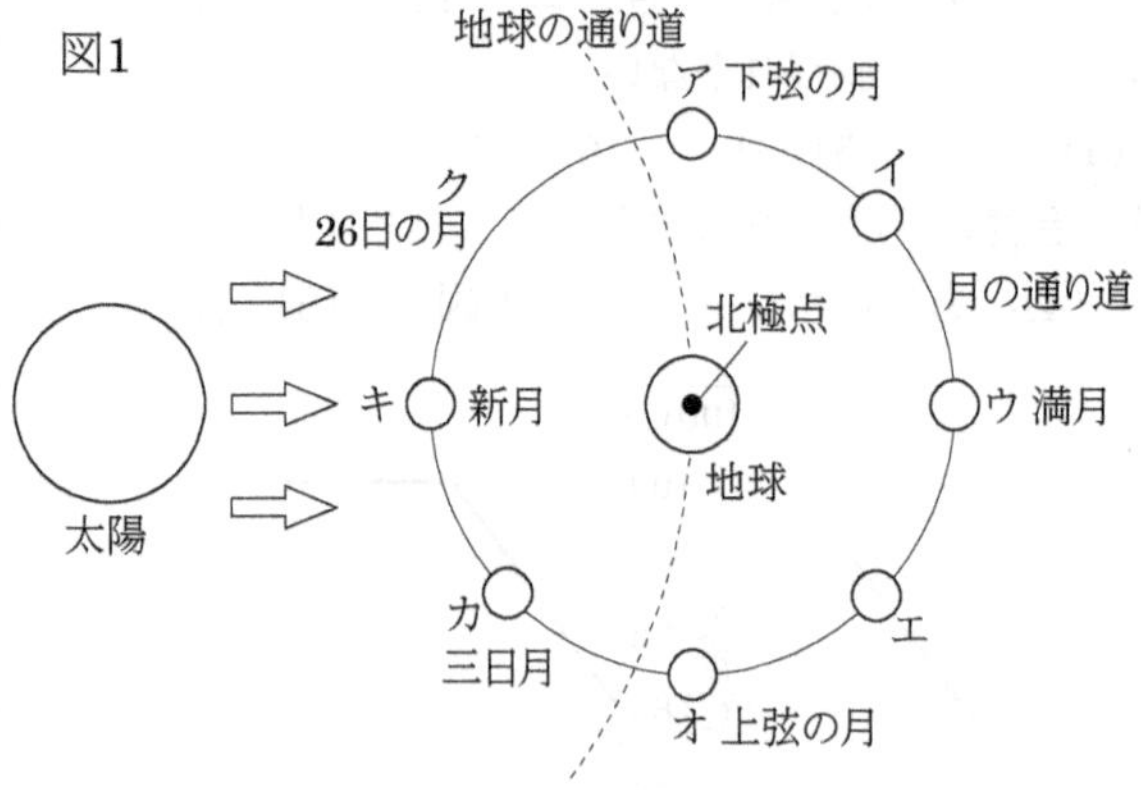


図2　18時ごろに見える月の形と位置

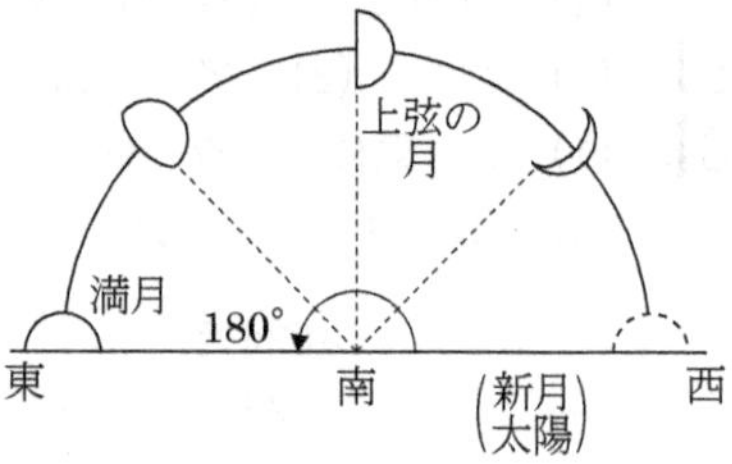


図3

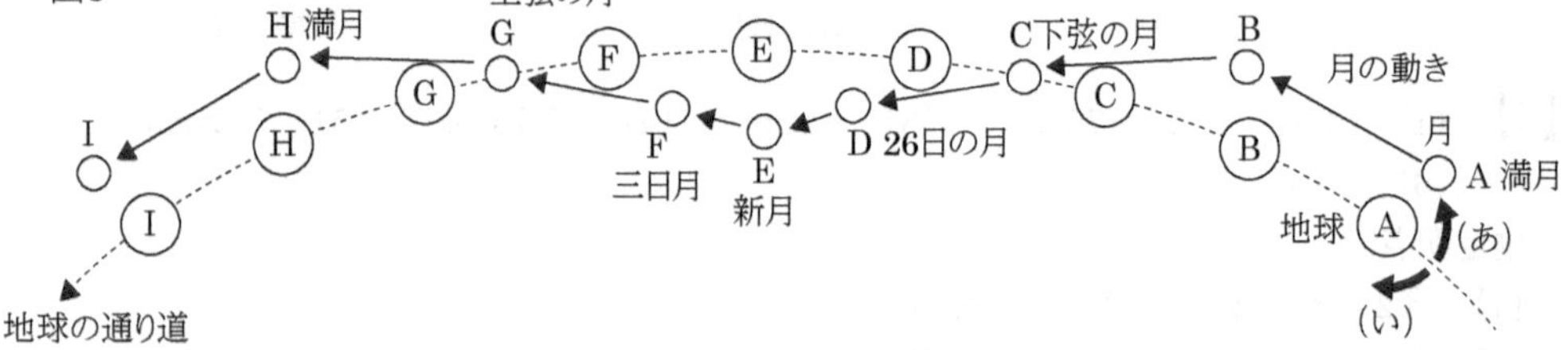


(5)　月の満ち欠けの周期は29.5日なので，1日に360°÷29.5≒12°東に移動する。地球の自転の速さは1時間に15°なので，南中する時刻は60分×$\frac{12}{15}$＝約48(分)遅くなる。3日後，48(分)×3＝144(分)＝約2(時間)24(分)遅くなるので，6(時)＋2(時間)24(分)＝およそ8(時)24(分)ごろとなる。

(6)　下弦の月が南中した2日後の月が南中するのは6(時)＋48(分)×2＝およそ7(時)36(分)である。Jの位置にある位置との時刻の差は7(時)36(分)－5(時)＝2(時間)36(分)＝156(分)である。月は1時間(60分)で15°動くので15°×$\frac{156(分)}{60(分)}$＝約39°よりエとなる。

## 【3】 (物質と変化－水溶液の性質)

基本　(1)　本文より(ア)が固体から気体に状態変化する「しょうか」を表しているので，Aは気体を表している。Bが液体を表してるのでウは固体から液体に変化している「ゆう解」である。

(2)　イは水蒸気から氷，エは水から氷，カは水蒸気から水への変化となるので，温度を下げる(水温を下げる，冷やすなど)ことによっておこる変化である。

(3)　①はゆう解でウ，②は空気中の水蒸気が冷やされて液体の水になったのでカ，③は沸騰した水の表面から出た水蒸気が冷やされて液体の水滴になった湯気が発生しているのでカである。

重要　(4)　水は氷のときに体積が大きくなるので「あ」のときに体積が一番大きく，水に氷が浮いているとき水面より上になるのは体積が増えた分の氷で水中の氷の体積と元の水の体積は等しいので，「い＝う」となる。

(5)　0度付近では6分から9分で24度上昇し，9分から12分で24度上昇しているので3分で24度，つまり1分間で8度上昇することがわかる。6分後に16度なので，16(度)÷8(度)＝2(分)より2分前の4分後から水温が上がりはじめている。15分後に88度だから100度になるのは(100(度)－88

(度))÷8(度)＝1.5(分)から15(分)＋1.5(分)＝16.5(分)後となり，右図のようになる。

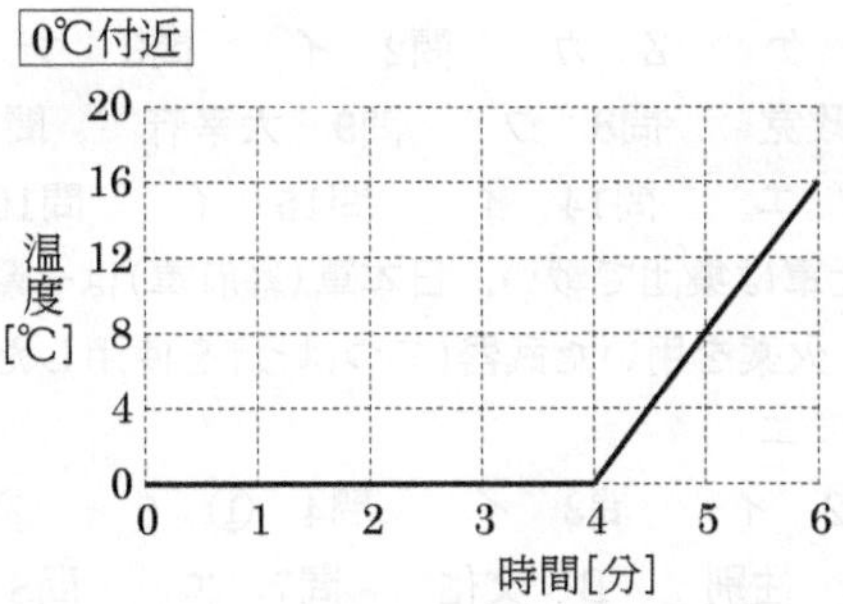


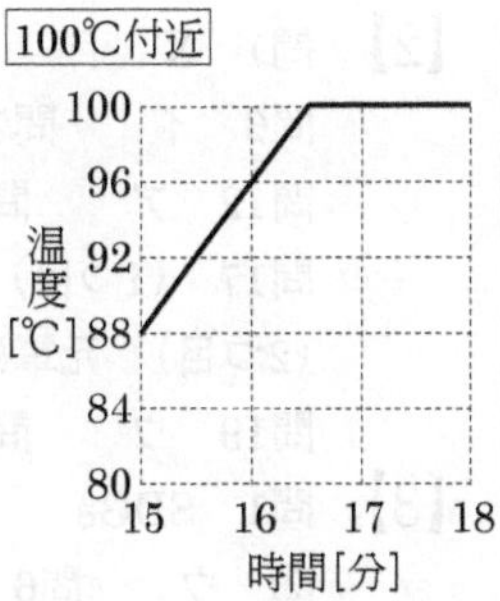


(6)　水は気圧が低くなると沸騰する温度が低くなるので，イである。

【4】　(力のはたらきーばね)

基本　(1)　ばねAの自然長は30cmで500gのおもりをつるすと40cmの長さになるので，500gで10cm，50gで1cmのびることがわかる。図1のばねののびは34(cm)－30(cm)＝4(cm)よりおもりCの重さは50(g)×$\frac{4(\mathrm{cm})}{1(\mathrm{cm})}$＝200(g)とわかる。

重要　(2)　ばねBは自然長30cmで500gのおもりをつるすと45cmの長さになるので，500gで15cm，10gで0.3cmのびることがわかる。0.3(cm)×$\frac{200(\mathrm{g})}{10(\mathrm{g})}$＝6(cm)のびるのでばねBの長さは30(cm)＋6(cm)＝36(cm)より，①の長さは34(cm)＋36(cm)＋5(cm)＝75(cm)である。

重要　(3)　ばねAはおもりC2個分のびるので30(cm)＋4(cm)×2＝38(cm)となる。ばねBは(2)と同じなので，38(cm)＋5(cm)＋36(cm)＋5(cm)＝84(cm)となる。

(4)　下のおもりCには浮力がはたらく。浮力＝物体の体積分の水の重さだから5(cm)×5(cm)×5(cm)＝125($\mathrm{cm}^3$)なのではたらく浮力は125gである。ばねAには400(g)－125(g)＝275(g)の重さがかかるので，1(cm)×$\frac{275(\mathrm{g})}{50(\mathrm{g})}$＝5.5(cm)のびるのでばねの長さは35.5cmとなる。ばねBは200(g)－125(g)＝75(g)の重さがかかるので，0.3(cm)×$\frac{75(\mathrm{g})}{10(\mathrm{g})}$＝2.25(cm)のびるのでばねの長さは32.25cmとなる。よって35.5(cm)＋5(cm)＋32.25(cm)＋5(cm)＝77.75(cm)となる。

(5)　上のおもりCにも浮力が125gかかるので，ばねAにかかる重さが125g少なくなる。そのため，1(cm)×$\frac{125(\mathrm{g})}{50(\mathrm{g})}$＝2.5(cm)のびが少なくなる。77.75(cm)－2.5(cm)＝75.25(cm)となる。

やや難　(6)　ばねAとばねBの全体の長さは80(cm)－5(cm)＝75(cm)で，のびの和は75(cm)－30(cm)×2＝15(cm)となる。ばねAとばねBにかかる力は等しく，ばねAは10gで0.2cmのび，ばねBは10gで0.3cmのびるので，同じ力がかかったときののびの比はばねA：ばねB＝2：3となる。ばねAののびは15(cm)×$\frac{2}{3+2}$＝6(cm)なので，長さは36cmとなる。

★ワンポイントアドバイス★

標準的な難易度の出題で，難易度が高い問題は数題である。初めて見るような問題はないが，解いたことのある問題でも問題文をしっかり読んで問題文の中にある数値や考え方のヒントを見逃さないように確実に得点することが求められる。計算問題に関しては，類題をしっかり演習しておくことで正解を導け，高得点を獲得できる。

## <社会解答>

【1】　問1　(1)　ア　(2)　オ　(3)　ク　(4)　ウ　問2　小麦　問3　ア
問4　B　イ　C　エ　問5　ウ　問6　減反　問7　石狩　問8　エ
問9　バイオエタノール　問10　フードマイレージ

【2】 問1 X イ Y ケ Z カ 問2 イ 問3 ウ 問4 ア 問5 イ
問6 イ 問7 政党 問8 ウ 問9 大宰府 問10 ウ 問11 鑑真
問12 ア 問13 エ 問14 イ 問15 イ 問16 親魏倭王
問17 (1つ目) 元軍は集団で戦い，日本軍(幕府軍)は一騎打ち戦法で戦ったから
(2つ目) 元軍は，火薬を用いた武器(てつはう)を使用したから 問18 ア
問19 ウ 問20 エ

【3】 問1 SDGs 問2 イ 問3 イ 問4 ① 5 ② ア 問5 ① 南北問題
② ウ 問6 A 性別 B 文化 問7 エ 問8 C 戦争 D 武力

○推定配点○
【1】 問2・問6・問7 各2点×3 問9・問10 各3点×2 他 各1点×9
【2】 問7・問9・問11・問16 各2点×4 問17 各8点×2 他 各1点×17
【3】 問2～問4・問5②・問7 各1点×6 他 各2点×6 計80点

## ＜社会解説＞

### 【1】 (地理―日本の国土と自然，土地利用，農業，工業，運輸・通信・貿易，商業・経済一般)

やや難 問1 小麦の生産量と輸出量，及び，日本の輸入先は必ずしも一致しない。一致しないのは国内消費量が関係しているからである。生産量では，1位中国，2位インド，3位ロシア，輸出量では1位がロシアである。また，日本の輸入先は，昔からアメリカが1位である。

問2 小麦は，1960年代後半までは，自給率が高かったが，それ以後は，外国産のほうが安いこともあって，輸入に頼ることになった。

問3 肉用牛の生産量は，北海道や鹿児島が多い。畜産物そのものの生産量も北海道や九州地方が多い。

問4 Bは戦後，長期間，日本第1の総合工業地帯として発展していた京浜工業地帯である。Cは第二次世界大戦前までは日本最大の工業地帯であった阪神工業地帯である。

問5 日本の最大の貿易相手国に関しては，アメリカと中国がたびたび入れ替わってきたが，2020年からは中国となっている。

問6 減反政策とは，生産過剰となった米の生産量を調整するための政策である。米の作付面積の削減をめざし，米農家に転作を支援するための補助金を支払うことで生産量の調整を図る。1960年代から試験的に実施されたが，1971年に本格的に導入された。

問7 明治以降の北海道開拓前，石狩川やその支流および大小の池沼の間には「石狩大湿原」と呼ばれる泥炭地が広がっていた。その後，石狩平野は，蛇行河川の直線化による土地の乾燥，客土など土地改良が進められて，農業地帯に生まれ変わった。

問8 九州の各県ではくだものの生産がさかんである。アは，シラス台地は九州南部にあるので誤り。イは，千島海流は九州地方近海を流れてないので誤り。ウは，シリコンロードは東北自動車道をいうので誤りとなる。

問9 バイオエタノールとは，サトウキビやトウモロコシ，木材などのバイオマスを発酵させて製造するエタノールのことである。バイオマスは，生物資源(バイオ)の量(マス)を意味し，もみ殻，家畜糞尿，下水汚泥，廃食用油など，動植物由来のエネルギー源として利用もしくは再利用できる有機系資源を指す。バイオマスから生成される燃料がバイオ燃料で，バイオエタノールはこの一種である。

問10 フードマイレージとは，直訳すれば「食料の輸送距離」で，食料の生産地から消費者の食

卓に並ぶまでの輸送にかかった「重さ×距離」で表されるものである。

**【2】（日本の歴史―弥生時代から昭和時代）**

問1　2班のレポートは日清戦争を表しているので，Xは清が該当する。5班のレポートは日本の奈良時代の時の中国の王朝を表しているので，Yは唐が該当する。8班のレポートは鎌倉時代の元寇を表しているので，Zは元が該当する。

問2　1972年は日中共同声明による日中国交正常化が成立した年である。日ソ共同宣言（1956年），佐藤栄作ノーベル平和賞受賞（1974年），サンフランシスコ平和条約（1951年），新安保条約調印（1960年），したがって，イが正解となる。

重要　問3　バブル景気は1986年11月から1991年5月までの55か月間に，日本で起こった資産価格の上昇と好景気，およびそれに付随して起こった社会現象とされる。公害対策基本法は1967年に公布・施行された。日本国憲法は，1946年11月3日に公布され，1947年（昭和22年）5月3日に施行された。1973年に第四次中東戦争を機に第1次オイルショックが始まった。

問4　雑徭は，大宝律令で定められた歳役のほかに，国司によって公民に課せられた労役で，正丁は1年に60日，次丁は30日，中男は15日を限度と決められていて，土木工事などをおこなった。

基本　問5　大化の改新は645年で，小野妹子を遣隋使として派遣（607年）と白村江の戦い（663年）の間となる。

問6　三国干渉は，1895年4月17日下関条約が結ばれた直後に起きた。日比谷焼きうち事件は，1905年9月5日ポーツマス条約が結ばれた直後に起きた。

問7　五・一五事件後，海軍大将の斎藤実が首相となり，官僚出身者を中心として二大政党の代表を加えた挙国一致内閣が組織された。以後政党内閣は，戦後に至るまで復活することはなかった。

問8　空海は東寺をあたえられていた。アは浄土宗が天台宗の誤り。イは最澄が空海の誤り。エは日蓮宗が真言宗の誤りである。

問9　菅原道真は藤原氏の陰謀により，大宰府に流された。

問10　白河天皇は息子の堀河天皇に天皇の位を譲り，1086年，自らは「上皇」という立場で院政を行った。この頃は，ちょうど藤原氏の摂関政治が終わりを告げ，武士の世の中になる時期で，菅原道真の意見による遣唐使廃止（894年）と日宋貿易（10世紀から13世紀）の間に当たる。

基本　問11　鑑真は，遣唐使として唐を訪れていた留学僧・栄叡（ようえい），普照（ふしょう）から，朝廷の「伝戒の師」としての招請を受け，渡日を決意。その後の12年間に5回の渡航を試みて失敗，次第に視力を失うこととなったが，753年，6回目にして遂に日本の地を踏んだ。

問12　義満のころの北山文化を代表する建築物に，彼の建てた金閣がある。

問13　義満は朝貢の形式で日明貿易（勘合貿易）を始めた。

問14　鉄砲が用いられた戦いは，鉄砲伝来（1543年）以降であるので，長篠の戦い（1575年）と関ヶ原の戦い（1600年）の2つである。

問15　1784年というと，田沼意次が老中として，政治の改革をやっていた時代である。

問16　親魏倭王とは，魏の皇帝から邪馬台国の女王・卑弥呼に対して，与えられたとされる封号のことで，『魏志倭人伝』に記述されている。

問17　この資料は，「蒙古襲来絵詞」で，元寇に対する日本軍の防戦ぶりを描いたもので，戦闘に参加した肥後国御家人竹崎季長が，自分の軍功を中心に描かせたものである。戦闘の状況や，蒙古及び日本軍の服装の細部まで事細かく描かれており，元軍の集団戦法に対して，日本軍（幕府軍）の一騎打ち戦法での苦戦した様子や元軍の火薬を用いた武器（てつはう）の使用などがわかる。

問18　米騒動は，シベリア出兵の影響での米価高騰が原因で1918年に起きている。これは，第一次世界大戦（1914年～1918年）中であり，アが誤りとなる。

問19　稲荷山古墳から出土した鉄剣に表面57文字，裏面58文字の計115文字の銘文が金象嵌で刻まれている。その内容の「ワカタケル大王」(雄略天皇)が「倭王武」と考えられている。

問20　この将軍は，享保の改革を行った徳川吉宗であり，公事方御定書を制定した。

**【3】（政治ー憲法の原理・基本的人権，政治のしくみと働き，国際社会と平和，時事問題，その他）**

重要　問1　現在，貧困，紛争，気候変動，感染症など，人類は数多くの課題に直面している。このままでは，人類が安定してこの世界で暮らし続けることができなくなると心配されている。そんな危機感から，世界中のさまざまな立場の人々が話し合い，「持続可能な開発目標(Sustainable Development Goals：SDGs)」を設定した。

問2　SDGsは，課題を整理し，解決方法を考え，2030年までに達成を目指している。

問3　SDGsは，様々な課題を17の目標に統合しまとめている。

問4　①　安全保障理事会常任理事国(5大国)であるアメリカ，イギリス，フランス，中国，ロシアは拒否権をもっている。　②　ユニセフ(UNICEF：国際連合児童基金)は，すべての子どもの権利と健やかな成長を促進するために活動する国連機関である。

問5　①　開発途上国と先進国の間で生まれる食料や経済的な問題を南北問題という。開発途上国と先進国を地図上で見た場合，開発途上国は南側，先進国は北側とかたよっているため，そう呼ばれている。　②　政府が開発途上国に行う資金や技術の協力を政府開発援助(Official Development Assistance：ODA)という。

問6　第14条は「法の下の平等」をあらわしている。第25条は生存権をあらわしている。生存権は社会権の基盤となる権利である。

やや難　問7　ディーセント・ワークとは，「働きがいのある人間らしい仕事，より具体的には，自由，公平，安全と人間としての尊厳を条件とした，全ての人のための生産的な仕事」のことで，2009年に国際労働機関総会において21世紀のILOの目標として提案され支持された。

問8　第9条は，「戦争の放棄」，「戦力の不保持」，「交戦権の否認」を示している。

**★ワンポイントアドバイス★**

【1】問9　バイオエタノールは，化石燃料に比べてライフサイクルにおける$CO_2$排出量が少ないことから，輸送用のエコ燃料として期待されている。【2】問13　日明貿易では，正規の貿易船と倭寇を区別するため勘合符が用いられた。

## ＜国語解答＞

一　問一　ウ　問二　イ　問三　ア　問四　(例)　(1)　自分たちの食べるものを自分たちで作って食べ　(2)　稼いだお金で食べるものを買う(14字)　問五　ウ　問六　オ　問七　(1)　ア　(2)　イ　(3)　イ　問八　A　エ　B　ア・イ・ウ　問九　イ　問十　A　エ　B　ア

二　問一　(例)　大事な試験の験を担ぐために，夕食にトンカツを出してもらう(ことを頼んだ。)　問二　エ　問三　A　エ　B　ア　問四　(例)　浩太も老いて死ぬ時期が近くなったこと。　問五　ウ　問六　ウ　問七　(1)　たった一日　(2)　ウ　(3)　イ

三　①　存続　②　感傷　③　築(く)　④　前兆　⑤　去就　⑥　棒　⑦　探査　⑧　厳冬　⑨　きじょう　⑩　へいまく

○推定配点○

一　問四　各6点×2　　問七・問十　各2点×5　　他　各3点×8(問八B完答)

二　問一・問四　各6点×2　　問三　各2点×2　　他　各3点×6

三　各2点×10　　計100点

## ＜国語解説＞

一　(論説文－要旨・大意・細部の読み取り，指示語，接続語，空欄補充，ことばの意味，記述力)

問一　――線部①から続く4段落内容から，①の「イメージ」に対して，「現在の農業や食料の生産現場」の状況をふまえているウが適切。アの「過去のもの」，イの「責任感を強調する」，エの「残念さを強くうったえかける」はいずれも不適切。

問二　空らん②は「工業的農業・食料生産」の例として，「鶏や豚や牛」が「狭い空間」で「日に当たることも外の風に吹かれることもほとんどな」い状況を述べているのでイがあてはまる。

問三　――線部③の説明として「地平線……」で始まる段落で，「農薬や化学肥料……を使っ」た作物を「大量に栽培する」こと，「その穀物をエサに，鶏や豚や牛」を「狭い空間に押し込め」て「大量生産」することを述べているのでアが適切。この段落内容をふまえていない他の選択肢は不適切。

重要　問四　(1)・(2)　――線部④の前のことである(1)には，「かつて……」で始まる段落内容から「自分たちの食べるものを自分たちで作って食べ(21字)」，④となったことである(2)には，「⑥－1……」で始まる段落内容から「稼いだお金で食べるものを買う(14字)」というような内容を補って説明する。

問五　――線部⑤前後の段落で，ア・イ・エは述べているが，ウは述べていない。

問六　空らん⑥－1は直前の内容から予想されるものとは異なる内容が続いているので「ところが」，⑥－2は直前の内容を理由とした内容が続いているので「だから」，⑥－3は直前の内容を言いかえた内容が続いているので「つまり」がそれぞれあてはまる。

問七　――線部⑦－1の「『使用価値』」は「自分で使うために作るモノ」のこと，⑦－2の「『交換価値』」は「売って利潤を得るために作るモノ」のことなので，自分で使う(1)はア，客に売る(2)と，質に入れて利益を得る(3)はいずれもイ。

重要　問八　A　――線部⑧前までで述べているように，モノを売って利潤を得るシステムが資本主義経済で，人と自然を破壊することでもお金が動けばプラスの経済成長になり，人や地球が不健康になればなるほど⑧になる，と述べているのでエが適切。⑧を批判的にとらえていることを説明していない他の選択肢は不適切。　B　自然を破壊することでもお金が動くことや，人や地球が不健康になることが「経済成長」ということなので，むだなことや不健康なことをしているア・イ・ウはあてはまる。むだなことをしていないエ・オはあてはまらない。

やや難　問九　――線部⑨直前の2段落で「自分が家庭菜園で有機栽培した野菜を，自分で料理して，おいしく健康な食生活をすることは，人と自然がハッピーにはなれても……経済成長につながら」ず，「それが……資本主義経済のシステム」であることを述べているので，このことをふまえたイが適切。現在の資本主義経済のシステムが農業や食料の問題を生み出す要因になっていることを説明していない他の選択肢は不適切。

基本　問十　――線部Aは，刀の刃と背の部分の間で高くなっている鎬(しのぎ)が削れ落ちるほど，はげしく戦うさまを表したことから。Bは工夫をこらして仕組んだ構成という意味。

二　(小説－心情・情景・細部の読み取り，空欄補充，ことばの意味，記述力)

問一　――線部①は①後の描写から，仕事の資格の試験があるので，これまでのように験を担いでトンカツをリクエストしたということなので，①後の描写をふまえて，浩美が母に頼んだことを具体的に説明する。

問二　空らん②−1は落ち着かないさまを表す「そわそわと」，②−2は気持ちを表に出さないようにしながらわざとらしくない様子で，という意味で「さりげなく」がそれぞれあてはまる。

基本　問三　――線部③−Aは目の尻，すなわち目の端でちらっと見るだけで，あとは構わずに自分の行動を進めるさま。Bは冬に寒い日が三日ほど続いた後に暖かい日が四日ほど続くこと。

重要　問四　――線部④前に「ダイアナの命日」とあることや，※1の説明をふまえて，老いて亡くなったダイアナのように，浩太も老いて死ぬ時期が近くなったということを，指定字数以内で説明する。

重要　問五　――線部⑤の「書類」は冒頭の説明にあるように，浩太がずっと待ち望んでいた猫又になるための書類で，「二十年も生きたら化け」て「猫又になれるものだと思っていた」が，書類が届いて猫又になれるはずの二十年が過ぎ，「浩太は二十三歳になってい」て，「あーあ……」と残念にも思っていることから，⑤がわかったということなのでウが適切。猫又になるための書類などなかったことを説明していない他の選択肢は不適切。

問六　「浩美。……」で始まる場面で，兄の「昌浩」の「昌」は父親から，弟の「浩美」の「美」は母親から一字とった名前で，兄弟で「浩」がお揃いで「こんな家族でしっかり繋がっている名前なんて他にないよ」という浩太の思いが描かれ，浩太の最期の時に，その浩太の思いを感じ取って浩美が「突き動かされるように」自分の名前の話をしているが，父には浩太の思いが伝わっていなかったため⑤のように言っているのでウが適切。浩美が感じ取った浩太の最期の思いが父には伝わっていなかったことを説明していない他の選択肢は不適切。

やや難　問七　(1)「みとり」は，その人が亡くなっていくまでを見守ることという意味で，本文では，浩太の「ああ，でも，浩美を看取ってやれないことは残念だよ(24字)」という気持ちと「たった一日，浩美よりも長生きできたらそれでよかった(25字)」という気持ちが描かれており，指定字数から「たった一日……」があてはまる。　(2)　浩太は死ぬ間際に「浩美はもうすっかり大きくなった。……だからきっと大丈夫。」と思っていることが描かれているのでウが適切。この心情をふまえていない他の選択肢は不適切。　(3)　本文は，＊までの前半は浩太の視点，＊以降の後半は浩美の視点で描かれており，浩太の最期について，前半で浩太の浩美に対する気持ちが描かれている場面は，後半では「浩太の『喉が鳴りだ』した」から始まる場面に重なっているので，これらをふまえたイが適切。他の選択肢はいずれもやしおさんの「感情移入しちゃった」，やしおさんの話が「よく表れている」にあてはまらない。

重要　**三　(漢字の読み書き)**

①はなくならずに残っていること。②は物事に感じやすくなり，さびしさや切なさなどにひたるさま。③の音読みは「チク」。熟語は「改築」など。④は何かが起こる前に現れるしるしやまえぶれ。⑤はどんな動きをするかという態度。⑥のことわざは何かをして思いがけない災難にあう，あるいは思いがけない幸運にあう，の両方の意味で使われる。⑦は探りを入れて調べること。⑧は冬の，寒さが最もきびしいころのこと。⑨の「机上の空論」は机の上や頭の中で考えただけの，実際には役に立たない意見や考えのこと。⑩は行事などが終わりになること。

**★ワンポイントアドバイス★**

論説文では，本文の中心となるキーワードの意味を的確にとらえよう。

# 2022年度

★★★★★★★★★★★★★★★★★★★★★★★★★

# 入　試　問　題

## 2022年度

# 山手学院中学校入試問題

【算　数】（50分）　＜満点：100点＞

【１】 次の $\square$ の中に適する数を書きなさい。

⑴ $\left(0.625-\frac{3}{4}\times0.5\right)\times\left(\frac{2}{5}+0.49\div\frac{7}{8}\right)=\square$

⑵ $2022\div\left(\frac{4}{5}-\frac{\square}{500}\right)\times\left(0.25+\frac{1}{12}\right)=1000$

【２】 次の $\square$ の中に適する数を書きなさい。

⑴ 木が何本かあります。ある池の周りに沿って等間かくに木を植えていきます。間かくを５ｍにすると木は12本余り，間かくを３ｍにすると木は８本足りなくなります。このとき，池の周りの長さは $\square$ ｍです。

⑵ 原価が700円の商品を100個仕入れて，３割増で定価をつけて売ったところ70個売れました。残りの商品を定価の２割引ですべて売ると利益はあわせて $\square$ 円です。

⑶ $\boxed{0}$，$\boxed{1}$，$\boxed{2}$，$\boxed{3}$，$\boxed{4}$，$\boxed{5}$ の６枚のカードがあります。このカードから２枚抜き出して２桁《けた》の整数を作るとき，３の倍数は $\square$ 通りできます。

【３】 食塩水Ａ，Ｂ，Ｃがあります。Ａの量は，Ｃの量の２倍で，濃度はＡが15％，Ｂが５％，Ｃが９％です。また，３つの食塩水をすべてを混ぜ合わせると11％の食塩水が600ｇできます。このとき，次の各問いに答えなさい。

⑴ ＡとＣをすべて混ぜ合わせると何％の食塩水ができますか。

⑵ Ｂは何ｇですか。

⑶ ＡとＢを混ぜ合わせて９％の食塩水をできるだけ多く作るとき，食塩水は何ｇできますか。

【４】 開園前，450人の行列ができているテーマパークがあります。開園後，毎分27人ずつがこの行列に加わります。入園ゲートを６か所開けると，開園してから50分後にゲートに並ぶ人がいなくなりました。このとき，次の各問いに答えなさい。ただし，どのゲートも１分間に通過できる人数は同じものとします。

⑴ 開園してから50分間で入園した人数は何人ですか。

⑵ ゲート１か所につき，１分間に通過できる人数は何人ですか。

⑶ 開園してから11分以内にゲートに並ぶ人がいなくなるようにするためには，ゲートを最低何か所開ければよいですか。

【５】 Ａ地点からＢ地点まで行くバスが30分おきに出ています。太郎さんが同じ道をＢ地点からＡ地点まで自転車で走ると２回バスとすれ違いました。下のグラフはそのときの様子を表したものです。バスと自転車の速さの比は７：３です。このとき，次の各問いに答えなさい。

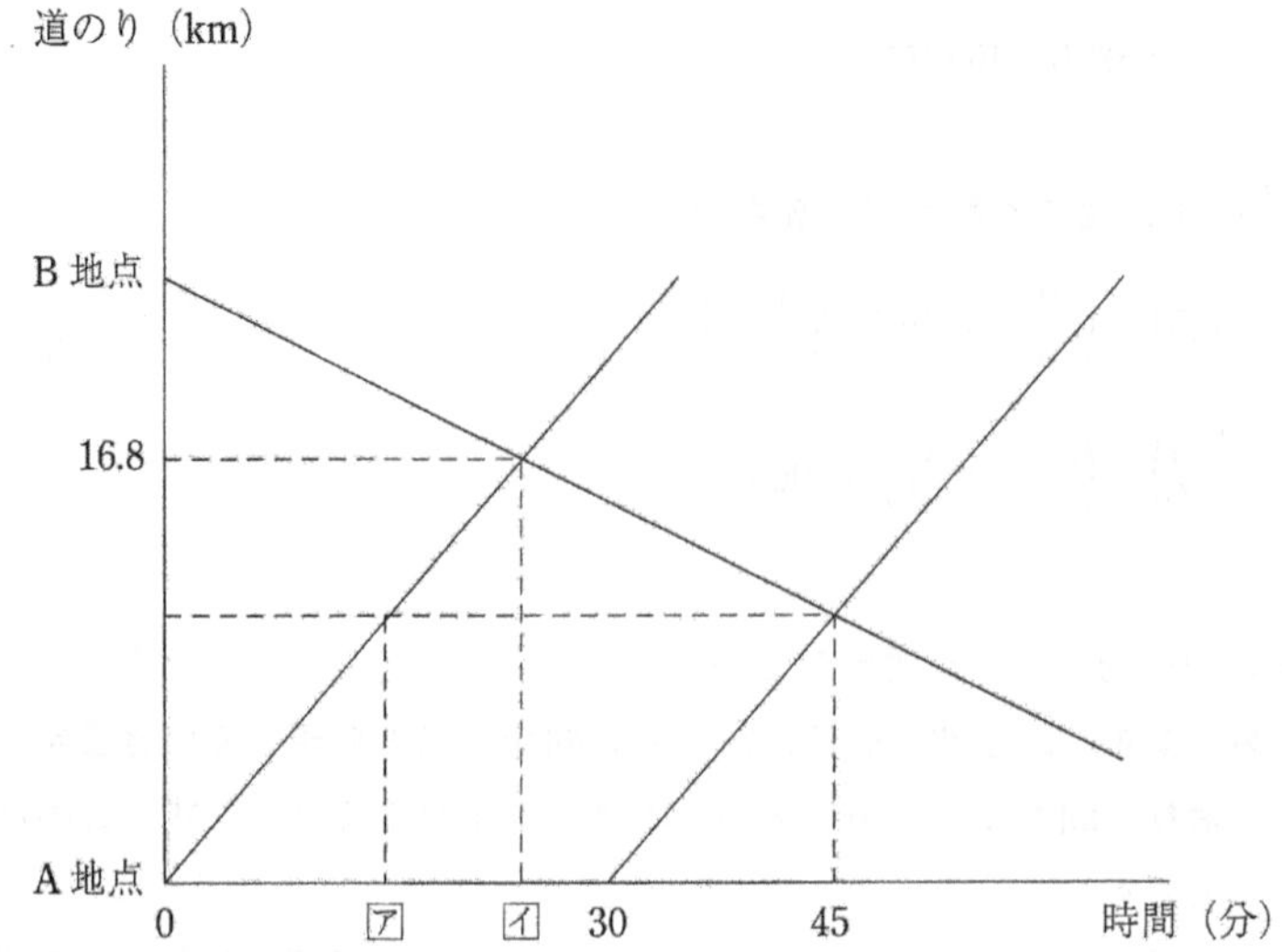


⑴ ア，イに適する数を答えなさい。

⑵ バスの速さは時速何kmですか。

⑶ Ａ地点からＢ地点までの道のりは何kmですか。

【６】 底面の半径が２㎝，高さが６㎝の円すいＡと底面の半径が４㎝，高さが12㎝の円すいＢがあります。このとき，次の各問いに答えなさい。ただし，円周率は3.14とします。

⑴ ＡとＢの体積の差は何$cm^3$ですか。

⑵ それぞれの円すいを底面の円の直径を通り，底面に垂直な面で切ったときのＡとＢの切断面の面積の比を最も簡単な整数で表しなさい。

次の図のようにＢを固定し，Ａを図の矢印の向きに秒速0.5㎝の速さで動かします。はじめＡとＢは３㎝はなれています。ただし，２つの円すいの頂点と底面の円の中心は，つねに同じ直線上にあるように動きます。

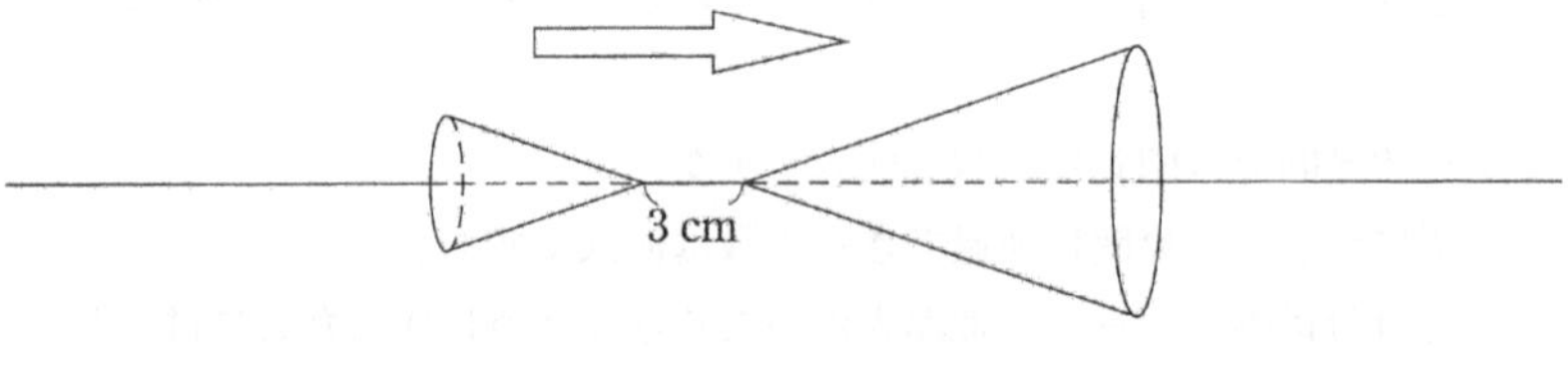


⑶ 36秒後のＡとＢの重なった部分の体積は何$cm^3$ですか。

【７】 図のように，ご石を正三角形の形に並べます。図は１辺にご石を４個並べた図です。このとき，次の各問いに答えなさい。

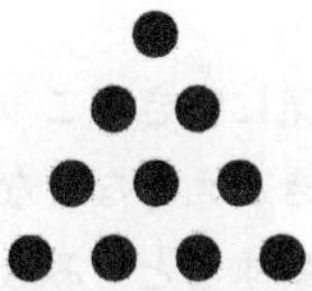

⑴　１辺のご石が９個のとき，ご石は全部で何個並んでいますか。

⑵　ご石が全部で190個並ぶとき，正三角形の１辺のご石は何個ですか。

⑶　次に図のように，ご石を正六角形の形に並べます。図は１辺にご石を３個並べた図で，全部で19個のご石が並んでいます。全部で721個のご石が並ぶとき，正六角形の１辺のご石は何個ですか。

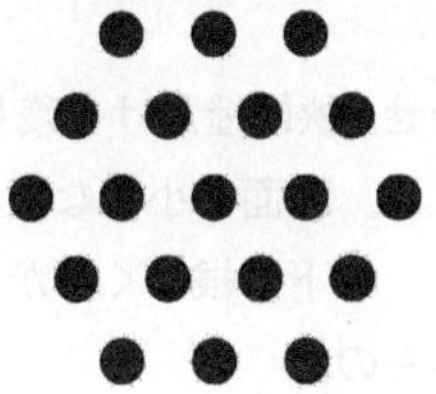

**【理　科】**（40分）　＜満点：80点＞

**【１】** 文章を読み，後の問いに答えなさい。

一年で一番寒い冬の時期がくると，元気に咲《さ》きほこっていた花も，みどり色をしげらせていた草も，多くが枯《か》れてしまいました。虫のなきごえもなくなり，昆虫の活動や木々《きぎ》・草花の表情は少しさびしくなってしまいましたが，よく観察すると，みなしっかりと力強く生きていることに気がつきました。たとえば，植物の中には，りん片《へん》におおわれた冬芽をつけて，北風を防ぎながら過ごすものや，葉を地面にはわせ，太陽の光を全身であびようとするものなどがありました。生き物にはあたたかい暖《だん》ぼうはありませんが，それぞれがいろいろな方法で冬の寒さから身を守っているようです。

野外の植物が冬の間にどのように過ごしているかを調べると，いくつかの種類に分類することができました。

タイプ1：夏から秋にかけて花を咲かせ，秋に種だけを残して枯れてしまい，種で冬を過ごすもの。
タイプ2：葉が互いに重ならないように，地面に小さな葉を広げて冬をこすもの。
タイプ3：地上のくきや葉が枯れても，地下の根やくきが生きていて冬をこし，春になるとまた地上にくきや葉をしげらせるもの。
タイプ4：秋に葉が落ちて，いっけん枯れたように見えるが，よく見るとえだの先やふしに冬芽をつけて冬をこすもの。

⑴ タイプ2のように，葉を地面に広げて平べったくなっているすがたはその形がバラの花びらに似ていることからある名前がついています。それは何といいますか，以下の例にならってカタカナ4文字で答えなさい。

| ［例］ | | | | | | | |
|---|---|---|---|---|---|---|---|
| | チ | ュ | ー | リ | ッ | プ | 「チューリップ」は6文字とする。 |

⑵ タイプ1の植物は「1年生植物」と呼ばれ，春に発芽して秋には枯れ，種で冬をこした後，また春になると発芽をします。タイプ3の植物では，冬でも地下の根やくきが生きていて，春になると再び成長し，地上にくきや葉をしげらせ，花を咲かせます。このタイプ3の植物は，タイプ1に対して何と呼ばれますか。漢字5文字で答えなさい。

⑶ タイプ4にあてはまる植物を次の中から2つ選び，記号で答えなさい

（ア）スギ　（イ）ツバキ　（ウ）アサガオ　（エ）サクラ（ソメイヨシノ）
（オ）サザンカ　（カ）ススキ　（キ）タンポポ　（ク）イチョウ

植物の中でも，「樹木《じゅもく》」がどのようなすがたで冬をこすか調べてみると，タイプ4のように「冬になる前に全部の葉が落ちてしまう木」と，タイプ1～4のどれにもあてはまらない「一年中みどり色の葉をつけている木」とに分けることができました。また，「一年中みどり色の葉をつけている木」の中には，冬に花を咲《さ》かせるものもありました。

⑷ 「一年中みどり色の葉をつけている木」の中で冬に花を咲かせるものを⑶の選択肢《せんたくし》（ア）～（ク）の中から2つ選び，記号で答えなさい。

次に野外の動物が冬の間にどのように過ごしているかを調べると，その動物の過ごしているすがた「すがた」と，過ごしている場所「場所」について，次の表1のようにまとめることができました。

表1

| 場所<br>すがた | 木の枝 | 林の中 | 土の中 | 落ち葉や<br>石の下 | 水底《みずそこ》 |
|---|---|---|---|---|---|
| すがたX | A | | バッタ | | |
| すがたY | ミノガ | | B<br>セミ | | トンボ |
| すがたZ | モンシロチョウ | | | | |
| 親<br>（または親と<br>同じすがた） | | キタテハ | ヘビ | C<br>テントウムシ | ゲンゴロウ<br>ザリガニ |

次の問いに答えなさい。

⑸ すがたX～Zとして，適当なものをそれぞれ1つずつ選び，記号で答えなさい。

（ア） カイコ （イ） さなぎ （ウ） まゆ （エ） よう虫 （オ） たまご

⑹ すがたYのとき，木の枝で冬を過ごす「ミノガ」は，一般《いっぱん》的には「みのむし」と呼《よ》ばれています。トンボとモンシロチョウについて，すがたYのときは一般的に何と呼ばれていますか。それらの名前をそれぞれカタカナで答えなさい。

⑺ 表の中のA，B，Cにあてはまる動物として，適当なものを次の中からそれぞれ1つずつ選び，記号で答えなさい。

（ア） ダンゴムシ （イ） アゲハ （ウ） ミツバチ

（エ） カマキリ （オ） ヒキガエル （カ） カブトムシ

**【2】** 私たちが住んでいる地球は，太陽から3番目に近いところを回っている太陽系の惑《わく》星です。太陽系とは，太陽を中心として運行している天体の集団のことです。この太陽系の中心にある太陽は，水素やヘリウムといった高温のガスでできた恒《こう》星で，直径は約140万kmもあり，地球の直径の約109.3倍です。地球と太陽のきょりは約1億5千万kmで，地球は太陽の周りを1年周期で公転しています。次のページの図1は地球の公転のようすを示した図です。また，地球は自転もしていて，その周期は1日です。地球の自転は，宇宙から北極を見たときに反時計回りで回っています。その自転軸《じく》は地球の公転面に対して66.6°かたむいています。地球が自転をすることで昼と夜ができますが，太陽光が当たっている時間は各地で異《こと》なるため，世界の時刻《こく》は，イギリスのロンドンにあるグリニッジを基準として，これを標準時としています。日本では東経135°にある兵庫県明石市を基準としています。

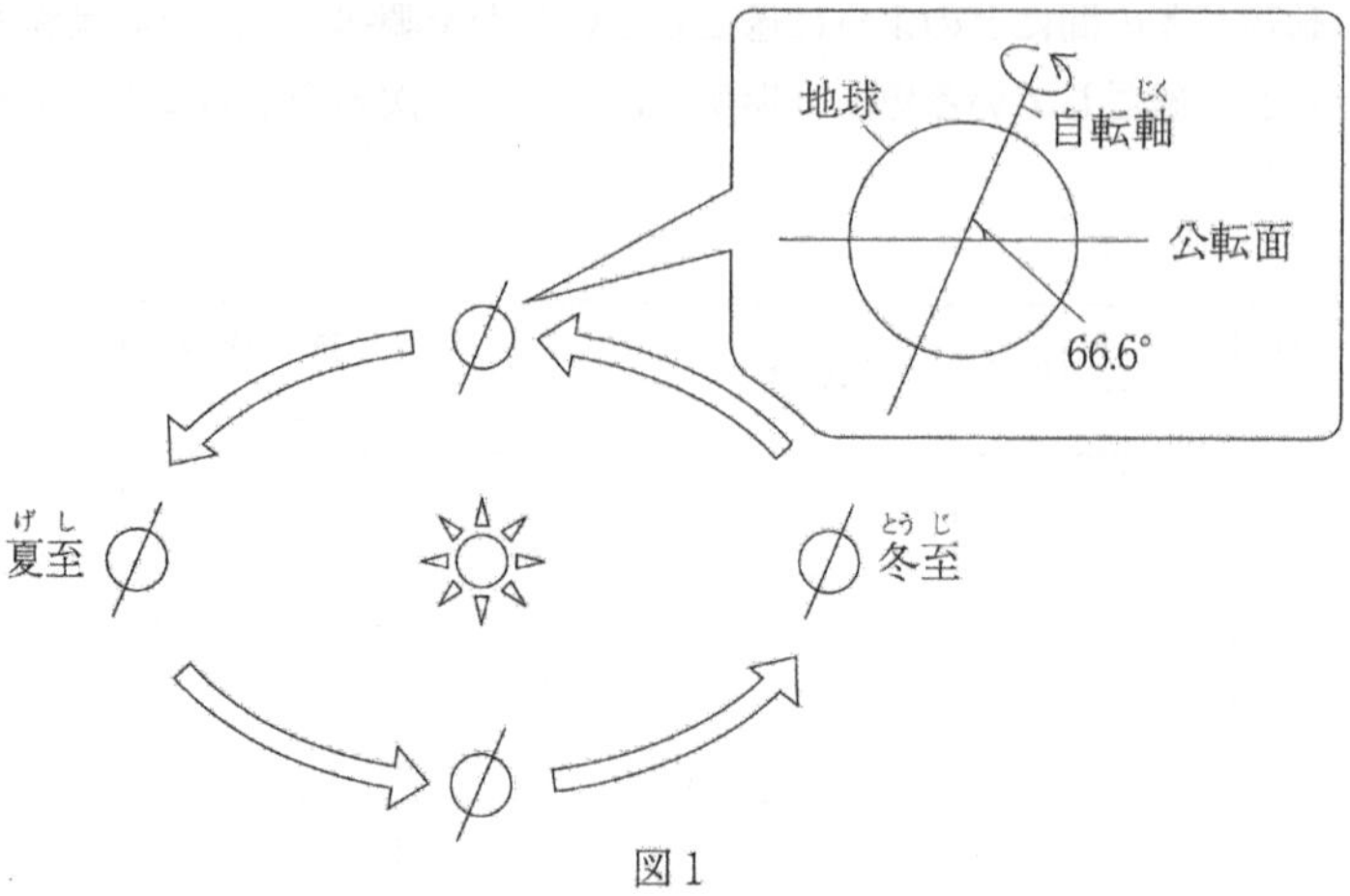


図1

⑴　下線部より，地球の直径は（　　　）万kmと計算できます。（　　）に入る数字を答えなさい。答えは小数点以下第三位を四捨五入して，第二位まで答えなさい。

水平な場所で太陽の動きを観察するため，山手学院（北緯《ほくい》約35.4°，東経約139.6°）の屋上で図2のように大きな厚紙をしき，20cmの棒《ぼう》を立てて，棒の影《かげ》を観察しました。厚紙には棒を中心として南北と東西に直線を書いておきました。8時から16時まで，1時間ごとに棒の影《かげ》の先たんの位置にしるしをつけて記録しました。図3はしるしをつけた後の厚紙のようすです。

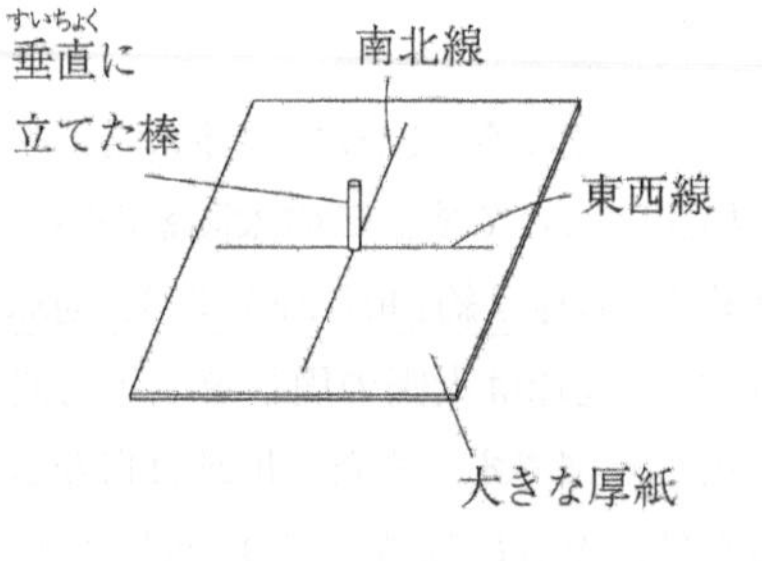


図2

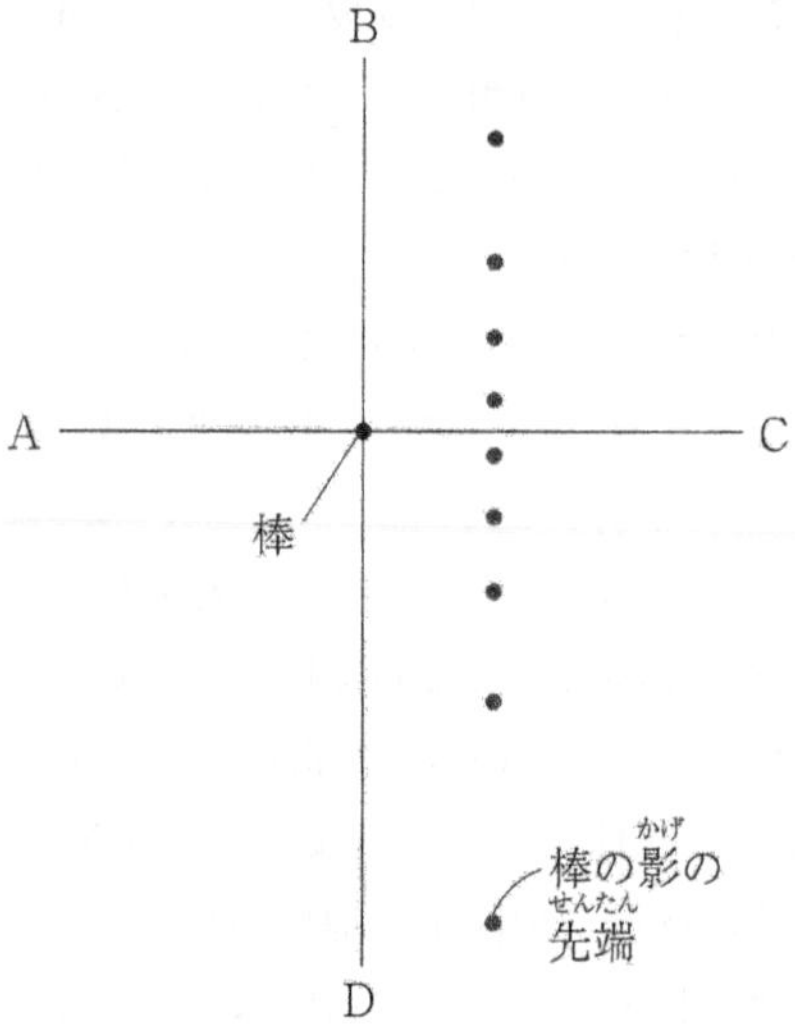


図3

⑵　図3のA，Dの方位として適当なものを次の中から1つ選び，記号で答えなさい。

（ア）　A：北，D：東　　（イ）　A：北，D：西

（ウ）　A：南，D：東　　（エ）　A：南，D：西

⑶　図3から，この観察を行った日として最も適当なものを次の中から1つ選び，記号で答えなさい。

（ア）　5月6日　　（イ）　6月20日　　（ウ）　8月7日

（エ）　9月22日　　（オ）　11月5日　　（カ）　12月21日

観察をしている途中《とちゅう》，11時から12時の間に，棒の影《かげ》が南北に引いた線とちょうど重なりました。このときの影《かげ》の長さをはかり，棒と影《かげ》を正確に縮小してノートに書き写しておきました。観察を終えた後，ノートに書き写した図を利用し，分度器を用いて太陽の高度をはかりました。

(4)　この日，明石市で太陽が南中した時刻は11時52分でした。棒の影《かげ》が南北に引いた線とちょうど重なった時刻は11時何分ころですか。最も適当なものを次の中から１つ選び，記号で答えなさい。

（ア）11時26分ころ　　（イ）11時30分ころ　　（ウ）11時34分ころ

（エ）11時40分ころ　　（オ）11時44分ころ　　（カ）11時50分ころ

(5)　棒の影《かげ》が南北に引いた線とちょうど重なったときの太陽の高度として最も適当なものを次の中から１つ選び，記号で答えなさい。

（ア）31°　（イ）45°　（ウ）55°　（エ）59°　（オ）76°

山手学院では中学３年生になると，オーストラリアへホームステイに出かけます。オーストラリアは南半球にあるため，太陽や星の動きが日本で観察する様子と異《こと》なります。季節も日本とは異なり，日本が夏をむかえるとき，オーストラリアは冬をむかえるというように，夏と冬，春と秋が日本とは反対にめぐります。日本が夏を迎える夏至《げし》の日と同じ日付の太陽の動きや高度について，オーストラリアのシドニー（南緯《なんい》約34.0°，東経約151.1°）ではどのようになるのか考えてみましょう。

(6)　オーストラリアのシドニーでの太陽の動きについて，日本の夏至《げし》の日と同じ日付に観察できるものとして最も適当なものを次の中から１つ選び，記号で答えなさい。

（ア）

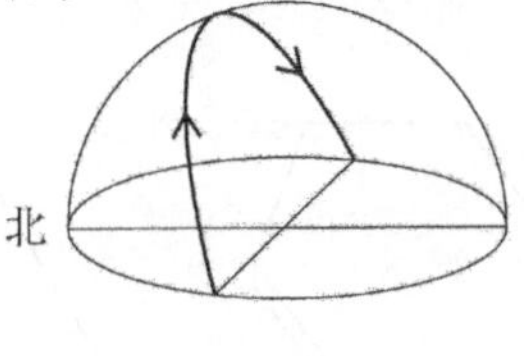


（イ）

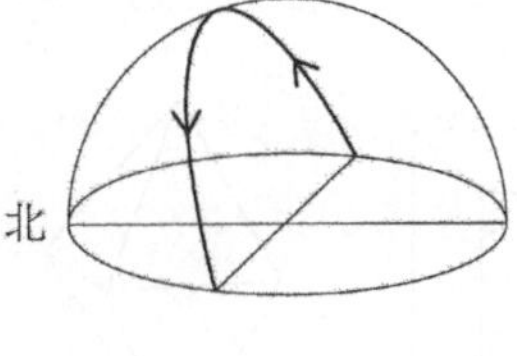


（ウ）

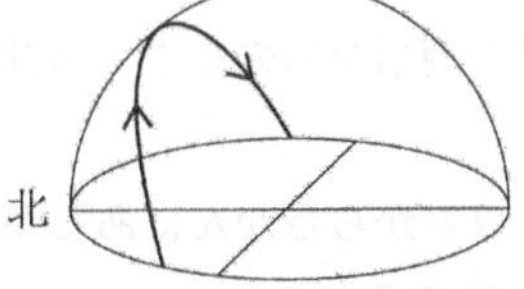


（エ）

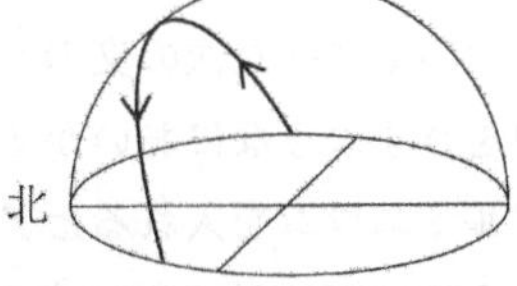


（オ）

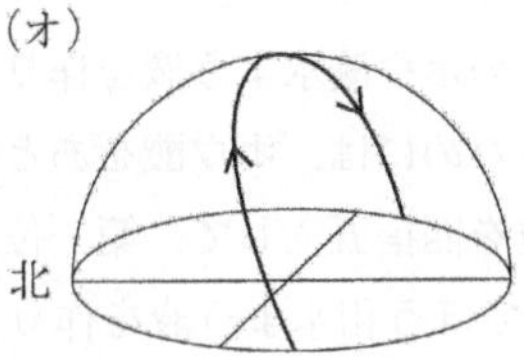


（カ）

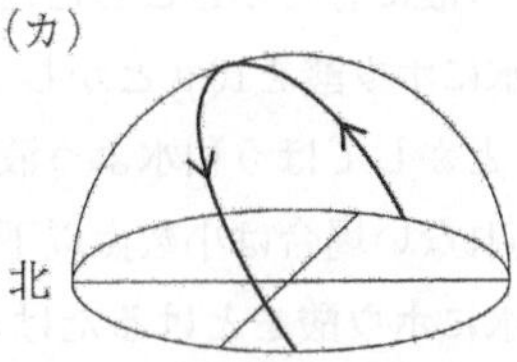


(7)　この日，オーストラリアのシドニーで，太陽が真北にきたときの太陽の高度は約何°になりますか。答えは小数点以下第一位まで答えなさい。

【３】 物質を水にとかすとき，その物質が何gまでとけるのかは水の温度や量に関係があります。また，物質が水にとけたときの液体を水よう液といい，物質をそれ以上とかすことができなくなった水よう液をほう和水よう液といいます。次の表１は水100gにとかすことができた物質の最大の重さと水の温度の関係について，表２は20℃の水にとかすことができた物質の最大の重さと水の量の関係についてまとめた表です。後の問いに答えなさい。

表１　水100gにとかすことができた物質の最大の重さ(g)と水の温度の関係

| 物質＼温度 | 0 ℃ | 20 ℃ | 40 ℃ | 60 ℃ | 80 ℃ |
|---|---|---|---|---|---|
| 食塩 | 35.6 | 35.8 | 36.3 | 37.0 | 38.0 |
| ホウ酸 | 2.8 | 4.9 | 8.9 | 14.9 | 23.5 |

表２　20 ℃の水にとかすことができた物質の最大の重さ(g)と水の量の関係

| 物質＼水の量 | 100 g | 200 g | 300 g |
|---|---|---|---|
| 食塩 | 35.8 | 71.6 | 107.4 |
| ホウ酸 | 4.9 | 9.8 | 14.7 |

⑴　食塩を顕微鏡《けんびきょう》で拡大すると，きれいな形をした結晶《けっしょう》を観察することができます。次の中から食塩の結晶の形として最も適当なものを１つ選び，記号で答えなさい。

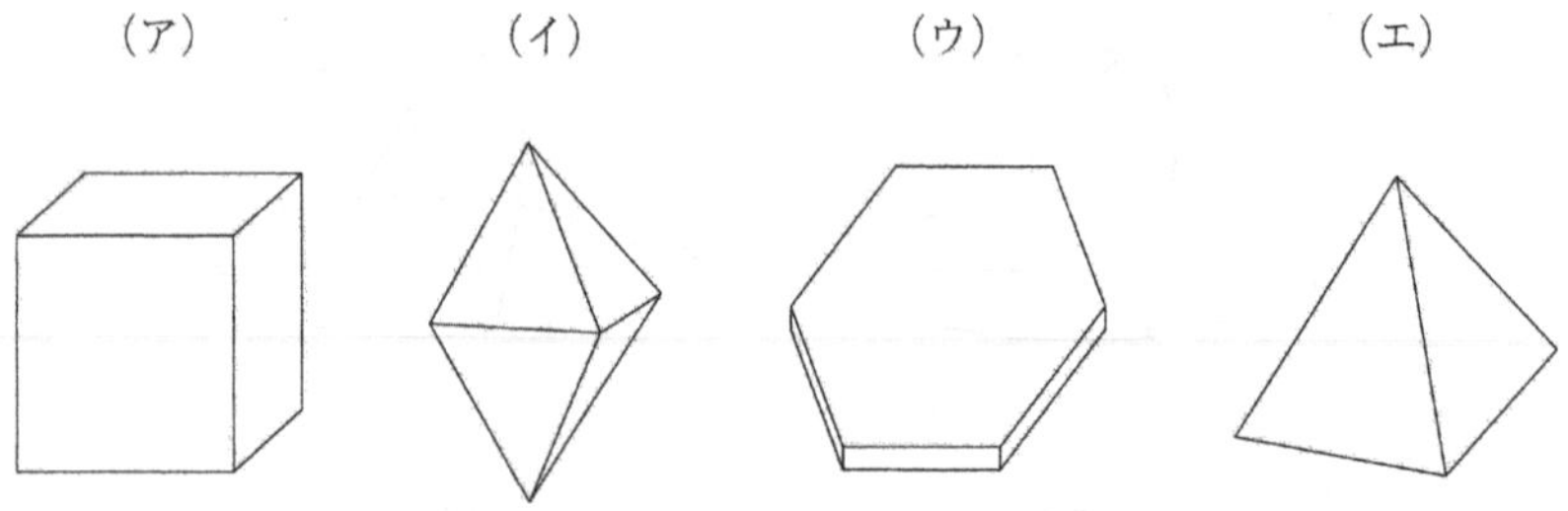


⑵　食塩やホウ酸について述べた次の文のうち，最も適当なものを１つ選び，記号で答えなさい。

（ア）　食塩水は鼻をさすようなにおいがする

（イ）　食塩水にアルミニウムを入れるとアルミニウムからさかんにあわが出る

（ウ）　ホウ酸水よう液にBTB液を数てき入れると黄色くなる

（エ）　ホウ酸水よう液に息をふきこむと白くにごる

⑶　20℃で400gの水にホウ酸を10gとかして410gのホウ酸水よう液を作りました。この水よう液にさらにホウ酸をとかしてほう和水よう液にするためには，ホウ酸をあと何gとかせばよいですか。答えが割《わ》り切れない場合は小数点以下第二位を四捨五入して，第一位まで答えなさい。

⑷　20℃で400gの水にホウ酸をとけるだけとかしてほう和水よう液を作りました。このとき，ホウ酸水よう液のこさは何%ですか。答えが割り切れない場合は小数点以下第二位を四捨五入して，第一位まで答えなさい。

⑸　80℃で250 g の水に食塩74.0 g とホウ酸47.0 g ずつとかしたあと，80℃のまま水をゆっくり蒸《じょう》発させたところ物質がとけきれなくなって出てきました。①このとき，先にとけ残りが出たのは食塩とホウ酸のどちらですか。また，②それは水を何 g 蒸発させたあとだと考えられますか。整数で答えなさい。ただし，２種類の物質を水にとかしても，それぞれの物質のとかすことができる最大の重さは変わらないものとします。

⑹　⑸で物質がとけきれなくなって出てきたあと，水の温度を80℃から40℃まで下げました。すると，さらに物質がとけきれなくなって出てきました。この水よう液をろ過して，取り出した物質をよくかわかしたあとに重さを量ると何 g になりますか。答えが割《わ》り切れない場合は小数点以下第二位を四捨五入して，第一位まで答えなさい。

【４】　ふりこの性質を知るために，いくつかの実験を行いました。また，そのうえでふりこにいくつかの工夫をして実験しました。ただし，どの条件においても，ふりこは実験の途《と》中《ちゅう》でとまらないものとします。

図１のようなふりこを用いて，おもりの重さや糸の長さ，手をはなす位置の鉛直《えんちょく》との角度を変えたとき，ふりこが10往復するのにかかった時間をはかりました。表１はその結果です。「鉛直《えんちょく》」とは，おもりを糸でつり下げ，静止したときの糸が示す方向のことをいいます。

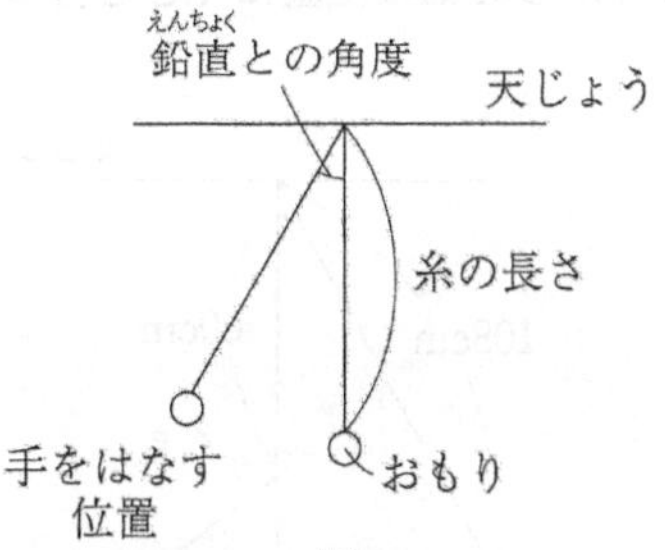


図１

表１

| 実験 | ① | ② | ③ | ④ | ⑤ | ⑥ | ⑦ |
|---|---|---|---|---|---|---|---|
| おもりの重さ（g） | 30 | 30 | 50 | 50 | 50 | 70 | 70 |
| 糸の長さ（cm） | 12 | 48 | 48 | 108 | 108 | 12 | 48 |
| 手をはなす位置の鉛直《えんちょく》との角度 | 30° | 45° | 30° | 60° | 30° | 60° | 45° |
| 10往復の時間（秒） | 7.0 | 14.0 | 14.0 | 21.0 | 21.0 | 7.0 | 14.0 |

⑴　「手をはなす位置の鉛直《えんちょく》との角度」と「10往復の時間」とは関係があるかどうかを調べるには，④と⑤の結果を比べると分かります。では，「おもりの重さ」と「10往復の時間」とは関係があるかどうかを調べるには何番と何番の実験を比べればよいですか。①～⑦より選び，番号で答えなさい。

⑵　「糸の長さ」と「10往復の時間」とは関係があるかどうかを調べるためには何番と何番の実験を比べればよいですか。①～⑦より選び，番号で答えなさい。

⑶　実験②の条件でふりこをふらせました。図２の地点Ａで手をはなしてから5.0秒後のおもりの位置はどの地点になりますか。図２の地点Ａ，Ｂ，Ｃを基準として書かれた選択肢《せんたくし》（ア）～（オ）より１つ選び，記号で答えなさい。

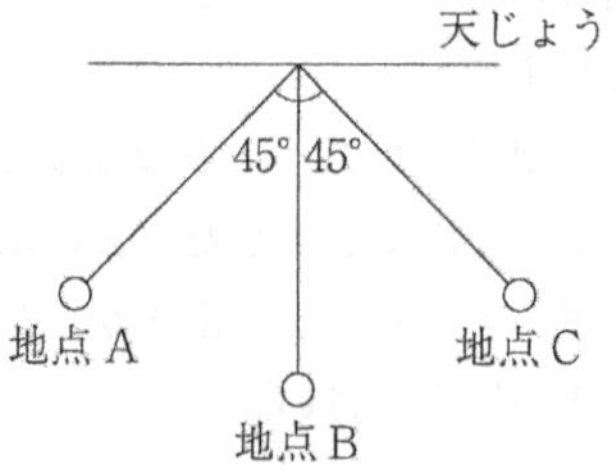


図２

（ア）　地点Ａ　　（イ）　地点Ｂ　　（ウ）　地点Ｃ

（エ）　地点ＡとＢの間　　（オ）　地点ＢとＣの間

⑷　実験④の状態から，糸の長さを27㎝に変えて実験を行うと，ふりこが10往復するのにかかる時間は何秒になりますか。実験の結果をもとに考え，答えは小数点以下第一位まで答えなさい。

　ふりこの途《と》中《ちゅう》にくぎを打ち，糸の長さが途中で変化するようなふりこを用意しました。図３は，実験⑤の条件で，天じょうから60㎝の位置にくぎを打った状態を表しています。

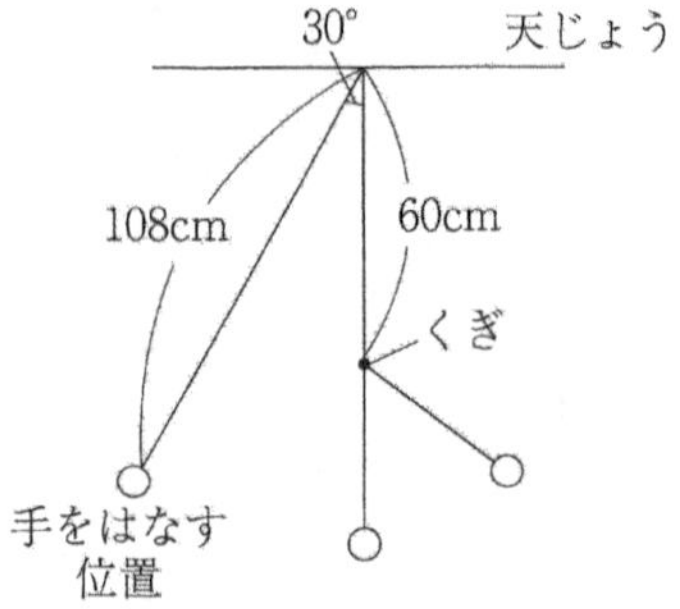


図３

⑸　図３のように，くぎを天じょうから60㎝の位置に打ち，実験⑤の条件で実験を行ったとき，ふりこが10往復するのにかかる時間は何秒になりますか。実験の結果をもとに考え，答えは小数点以下第一位まで答えなさい。ただし，このふりこの１往復とは，手をはなしてからおもりがもとの位置にもどるまでをいいます。

【社　会】（40分）　＜満点：80点＞

【１】 次の文を読んで，あとの問いに答えなさい。

日本列島は，太平洋側につきだす弓のような形をしていて，その形にそって背骨のように(ａ)山地や山脈が連なっています。(ｂ)火山も多く，その周辺では噴火《ふんか》により火山灰や溶岩《ようがん》がふき出したり，火砕流《かさいりゅう》が発生したりすることで，人々の生命が危険にさらされることもあります。一方で，(ｃ)国立公園の半分以上が火山と関係していることからも分かるように，火山は日本の美しい景観を生み出しています。

さらに，日本は海に囲まれた島国で，多くの島々から成り立っています。(ｄ)日本列島の近海の海底には浅くて平らな大陸棚《だな》が広がっているところが多くあります。太平洋側の大陸棚の先には水深が8000mを超《こ》える海溝《かいこう》があります。

そして，日本にはたくさんの(ｅ)平野があります。その多くは，日本列島に連なる山々から流れ出す川が上流で山を削《けず》り，土砂を下流まで運ぶことによってつくられました。また，川や海沿いの平地よりも一段高くなっている土地は台地と呼《よ》びます。(ｆ)関東地方には，武蔵野《むさしの》台地や下総《しもうさ》台地などがあります。

問１　下線部（ａ）について，「日本アルプス」に含《ふく》まれる山脈としてふさわしくないものを次の中から１つ選び，記号で答えなさい。

ア．木曽山脈　　イ．越後山脈　　ウ．飛驒山脈　　エ．赤石山脈

問２　下線部（ｂ）について，あとの問いに答えなさい。

①　阿蘇山のように噴火によって火口の中央部が落ちこんでできた，くぼ地を何と言いますか。カタカナ４字で答えなさい。

②　下のグラフは，日本の太陽光，風力，地熱のいずれかの発電設備容量※を表したものです。グラフ中のア～ウのうち，太陽光を示すものとして正しいものを１つ選び，記号で答えなさい。

※発電設備容量…どれくらい発電できるか，設備の性能を数字で表したもの。

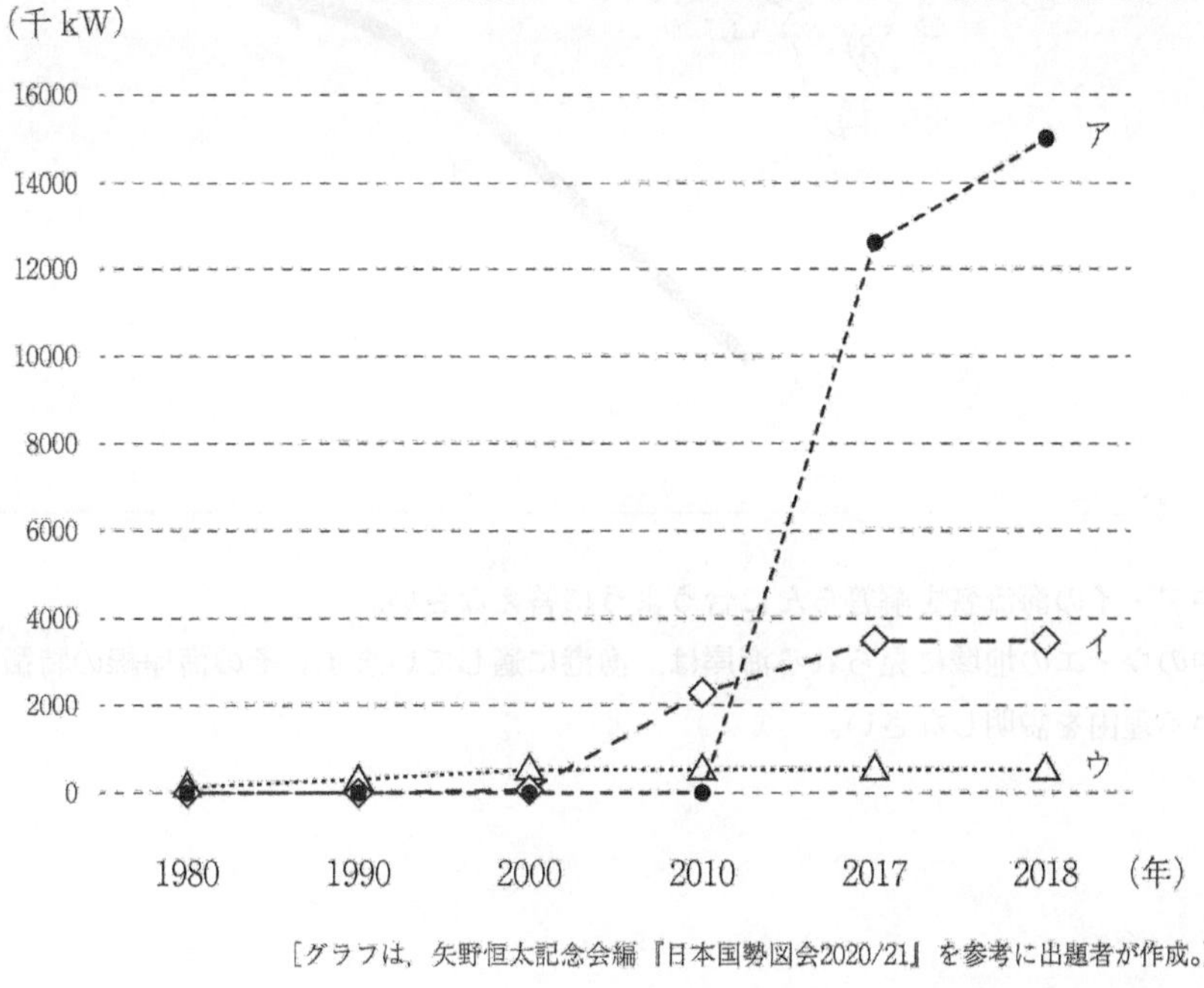


［グラフは，矢野恒太記念会編『日本国勢図会2020/21』を参考に出題者が作成。］

③　②のグラフ中の「△」は，他の発電方式に比べて発電設備容量が増えていません。日本国内で増えていない理由として，正しいものを次の中から１つ選び，記号で答えなさい。

ア．設備を開発する場所に国立公園や温泉などがあり，住民が反対しているため。

イ．設備容量を増やすと，二酸化炭素などの温室効果ガスが大量に発生するため。

ウ．季節や天気によって発電量が安定しないため。

エ．発電後に発生する廃棄《はいき》物の安全な処理方法が決まっていないため。

問３　下線部（ｃ）について，国立公園を管理している国の機関名として正しいものを次の中から１つ選び，記号で答えなさい。

ア．文部科学省　　イ．内閣府　　ウ．環境省　　エ．観光庁

問４　下線部（ｄ）について，下の地図を見てあとの問いに答えなさい。

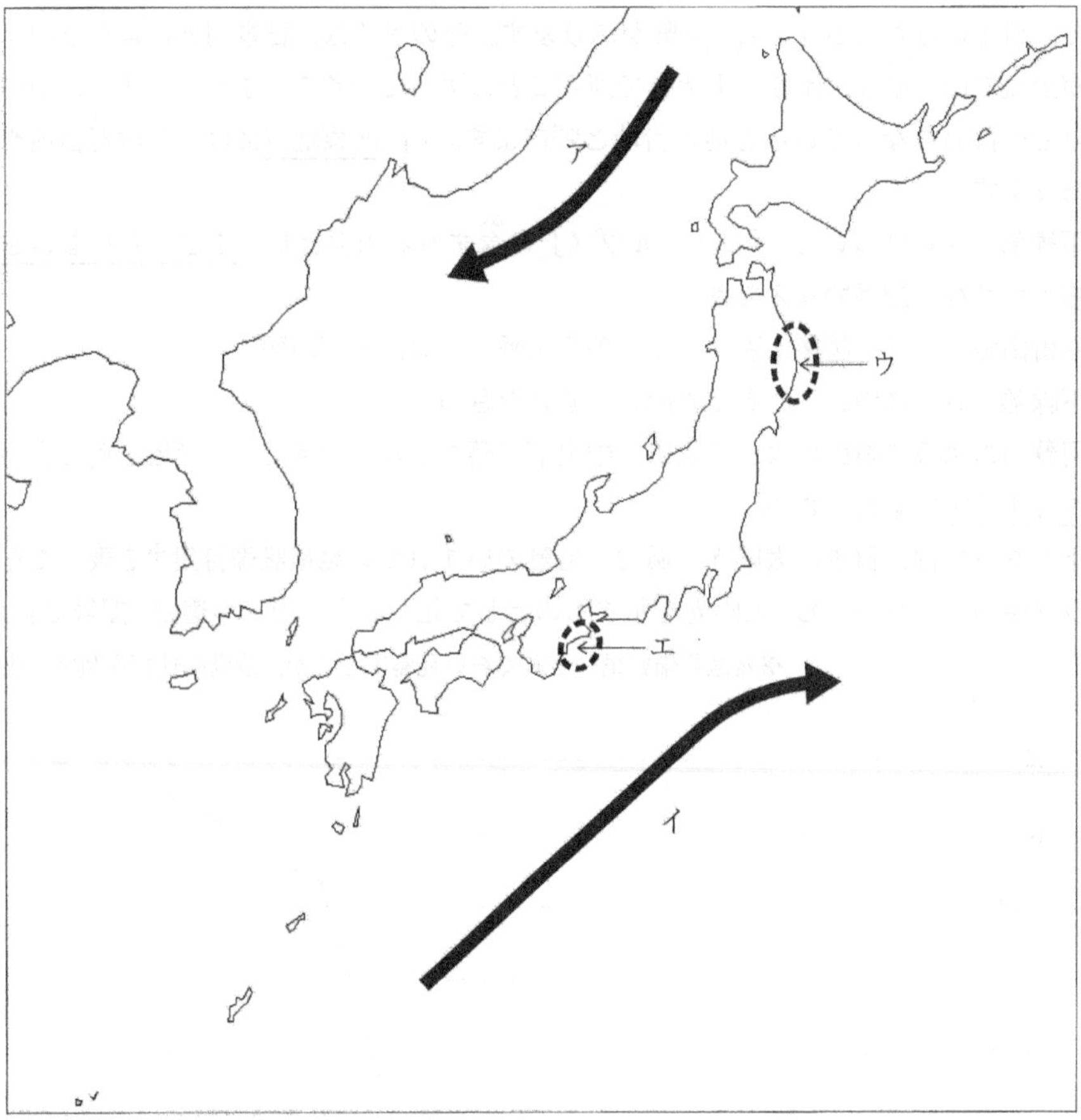


①　図中ア・イの海流名を解答らんに合うように答えなさい。

②　図中のウ・エの地域に見られる海岸は，漁港に適しています。その海岸線の特徴《とくちょう》と漁港に適している理由を説明しなさい。

問５　下線部(ｅ)について，地図Ａは濃尾平野付近に流れこむ川を表しており，地図Ａ中の □ の地域を拡大したものが下の地図Ｂです。これらを見て，あとの問いに答えなさい。

［地図 A］

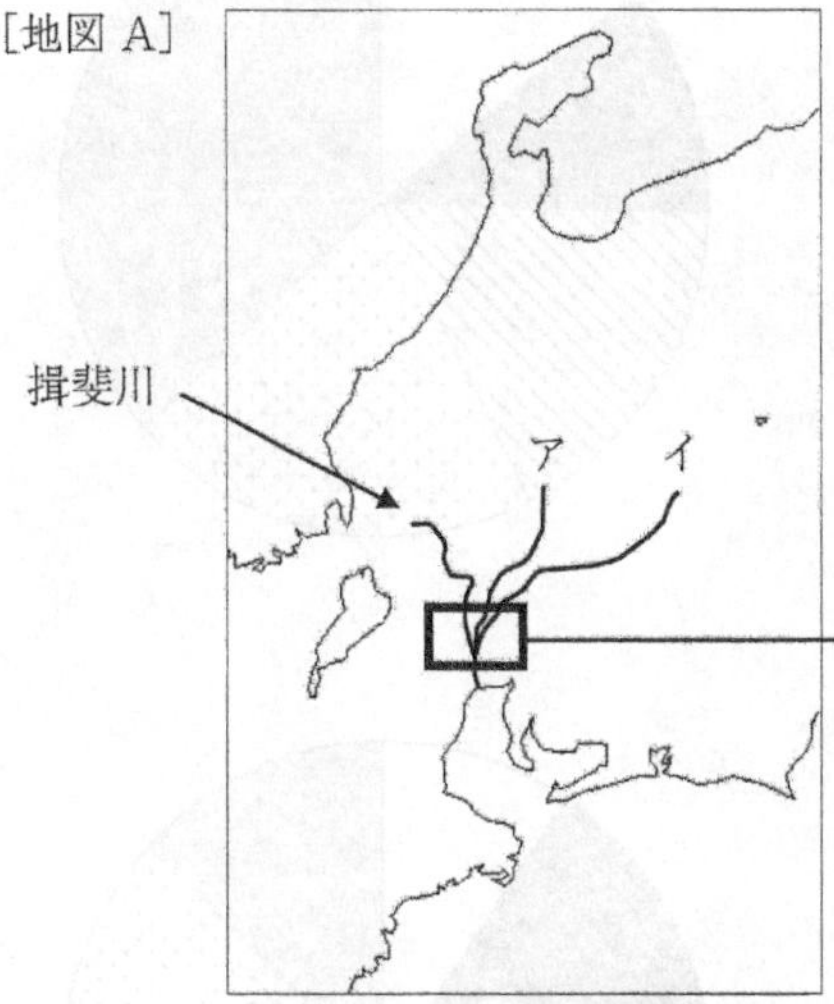


［地図 B］

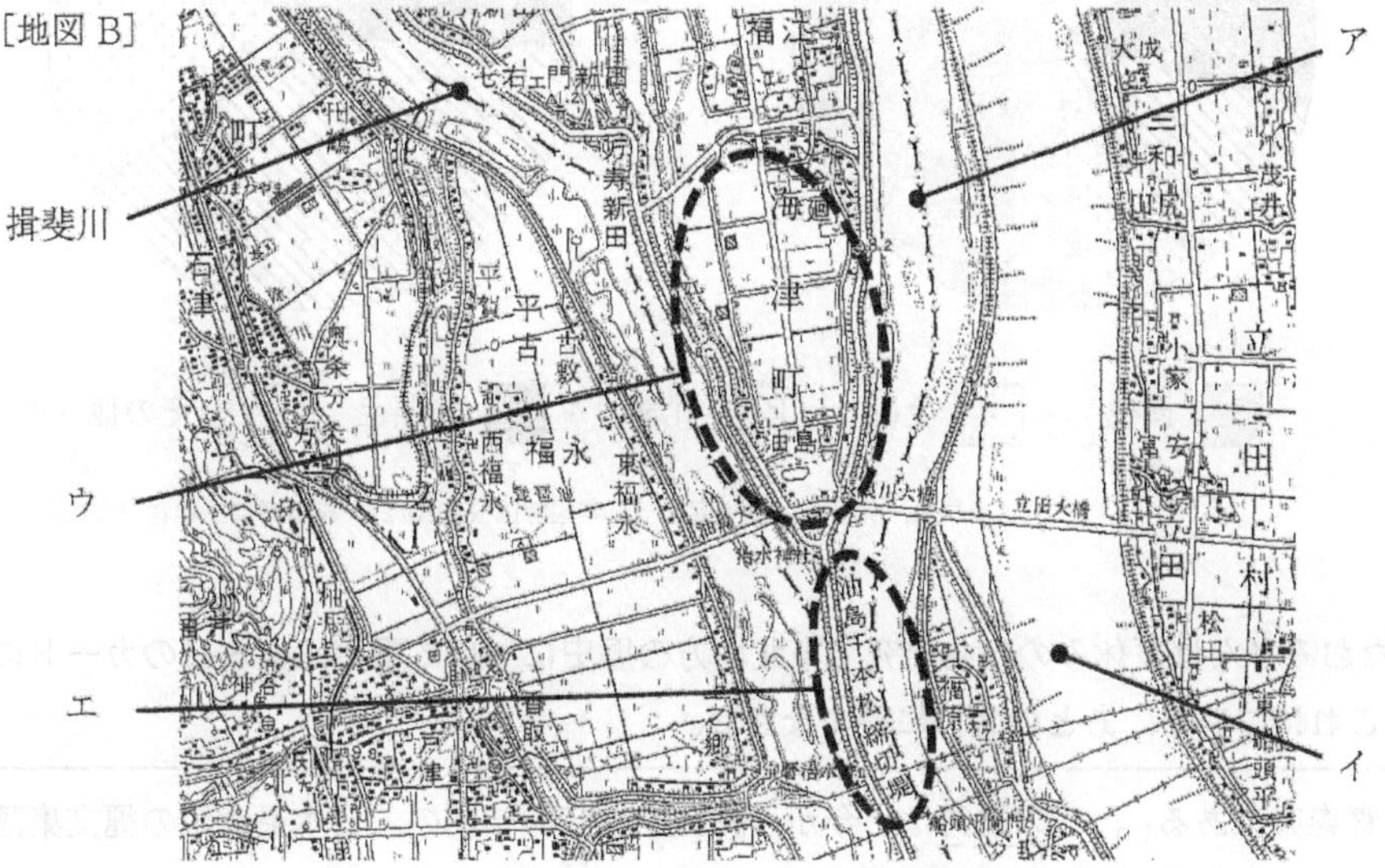


［国土地理院「１：50000 桑名」より］

①　地図Ａを参考にしながら地図Ｂ中のア・イの河川名をそれぞれ漢字で答えなさい。

②　地図Ｂ中のウに見られる，町や村の周りが高い堤防《ていぼう》で囲まれた土地を何と言いますか。漢字２字で答えなさい。

③　地図Ｂ中のエに見られる，油島千本松締切堤は，この地域の水害を防ぐため，江戸時代につくられました。この堤防の役割について説明しなさい。

問６　下線部（ｆ）について，次のページのグラフは京葉工業地域，中京工業地帯，東海工業地域，阪神工業地帯のいずれかの製造品出荷額等の構成（2017年）を表しています。京葉工業地域を表すグラフとして，最もふさわしいものを次のページの中から１つ選び，記号で答えなさい。

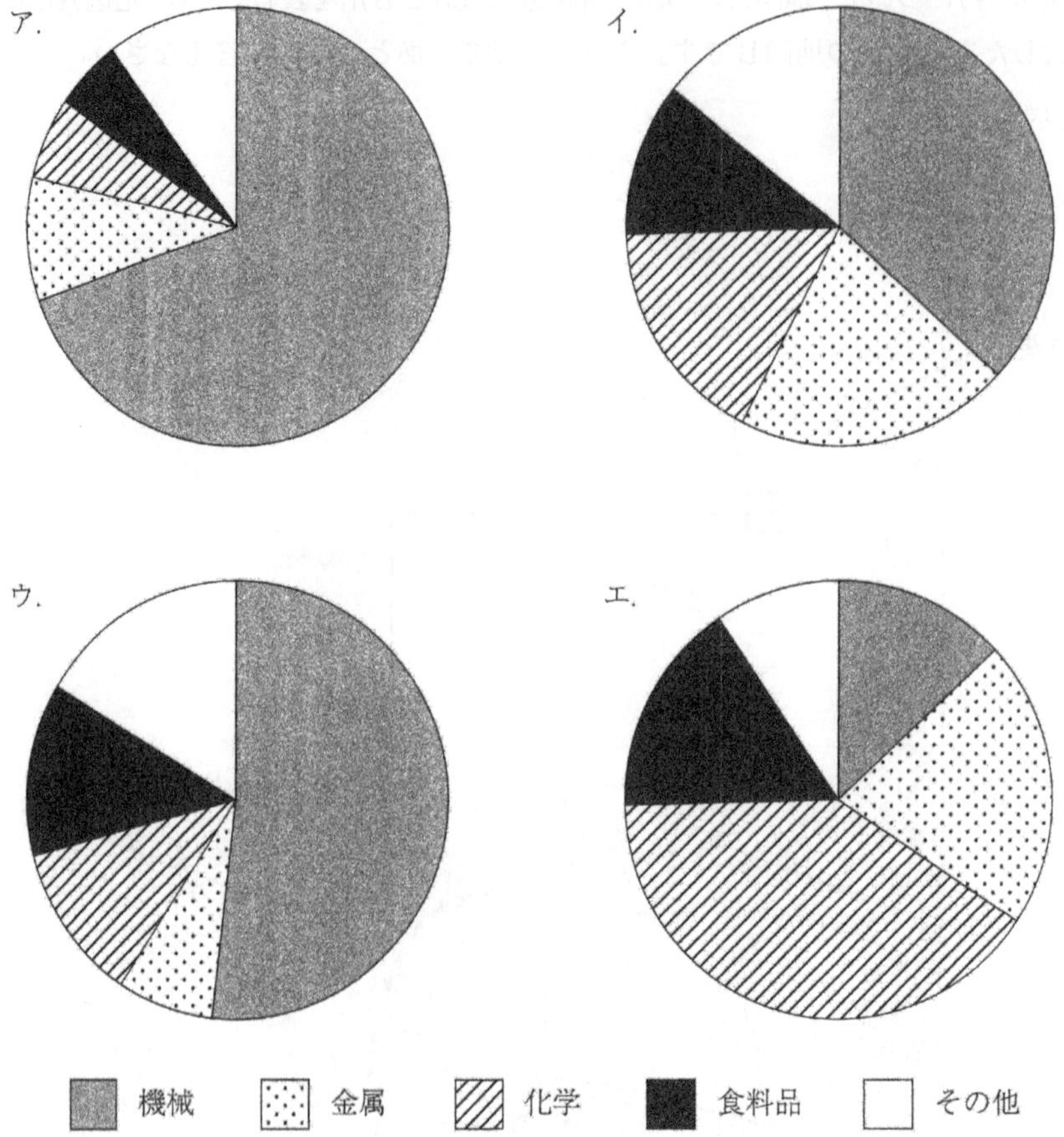


［グラフは，矢野恒太記念会編『日本国勢図会2020/21』を参考に出題者が作成。］

【２】 なおみさんは夏休みの自由研究で東北地方の歴史について調べ，Ａ～Ｈのカードにまとめました。これについて，あとの問いに答えなさい。

| |
|---|
| Ａ　青森県にある(ａ)この遺跡《いせき》は，今から約5900～4200年前の，日本最大級の縄文集落のあとです。この集落では(ｂ)稲作が伝わるより前から栗《くり》などが栽培されていて，人々は1700年もの間，定住生活を営んでいました。これらの事実は，以前からの縄文時代のイメージを大きくくつがえすもので，2021年に世界文化遺産への登録が決まりました。 |

問１　下線部（ａ）について，この遺跡の名前を漢字で答えなさい。

問２　下線部（ｂ）について，この遺跡と同じ青森県で発見された，弥生時代中頃の稲作遺跡として最もふさわしいものを次の中から１つ選び，記号で答えなさい。

ア．板付遺跡　　イ．垂柳《たれやなぎ》遺跡　　ウ．登呂遺跡　　エ．吉野ケ里遺跡

B　(c)大宝律令を成立させた朝廷は，東北地方へもその支配をひろげようとしました。これに抵抗《ていこう》した人々を，朝廷は（　1　）と呼びました。朝廷は724年に現在の宮城県に多賀城を築き，政治・軍事の中心にしましたが，その後も（　1　）の抵抗が続きました。9世紀の初め，坂上田村麻呂が（　1　）の族長阿弖流為《あてるい》らを降伏《こうふく》させ，支配の中心地として現在の岩手県に胆沢《いさわ》城を築きました。

問3　下線部（c）について，大宝律令にもとづく制度の説明としてまちがっているものを次の中から1つ選び，記号で答えなさい。

ア．天皇を中心とした地方制度が整い，全国に国・郡・里が設置された。

イ．公地公民を原則として，全国規模の戸籍《こせき》がつくられた。

ウ．6歳以上の男女に口分田が支給され，死んだら朝廷に返すことにした。

エ．調や庸を都まで運ぶ役目は馬借と呼ばれ，成人男性の義務だった。

問4　文中の空らん（1）に最もふさわしい語句を，漢字で答えなさい。

C　朝廷の力が弱まってくると，東北地方では安倍氏や清原氏のような豪族《ごうぞく》の力が強まり，ほぼ独立した勢力をもつようになりました。朝廷は源頼義をつかわし，清原氏にも協力させて，安倍氏をほろぼしました。その後20年ほどして，今度は清原氏の中で争いがおき，源義家を味方につけた清原清衡が勝利しました。(d)清衡はこれを機に藤原氏を名乗り，平泉を中心に約100年にわたり，なかば独立した勢力をもったのです。

問5　下線部（d）について，この出来事とほぼ同じ頃におきた出来事を，次の中から1つ選び，記号で答えなさい。

ア．菅原道真の意見がとりいれられて，遣唐使が中止された。

イ．藤原道長が，天皇の母方の祖父となって，政治の実権をにぎった。

ウ．摂関政治は終わりをむかえ，白河上皇が院政を始めた。

エ．源頼朝が平家打倒の兵をおこしたが，初戦は石橋山で大敗した。

D　(e)全国の武士が2つの朝廷のどちらかに味方をして争っていたころ，東北地方でも有力な武将が戦いをくり広げ，当時の東北の統治機関の長である「奥州（　2　）」を名乗る武将が4人も並び立つ事態となりました。奥州（　2　）の職名は後に奥州探題に変わり，最終的に争いを制した斯波《しば》（大崎）氏が，代々この役職につくようになりました。

　いっぽうこのころはアイヌとの交易が増えてきた時期で，北海道と日本海側の海運を結ぶ港として，現在の青森県西部の（　3　）が全盛期をむかえました。

問6　下線部（e）について，この時代の出来事の説明として最もふさわしいものを次の中から1つ選び，記号で答えなさい。

ア．守護の権限がしだいに強くなり，後に守護大名と呼ばれるようになった。

イ．明と国交を回復して勘合貿易が始まり，銅銭や生糸，陶磁器《とうじき》などが輸入された。

ウ．出雲阿国という女性が始めた歌舞伎踊りや浄瑠璃《じょうるり》など舞台《ぶたい》芸能が流行した。

エ．商人たちによる自治が行われてきた堺が，有力な武将の直轄地《ちょっかつち》とされた。

問7　文中の空らん（2）には，当時将軍を補佐した役職と同じ役職名が入ります。その役職名として最もふさわしいものを次の中から１つ選び，記号で答えなさい。

ア．管領　イ．執権　ウ．所司代　エ．太政大臣

問８　文中の空らん（３）にあてはまる港の名前として最もふさわしいものを次の中から１つ選び，記号で答えなさい。

ア．大輪田泊　イ．出島　ウ．十三湊　エ．松前

問９　カードＣとＤに書かれている時代の間に，世界でおこった出来事を説明として最もふさわしいものを次の中から１つ選び，記号で答えなさい。

ア．イギリスで産業革命が始まり，世界最大の帝国《ていこく》となった。

イ．ユーラシア大陸の６割もの広さを統一する，モンゴル帝国が登場した。

ウ．アメリカでは，リンカーン大統領が奴隷《どれい》の解放を宣言した。

エ．琉球王国が成立し，中国と周辺国との間をむすぶ貿易を始めた。

Ｅ　山形県酒田の本間家は，「本間様には及びもせぬが，せめてなりたや殿《との》様に」とうたわれるほどの財力をほこった日本最大級の地主でした。

もとは商人だった本間家は，西まわり航路の交易で利益をあげ，米の売買や（ｆ）東北の諸大名にお金を貸し付けた利益をもとに，土地を買い集めていったのです。

いっぽうで，最上川の水の利用や庄内藩の藩政改革にも功績をあげ，（ｇ）ききんの際に領民を保護する仕組みもつくりました。（ｈ）戊辰戦争がおこると，旧幕府側についた庄内藩は本間家から大量のお金を借りて武器を買い集め，領内に新政府軍が侵入《しんにゅう》することを許さず，最後まで抵抗しました。本間家は新政府側から賠償《ばいしょう》金の支払いを求められました。

問10　下線部（ｆ）について，諸藩と同じく商人からの借金に苦しんだ幕府は，旗本や御家人の借金を帳消しにする法令を出しました。この法令として最もふさわしいものを，次から１つ選び，記号で答えなさい。

ア．上知令　イ．棄捐《きえん》令　ウ．定免《じょうめん》法　エ．人返しの法

問11　下線部（ｇ）について，江戸時代のききんについての説明としてまちがっているものを次の中から１つ選び，記号で答えなさい。

ア．江戸時代を通じて，年貢率は一定で，ききんの年でも変わらなかった。

イ．天明のききんのさなか，田沼意次は老中をやめさせられた。

ウ．松平定信は，各大名にききんに備えて米をたくわえさせる，囲い米の制をしいた。

エ．大塩平八郎が，天保のききんで困っている人を救おうとして，乱をおこした。

問12　下線部（ｈ）について，この戦争が始まるまでに起きた次の出来事を，年代の古い順に並べ替え，記号で答えなさい。

ア．王政復古の大号令　イ．薩英戦争　ウ．薩長同盟の成立　エ．大政奉還

問13　カードＥで書かれている本間家は，その後所有する耕地のほとんどを手放すことになりました。そのきっかけとなった出来事を，次から１つ選び，記号で答えなさい。

ア．1873年からの地租改正

イ．1946年からのGHQによる改革

ウ．1991年からのバブル崩壊《ほうかい》

エ．2008年からのリーマンショック

F　福島県は(i)自由民権運動がさかんな地域で，自由党の活動がとくに活発でした。1882年,「自由党撲滅《ぼくめつ》」を公言する薩摩出身の三島通庸《みちつね》が福島県の(j)県令になると，大規模な道路建設を開始し，強制的に農民を工事に動員しました。それまで三島は，山形各地の県令をつとめ，産業育成や道路建設などの開発事業で成果をあげてきた人でした。

三島は福島県議会の反対意見を聞かず，工事への動員を拒否《きょひ》した農民から代わりにお金を徴収したり，反対する者を逮捕《たいほ》したりしました。逮捕された者の釈放《しゃくほう》を求める農民が警察署を取り囲む事件がおきたのを機に，三島は福島の自由党員約2000人をいっせいに逮捕しました。このような形で(k)民権運動に対する政府の弾圧《だんあつ》が強まる中，経済の悪化も重なると，自由党員の中には，三島の暗殺をくわだてた加波山《かばさん》事件や困窮《こんきゅう》する農民を集めた秩父《ちちぶ》事件のように，武力での戦いを選ぶ者も現れるようになり，運動の統制をとることができなくなっていきました。

問14　下線部（i）について，自由民権運動の活動家たちは，自分たちで憲法の私案を多数作成しました。次の資料のうち，自由党の植木枝盛がつくった憲法案として最もふさわしいものを1つ選び，記号で答えなさい。なお，資料は現代の言葉づかいになおしています。

[資料]

ア．　第3条　天皇は神聖なもので侵《おか》してはならない
　　　第4条　天皇は国の元首であって，国の統治権をもつ
　　　第29条　臣民※は，法律の範囲《はんい》内で言論，集会，結社の自由をもつ
　　　　※君主が支配する国民のこと

イ．　一．政治は広く会議を開き，みんなの意見を聞いて決めよう
　　　一．これまでの悪いしきたりを改めよう
　　　一．知識を世界に学び，国を栄えさせよう

ウ．　第42条　日本人民は法律上において平等とする
　　　第49条　日本人民は思想の自由をもつ
　　　第54条　日本人民は自由に集会する権利をもつ

問15　下線部（j）について，県令というのは現在の県知事にあたる役職ですが，カードの文にあるように，三島県令は県民の意見をあまり聞きませんでした。これは当時の県令と現代の県知事では，選び方に違いがあったことが1つの原因と考えられますが，その説明となる囲みの文章の空らんに最も ふさわしい言葉を，次の中から1つ選び，記号で答えなさい。

> 当時は，現代の県知事の選び方とは異なり，県令になる人を，
> 実質的に［　　　］が選んでいたから

ア．軍部　　イ．県議会　　ウ．政府　　エ．有権者

問16　下線部（k）について，次のページの資料は，フランス人ビゴーが1880年代に横浜の居留地※で発行していた『トバエ』という漫画《まんが》雑誌で発表した絵で，手前では警察官が新聞記者たちの言論を取りしまっています。

右上の窓の外からピエロの姿をしたビゴーがその様子を見ていますが，これは政府が，言論弾圧に批判的な『トバエ』を危険だとみなしながら，取りしまることが難しかったことを示してい

ると考えられます。

なぜ政府が，ビゴーが発行する『トバエ』を取りしまることが難しかったのか，30字以上40字以内で説明しなさい。

※開港場に設けられた，外国人の居住や商売の認められた場所

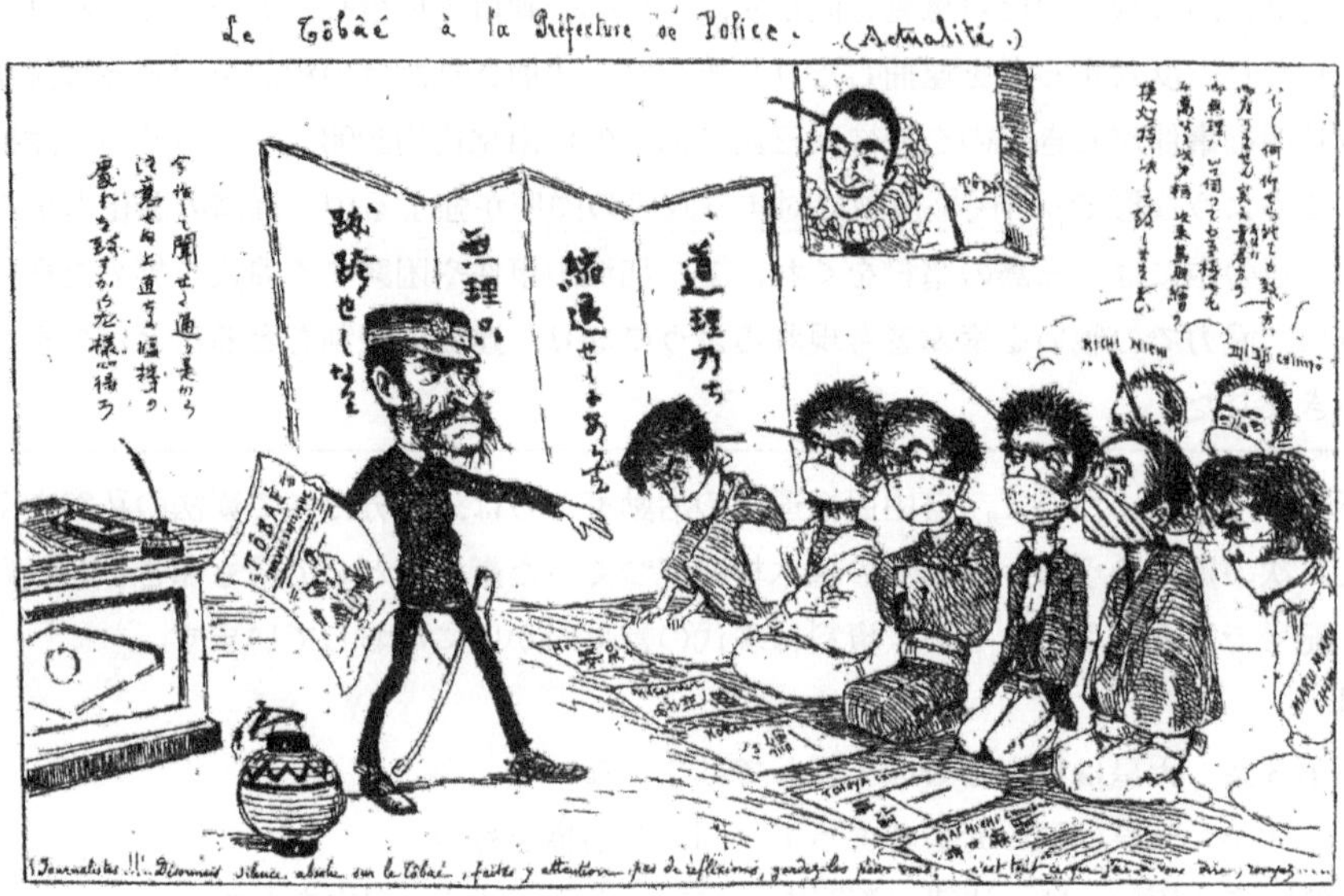


〈1888年ビゴー画。岩波書店『ビゴー素描コレクション2』より〉

> G　ニューヨークでの株価大暴落をきっかけに，アメリカと経済的なつながりが深かった国々は，急激な不景気に巻きこまれていきました。
>
> 日本でも(1)アメリカ向け工業製品の輸出が減ったため，企業が多数倒産《とうさん》し農家も大きな打撃《だげき》を受けました。東北地方や北海道の農村では，借金を返すために娘を売ったり，学校に弁当をもって来られない「欠食児童」が増えるなどの社会問題が深刻になりました。

問17　下線部（1）について，当時日本からアメリカに最も多く輸出されていた製品を次から1つ選び，記号で答えなさい。

ア．生糸　　イ．機械類　　ウ．船舶《せんぱく》　　エ．鉄鋼製品

問18　カードGに書かれた出来事は，右の年表中のどの時期におきたことですか。

年表中から最もふさわしい時期を1つ選び，記号で答えなさい。

| |
|---|
| 船成金が登場した |
| 〈　ア　〉 |
| 米騒動がおきた |
| 〈　イ　〉 |
| 関東大震災がおきた |
| 〈　ウ　〉 |
| 二・二六事件がおきた |
| 〈　エ　〉 |
| 盧溝橋事件がおきた |

H　男鹿半島の付け根にある八郎潟は，かつて琵琶湖に次いで日本で２番目に大きい湖でした。まだ戦争の記憶《きおく》が生々しく残り，食料不足の解決が課題だった1957年，農地の造成を目的に八郎潟の干拓事業が始まり，1964年に大潟村が発足しました。

大潟村は，大規模機械化農業のモデル農村として計画されましたが，営農開始から間もない1970年，政府は減反政策を行うようになりました。大潟村の農家も，農地の半分を畑作物にかえることを求められましたが，水はけが悪い干拓地は畑作に向かず，思うように収穫《しゅうかく》があがらないため，減反に従わない農家もでてきました。経営に行きづまって自ら命を絶つ人も出てくる中，1983年から一部の農家が，国や農協を通さずに直接消費者にコメを売ることを始めました。しかしこれは，当時は（　４　）で認められていなかったため，村民の間でも意見が分かれ，厳しい対立がおきました。1995年に（　４　）は廃止《はいし》され，また2009年以降は加工用のコメとして生産すれば減反したとみなされるようになったため，この対立は次第に解消されていったと言われています。

問19　文中の年号を参考に，大潟村の干拓事業が始まってから減反政策が始まるまでの時期に起こった出来事として，まちがっているものを次の中から１つ選び，記号で答えなさい。

ア．岸内閣が，日米安全保障条約の改定をすすめた。

イ．池田内閣が国民所得倍増計画をすすめ，東京オリンピックを開催《かいさい》した。

ウ．四日市ぜんそくや水俣病などに対する，四大公害病裁判がおこされた。

エ．佐藤内閣のもと沖縄県が日本に復帰し，同じ年に田中内閣が日中国交回復を実現した。

問20　文中の空らん（４）に最もふさわしいものを，次の中から１つ選び記号で答えなさい。

ア．自主流通米制度　　イ．農業者年金制度

ウ．食糧管理制度　　エ．食料品配給制度

【３】 次の文を読んで，あとの問いに答えなさい。

「(a)人権」という言葉から，みなさんはどのような印象を受けるでしょうか。「とても大切なもの」と思う人もいるでしょうし，「なんだかかたくるしくて難しいもの」と思う人もいるでしょう。なかには，「自分には関係ないもの」と思う人もいるかもしれません。

「人権」とは，人間が生まれながらにしてもっている，生命・(b)自由・平等などに関する権利のことを言います。難しいものではなく，みなさんにとって，身近で大切なものです。そういった人権がおびやかされることもあります。

現実の社会では，(c)子どもたちが自分ではどうすることもできない理由で苦しんでいたり，(d)女性だから，高齢だから，障害があるから，(e)外国人だからということで差別を受けることもあります。また，(f)新型コロナウイルス感染症《かんせんしょう》の拡大にともなった人権問題も発生しています。

私たちは，どうしてこのようなことが起きてしまうのか，そして，どうすればこのようなことをなくすことができるのかを考えていかなければなりません。

問１　下線部（ａ）について，日本国憲法第11条では，「侵《おか》すことのできない □ の権利」として基本的人権が国民一人ひとりに保障されています。空らんにあてはまる最もふさわしい語句を漢字２字で答えなさい。

問２　下線部（ｂ）について，以下の４つの選択肢《せんたくし》を分類した時に，１つだけ種類の異なるものがあります。その選択肢として正しいものを１つ選び，記号で答えなさい。

ア．政治や生き方について，どんな考え方をもっていても法律では罰《ばっ》せられない。

イ．犯罪をおかして逮捕《たいほ》されるときなどをのぞけば，行動を不当に制限されない。

ウ．大学で研究したり，その成果を発表したりすることをさまたげられることはない。

エ．どんな宗教を信じていても法律では罰せられない。

問３　下線部（ｃ）について，子どもにも人権が保障されており，一人の人間として尊重されます。1989年，国際連合総会で「子どもの権利条約」が採択されました。この条約の草案の作成に大きな役割をはたし，また，開発途上国の子どもや，戦争・内戦で被害《ひがい》を受けている国の子どもを支援する活動を行っている国際連合の機関として正しいものを次の中から１つ選び，記号で答えなさい。

ア．ＩＬＯ《アイエルオー》　イ．ＩＭＦ《アイエムエフ》　ウ．UNESCO《ユネスコ》　エ．UNICEF《ユニセフ》

問４　下線部（ｄ）について，下の問いに答えなさい。

①　戦前の日本において，女性には参政権が認められないなど，女性の地位は低いものでした。そのようななかで，平塚雷鳥らが女性だけの手による雑誌を発行しました。その雑誌の名前として正しいものを次の中から１つ選び，記号で答えなさい。

ア．青鞜　イ．ホトトギス　ウ．学問のすゝめ　エ．浮雲

②　戦後に制定された日本国憲法には男女平等の理念が記されています。また，1985年に法律が制定され，職業上のあつかいにおいて男女の差別をなくすことが求められました。この法律の名前を解答用紙に合うように漢字８字で答えなさい。

問５　下線部（ｅ）について，近年，特定の国の出身者であること，またはその子孫であることを理由に，日本社会から追い出そうとしたり危害を加えようとしたりするなどの一方的な内容の言動が問題となっています。これらは，一般に「ヘイトスピーチ」と呼ばれています。下の文章は「ヘイトスピーチ」に関連するものです。文中の空らんにあてはまる最もふさわしい語句を，次のページの語群中から１つずつ選び，記号で答えなさい。

一般に，（　１　）行為を制限する場合には，憲法第21条１項《こう》が保障する（　１　）の自由との関係が問題になります。最高裁判所が（　１　）の自由は民主主義社会において特に重要な権利として尊重されなければならないと示しているように，（　１　）の自由は数ある人権の中でも特に重要な権利であり，たやすく制限されてはならないものです。しかし，最高裁判所が憲法第21条１項も，（　１　）の自由を絶対無制限に保障したものではなく，（　２　）のため必要かつ合理的な制限を認めるものであるとも示しているように，どのような（　１　）行為でも常に許されるというものではありません。

（中略）

（　１　）の自由が保障されているからといって，ヘイトスピーチが許されるとか，制限を受けない，ということにはなりません。（　１　）の自由を保障している憲法は，その第13条前段で「すべて国民は，（　３　）として尊重される。」とも定めています。自分とは違《ちが》う特徴《とくちょう》をもつ人を排除するような言動は，全ての人々が（　３　）として尊重される社会にはふさわしくありません。ヘイトスピーチは，あってはならないのです。

（法務省ホームページ「ヘイトスピーチに関する裁判例」を出題者が読みやすいように直しています）

〈語群〉

ア．良心　　イ．個人　　ウ．表現　　エ．象徴

オ．法律の範囲内　　カ．公共の福祉　　キ．法の下の平等

問6　下線部（ｆ）について，下の問いに答えなさい。

①　伝染病の予防から保健事業の指導，さらに人口問題の研究も行っており，新型コロナウイルス感染症の世界的流行に関しても調査・研究・発信を行っている国際連合の機関があります。この機関の名前を大文字アルファベット３字で答えなさい。

②　新型コロナウイルス感染症に関連した文としてまちがっているものを次の中から１つ選び，記号で答えなさい。

ア．世界中に感染症が拡大する中で，低所得国と高所得国との間の，新型コロナワクチンの供給における格差が拡大している。

イ．グテーレス国連事務総長は，各国で外出制限や自宅待機などの感染拡大の防止対策が取られる中，女性の人権侵害を批判するメッセージを出した。

ウ．日本では法務省が，感染者や医療関係者に対する人権侵害をなくすよう呼びかけた。

エ．日本では感染症の拡大にともなう経済・社会の混乱から生活に苦しむ人が増え，憲法に記されている緊急《きんきゅう》事態宣言が発出された。

問八　次の会話を読み、あとの各問いに答えなさい。

**やしお**　この物語は「夜明けをつれてくる犬」というタイトルだけれども、主人公の少女・美咲にとっての「夜明け」という意味になるのかな。

**ゆきこ**　24ページ・7行目の「わたしは、自分の口で、自分の言葉で伝えたいと、今、強く思っていた」というところに、「夜明け」の意味が表れているんじゃないかな。

**やしお**　だとするとやっぱり、施設で会ったマーブルもようの犬が自分と重なったことが、きっかけになったと言えそうだね。

**ゆきこ**　そうね。心の中では［　(1)　］ところや、困難を乗り越えて、それでも前に進んでいこうとしているところに、共通点があったね。

**やしお**　それとマーブルもようの犬には、死んじゃったレオンにも重なるところがあったような。

**ゆきこ**　［　(2)　］がするところが同じだったじゃない。

**やしお**　そうだった。なにか亡くしたものを思い出させるって泣けてくる。泣けるといえば、おにいちゃんがいいんだよね。

**ゆきこ**　そうそう、美咲が「強く思っていた」というようになれたのも、おにいちゃんのおかげだね。そして、お父さんとお母さんの言葉にも、二人の子どもを包みこむ温かさを感じたな。私たちの周りにも日頃見えないやさしさがたくさんあるのかもしれない。

**やしお**　本当だね。「夜明け」はもうすぐだ。

(1)　空らん［(1)］にあてはまる内容を三十五字以内で考えて答えなさい。

(2)　空らん［(2)］にあてはまる表現を本文中から八字でぬき出して答えなさい。

**三**　次の――線部について、カタカナは漢字になおし、漢字は読みをひらがなで答えなさい。なお、漢字はていねいにはっきりと書くこと。

①投票日をコクジする。

②ユウセン順位を考えよう。

③英語を日本語にツウヤクする。

④上下に積み重なったチソウが見られる。

⑤有名人のシンペンを守る。

⑥感動を胸にキザむ。

⑦ユウシキシャ会議が開かれる。

⑧ぼくはクダモノがすきだ。

⑨寺院を再興する。

⑩有名な投手が登板した。

ている。

ウ　今まで聞いたことのない音が目の前の犬から発せられていることに動揺《どうよう》し、この状況《じょうきょう》をどうとらえれば良いかわからなくなっている。

エ　今まで聞いたことのない音が目の前の犬から発せられていることに病気をうたがい、何でも知っている村田さんにくわしい説明を求めている。

問四　――線部④「わたしの内側にあるなにかに、ぽっと小さな火がともったような気がした」とありますが、なぜですか。最もふさわしいものを選び、記号で答えなさい。

ア　自分には困難に打ち勝つだけの力があると村田さんが認めてくれて勇気づけられたから。

イ　マーブルもようの犬も自分も困難さからぬけ出そうとしていることに気づかされたから。

ウ　犬も今は悲しみに暮れているが、自分のように今後は幸運に恵《めぐ》まれると信じられたから。

エ　前の飼い主以外の人間に心を開かないマーブルもようの犬に自分のすがたを重ねたから。

問五　空らん⑤にあてはまる表現として、最もふさわしいものを選び、記号で答えなさい。

ア　悲しみからぬけ出したいという気持ちを捨てたわけではなかった。

イ　レオンをうしなった悲しみを忘れたことは一日たりともなかった。

ウ　わたしが悲しんでいる姿をレオンもどこかで見ているかもしれない。

エ　わたしの家族はレオンを忘れてはならないとほかの犬を遠ざける。

問六　――線部⑥「生まれてはじめて犬にふれるみたいにドキドキしていた」とありますが、「わたし」は犬にふれるのがはじめてではないのに、なぜ「生まれてはじめて犬にふれるみたい」だと感じたのですか。最もふさわしいものを選び、記号で答えなさい。

ア　生まれてはじめてだれかに必要とされたと思い、その期待に応えようと心が高鳴ったから。

イ　レオン以外の犬に触れたことは全くなく、はじめて他の犬に触ることに心配しているから。

ウ　自分に似ている犬が恐怖のあまり威嚇してくるのではないかと内心不安がっていたから。

エ　目の前にいる犬とレオンのように心を通じ合わせることができるのか緊張《きんちょう》していたから。

問七　――線部⑦「おにいちゃんはくちびるをとがらせ、ぶすっとした顔をしていた」とありますが、結局このような態度をとった兄の本心の説明として最もふさわしいものを選び、記号で答えなさい。

ア　黙《だま》っている美咲にあてつけるつもりで言ったのに、両親が美咲をかばったので悔《くや》しがっている。

イ　美咲が自分では何も言わないくせに考えを察してほしいという態度を取ることにいらだっている。

ウ　両親が自分ではなく、美咲の味方ばかりしていることに納得がいかず、おこっている。

エ　美咲が自分の思いを言葉にするのを待たず、先回りしてしまう両親に不満を抱《いだ》いている。

おにいちゃん、わたしが自分の意見を口にするのを、ずっとまってくれているんだ。

それに、さっきの言葉。犬はみんないい子。それは、レオンが教えてくれたことって言ってたことも、わたしはとてもうれしかった。

ありがとう、おにいちゃん。

でも、心のなかでいくら「ありがとう」と言ったって、それは相手に見える形で表現しないと伝わらない。

紙に書いて伝えるという方法もあるけれど、わたしは、自分の口で、自分の言葉で伝えたいと、今、強く思っていた。

おにいちゃんだけじゃなく、お父さんとお母さんにも。

さっき、おにいちゃんが話したあとで、お父さんとお母さんが話すのも聞こえたのだ。

「翔、おまえ、いろいろ考えてくれてたんだな。おれに言われなくたって、翔はやさしい兄貴だったな。すっかり忘れてたよ」

「美咲はだいじょうぶよ。だって、今までだっていろんなこと乗り越えてきたじゃない。だから、きっといつか、話せる日が来るってお母さんは思ってる」

「そうだな。もしかしたら、今度うちにむかえる犬がいいきっかけをくれるかもしれないぞ」

お父さんとお母さんがそんなことを考えていることも、わたしはちっとも知らなかった。

わたしには、レオンのほかにも味方がいてくれたんだ。

（吉田桃子『夜明けをつれてくる犬』より・一部改）

問一　二か所の空らん ① （25ページ、28ページ）に共通してあてはまるものとして、最もふさわしいものを選び、記号で答えなさい。

ア　やつした　イ　ていした　ウ　ちぢめた　エ　こがした

問二　――線部②「そうだったんだ……」とありますが、どのようなことを理解したのですか。最もふさわしいものを選び、記号で答えなさい。

ア　マーブルもようの犬も他の犬も、捨てられたり虐待されたりした過去があるものの、みな心の中ではだいじょうぶだという気持ちを持っていること。

イ　マーブルもようの犬だけが心を開かず自分のことを伝えてこないのは、飼い主に捨てられて声が思うように出なくなってしまったからだということ。

ウ　マーブルもようの犬をはじめ犬たちはみな人間との接し方がわからなくなっているので、なでようとしてもすべての犬がおびえて近づかないこと。

エ　マーブルもようの犬がおく病になっているのは、ひどい目にあわされた人間に対してどうしたらよいかわからず困わくしているからだということ。

問三　――線部③「とまどいをかくせず、おろおろしている」とありますが、その説明として最もふさわしいものを選び、記号で答えなさい。

ア　今まで聞いたことのない音が目の前の犬から発せられていることに恐怖し、何はともあれこの場から早く逃げ出したいと思っている。

イ　今まで聞いたことのない音が目の前の犬から発せられていることに驚《おどろ》き、このような状態の犬は飼えないのではないかと不安を感じわたしは、だまったまま首を横にふっていた。

言わなくちゃ。

わたしは、マーブルもようの、あの、こわれた掃除機みたいに鳴く犬にもう一度会いたいって。

飼いたいかと聞かれると、それはまだよくわからない。でも、わたしは、またあの子に会いたいと思っていた。だけど、このままじゃ、おにいちゃんが欲しいという白い犬をうちにむかえることになってしまう。そうなったら、わたしはあの子に二度と会えなくなる。

自分の口で、自分の言葉で伝えなきゃ、相手にはなにもわかってもらえない。

それなのに、わたしののどの見えないビー玉がそれをじゃまする。

「もしかして」

口を開いたのは、お父さんだった。

「美咲は、ほかに気になる犬を見つけたんじゃないかい？　そうなんだろう」

お父さんの言葉に、わたしは一生懸命《いっしょうけんめい》うなずいていた。

「ああ、そういえば美咲、村田さんといっしょに黒っぽい犬をなでていたでしょう」

今度はお母さんが言って、わたしはまたうなずいた。

「翔《しょう》、ここは妹の意見を尊重してやったらどうだい？　やさしい兄貴としてさ」

⑦<u>おにいちゃんはくちびるをとがらせ、ぶすっとした顔をしていたけれ</u>ど、少し考えて「わかったよ」と言った。

お父さんが、さっそく保護施設《しせつ》に電話をかけてくれて、あの犬はうちにやってくることになった。

お風呂《ふろ》からあがり、水を飲みに台所に行こうとしたときだった。リビングからおにいちゃんが話す声が聞こえ、わたしはドキンとして身を［①］。

「父さんも母さんもだめじゃんか」

おにいちゃんが言って、お母さんが「なにがだめなの」と笑っている。

「さっきのだよ。わからなかった？　おれ、美咲に自分の口でしゃべってほしくて、わざと言ったんだよ。白い犬が欲しいって」

おにいちゃんは話をつづける。

「おれだって、美咲があの黒っぽい犬が気になってるってわかってたよ。いつまでもレオン、レオンってレオンにしがみついてた美咲がほかの犬に興味を持つなんてはじめてだろ。だから、これは、美咲が自分の意見を言えるようになるチャンスだって思ったんだよ。おれ、新しい犬が飼えるなら、犬種とか見た目なんてどうたっていいんだから！　だって、犬はみんないい子に決まってる。レオンがいたからわかるよ」

わたしは息を止めて、なるべく自分の気配を消すようにして、そっとその場からはなれた。

自分の部屋に行って、ドアを閉めて、わたしは、ふーっと息をはいた。

そのとたん、なみだがほおを、すーっとつたっていった。

おにいちゃん、ごめんね。

おにいちゃんって、いじわる。わたしの気持ちなんか、ぜんぜんわかっていないくせに。今まで、ずっとそう思っていた。だけど、ちがったんだ。

背中にふれた手をそっと前後に動かすと、マーブルもようの子は、気持ちよさそうに目をほそめた。手の動きを止めると、もっとなでてよ、とさいそくするように、わたしに体ごとおしつけてくる。その様子を見ていた村田さんは、「安心してあまえてるみたいですね」と、くすっと笑った。

レオンもこうやって、近よってきたり、ときには、床《ゆか》にコロンと寝《ね》そべって「もっとなでて!」と言っているみたいにおなかを見せてきた。

そんなとき、わたしはレオンに必要とされていることが、とてもうれしかった。ただ、体をなでるだけでも、わたしは、ここにいてよかったな、と思えた。

きみも、わたしを必要としてくれているの?

わたしは、マーブルもようの子に心のなかで話しかけた。

なんにも言わない黒い瞳が、わたしをじっと見返してくる。そのとき、わたしは、この子を、もっと知りたいと思った。

〔中略〕

夕ごはんの時間に、お父さんが言った。

「今日、会った犬たち、みんないい子だったな」

おにいちゃんが「うん」とうなずく。

「おれ、やっぱり、あの白い犬がいいな。かしこそうだし、ちょっとオオカミっぽくてかっこよかった」

お母さんが言う。

「ああ、あの犬ね。目がきれいだった」

「うん、あの犬良かったな」

お父さんも言って、わたしは、持っていたはしを食卓《しょくたく》の上に置いた。

どうしよう。

このままじゃ、今度うちで飼う犬は、おにいちゃんが気に入ったという白い犬に決まってしまいそうだ。

そのとき、

「美咲はどうなんだよ」

おにいちゃんが言って、わたしの心臓がドキンとはねた。

「………」

わたしは、うつむき、自分の太ももをじっとみつめていた。

今日、会った犬のなかでわたしが選ぶとしたら……。

考えてみる。

それは、一匹《ぴき》しかいない。

わたしの、頭のなかにひろがる芝生《しばふ》。

そこでかけまわっている一匹の犬。

それは……。

「なにも言わないってことは、おれが決めた白い犬でいいってことだよね。美咲、そうなんだろ」

おにいちゃんはそう言って、次にお父さんに話しかけた。

「父さん、美咲もいいって」

つぎの瞬間、わたしはとつぜん立ち上がっていた。

ガタン!

そのひょうしにイスがたおれ、大きな音がする。

「なんだよ、美咲」

おにいちゃんが、じっとこちらを見る。

「………」

にもわかった。

せいたい、というのは「声帯」だ。声を出すための器官のこと。

「前の飼い主に、山奥《やまおく》に捨てられてね。太い縄で木につながれてたんです。ぼくはここにいるよって、ずっと鳴きつづけて……。そのときに、のどがつぶれて声が思うとおりに出なくなっちゃって……」

村田さんが言った。

声が……。

この子が、ほかの犬とちがって積極的になれないわけが、わたしにはよくわかった。

「でも、健康上はなにも問題ありませんよ。食欲も、体力も、ばっちり」

村田さんは、マーブルもようの子の背中をなでながら話をつづける。

「犬には、たいへんなことがあっても、困難を乗り越《こ》えて、それでも前に進んでいこうとするパワーがそなわっているんです」

④わたしの内側にあるなにかに、ぽっと小さな火がともったような気がした。

また、わたしと同じだと思ったのだ。

わたしだって、そうなんだ。

わたしも、レオンをうしなってから、悲しくてしかたない。

お父さんや、お母さんや、おにいちゃんは、もう次に飼《か》う犬のことを考えているというのに、わたしだけ、レオンが死んでしまってから時間を止められてしまったみたいになっている。

それでも、［　⑤　］

だって、心のどこかでは思うのだ。

もし、レオンが空の上の天国にいて、そこからこっちを見ていたら、こんなわたしにうんざりしているだろうなって。

そのとき、ふわりとお日さまのにおいが鼻をかすめた。

レオンのにおい!?

はっとして視線をずらすと、マーブルもようの子が、しゃがんでいるわたしに体をよせていたのでびっくりした。

お日さまのにおいは、この子だったんだ。

「あら！」

村田さんがうれしそうな声をあげた。

「この子、美咲ちゃんのことを気に入ったみたい！　この子から近づくなんて、はじめて！」

村田さんは、わたしに向かって、さらにつづけた。

「よかった。人間に心を開こうとしてるんだわ。ここに来たばかりのときは、サークルのすみでうずくまって、さわろうとしただけで威嚇《いかく》していたのに。よかったら、背中をなでてあげてください」

わたしが？

わたしは、マーブルもようの子に向かって、そっと手をのばした。

⑥生まれてはじめて犬にふれるみたいにドキドキしていた。

ゆび先に犬の毛がふれる。

あ、かたいな、と思った。

ふわふわでやわらかかった、たんぽぽの綿毛みたいなレオンの毛とは、まったくちがう。それでも、そのまま、毛に自分の手をしずめていく。

マーブルもようの子が持つあたたかさが、わたしの手のひらにしみわたっていく。

マーブルもようの子だけは、まだすみっこにいる。

わたしみたいだ。

そう思った。

あの子だって、ほんとうはなにか伝えたいことがあるのかもしれない。だけど、うまくできなくて、それでも、心のなかはいろんな気持ちでいっぱいなのかもしれない。

わたしみたいに。

足にまとわりついてくる犬たちをなだめながら、わたしは、あの犬へ向かって一歩、一歩、進んでいく。近づくと、オスだとわかった。

もう少しで手が届く。そのくらい近づいたとき、マーブルもようの子がびくっと身を［　①　］のがわかった。わたしは、とっさに手を引っこめてしまう。

きらわれたのかな。わたし、こわがられている？

そのとき、さっきの村田さんが、また声をかけてきた。

「ここにいる犬たちは、みんな、人間に捨てられたり、虐待《ぎゃくたい》されているのを保護した子たちなんです。だから、なかには、この子のように、どうやって人間に接したらいいかわからない子もいるんですよ。だいじょうぶ。こわがっているんじゃなくて、どうしたらいいかわからないだけ」

さらに、村田さんは「なでるより先に、まずは、だいじょうぶだよっていう気持ちを伝えてあげましょう」と言った。

②そうだったんだ……。

わたしは、目の前にいるマーブルもようの子に、心のなかで話しかけた。

だいじょうぶだよ。

わたしは、あなたをぜったいにいじめたりしない。

だって、人間は犬と話せるんだよ。たとえ言葉が話せなくても。

わたしとレオンは、いつも、こうやって心でおしゃべりしていたのだから。

わたしをみつめるマーブルもようの子の瞳《ひとみ》が、きらっとかがやく。次の瞬間《しゅんかん》、

ばふっ。

えっ？

とつぜん、聞こえてきた音に、わたしの心臓がドキンとはねた。

なんの音だろう。

それは、今まで聞いたことのない音だった。たとえるなら、ゴーゴー音をたててごみをすいこむ掃除機《そうじき》がこわれてしまい、どこからか空気がもれ出しているような音。だけど、わたしは、こわれた掃除機の音を聞いたことがない。とっさに頭にうかんだイメージがそうだっただけだ。

また聞こえてきた。

ばふっ、ばふっ。

音の正体に、わたしはびっくりした。

こわれた掃除機みたいな音は、目の前にいるマーブルもようの犬の鳴き声だった。

これが犬の鳴き声だよ、と言われて信じるひとがいるだろうか。

③とまどいをかくせず、おろおろしているわたしに村田さんが言った。

「実は、この子、せいたいがきずついているんです」

村田さんが自分ののどのあたりをゆびさしながら言ったので、わたし

オ　自分の／カ　行動の／キ　役に／ク　立って／
ケ　くれなければ／コ　意味が／サ　ありません。

問七　――線部⑥「とてもよいレストランを作ろうと思ったら、たくさん学ぶべきことがある」とありますが、なぜですか。三十五字以上四十五字以内で説明しなさい。

問八　――線部⑦「それ」とありますが、「それ」が指す内容として最もふさわしいものを選び、記号で答えなさい。

ア　子どもがすでに持っている学ぶ意欲を増加させ、同時に経済的事情により生じる教育の質の差をうめるような経験。

イ　具体的に何をすれば将来の仕事に役立つかという見通しを持たせながら、各家庭での体験の差を減らすような経験。

ウ　各家庭の経験に差はあっても学校では平等に体験をさせ、その中で「できた」という成功体験を積めるような経験。

エ　子どもが主体的に取り組むことができて、なおかつそれぞれが育った環境による経験の差を少なくするような経験。

問九　――線部⑧「政治的な」とありますが、それはどういうことですか。最もふさわしいものを選び、記号で答えなさい。

ア　立場の違う人が集まれば一方的に損害が生じることがあるが、ごまかして集団の秩序を保つということ。

イ　方向性の異なる人が集まる場において生じる利害の対立を、双方が受け入れられるよう調整するということ。

ウ　多くの人がいるなかで一部の人だけが利益を得たときに、うまく分配することで集団の利益を守ること。

エ　多種多様の人が集まる集団という場において、個人のためだけに集団を犠牲《ぎせい》にすることはないということ。

問十　――線部⑨「一歩前に進んだ考えに立」つとありますが、それはどういうことですか。その内容として最もふさわしいものを選び、記号で答えなさい。

ア　社会の慣習や法律に違和感《いわかん》を覚えたときなどに、自分よりも後の時代を生きる人のために声を上げ、よりよい社会を築こうとする姿勢。

イ　この世界をより楽しくして、苦しみを取り除くために、一人ひとりが前向きな気持ちで学び続けることが必要であるという共通認識。

ウ　大人になった自分が就職し、働いていくためには、そのために必要な知識やスキルだけを厳選して習い覚えた方がよいという方針。

エ　自分の利益に直接関係する知識やスキルだけにとらわれず、日常の素朴な疑問などから新しい文化や産業が生まれるかもしれないという視点。

［二］　次の文章を読んで、あとの問いに答えなさい。

わたしがサークルに入ったのを見た犬たちが、トコトコとこっちへ向かって歩いてくる。

〝ぼくとあそぼうよ〟

〝いいえ、わたしと〟

犬たちの声が聞こえてきそうだ。

みんな、それぞれに自分のことをめいっぱい伝えてくるのに、あの

求めることが人間らしい生活へとつながるから。

エ　人間は生きる上で根本的に文化を必要としており、それを求めることが人間らしい生活へとつながるから。

問二　――線部②「文化と文明の両面を持っている」とありますが、その例として最もふさわしいものを選び、記号で答えなさい。

ア　電話は、はなれたところへ必要な情報をすぐに届けられるという文明の側面を持つものだが、おしゃべりを楽しむという文化の側面を持つものでもある。

イ　衣服は、着こなしやおしゃれをするという意味では文明と言えるものだが、外気や衝撃《しょうげき》から身を守る価値を作り出すという意味では文化とも言えるものである。

ウ　裁判は、世の中を公平に保ち人々に権利を与える文明に位置づけられる制度であるが、勝つことに喜びをもたらす文化に位置づけられるものである。

エ　映画は、苦しい現実を忘れさせてくれる文明にあたる活動であると同時に、鑑賞《かんしょう》して楽しむことができる文化にあたる活動でもある。

問三　四か所の空らん ③ に共通してあてはまる漢字二字の語を、本文中からぬき出して答えなさい。

問四　空らん a ～ c にあてはまる語の組み合わせとして最もふさわしいものを選び、記号で答えなさい。

ア　a　または　b　けれども　c　つまり

イ　a　もしくは　b　さて　c　たとえば

ウ　a　あるいは　b　では　c　そして

エ　a　それとも　b　したがって　c　なぜなら

問五　――線部④「二種類の動機」とありますが、それについて述べたものとして最もふさわしいものを選び、記号で答えなさい。

ア　世界はどうなっているのかという先人たちが残してくれた技術をうまく使おうとする動機がめばえることによって、自分も世界のなかで効力を持ち何かができるようになりたいという動機が生まれる。そして自分で何かをやったり他人の行動から学んだりして文明や文化を生み出す存在になっていく。

イ　自分で何かをやったり他人の行動から学んだりして文明や文化を知る経験によって、自分も何かができるようになりたいという動機が生まれる。そうしてはじめて世界がどうなっているかという知識を持とうとし、その知識を何かができるようにするためにうまく使おうとするようになる。

ウ　先人たちの築いた知識をもとに世界がどうなっているかを分かろうとする動機は、何かができるようになることにつながらなければ意味はない。そして何かができるようになりたいという行動の役に立つものだけが、文明や文化を共有するのに必要になる。

エ　何かができるようになりたいという動機がなければ、子どもの頃からの好奇心に近い知識を求める動機が湧いてくることはなくなってしまう。しかし知識を持つことではじめて、何かをやったりだれかが何かをやっているのを見たりして文化や文明を知るという経験も生まれる。

問六　――線部⑤「いくら～ありません」の一文の中で、「いくら」を受けている部分を選び、記号で答えなさい。

いくら／ア　先人の／イ　築いた／ウ　知識が／エ　あっても、／

校で学ぶべきは、職業のために必要な技術や知識、その準備となる常識だけではありません。

　たとえば、学校のクラスでは、将来につきたい職業は人さまざまでしょう。では、方向性の違う人が集まっても話し合える共通のテーマは何でしょうか。

　たとえば、みんなの住んでいる町の人口が減っているとしましょう。人口は、その町でどのような職についたとしても共通の問題です。あるいは、川の周りに堤防《ていぼう》を作ることになったけれど、魚が減ってしまうのではないかなど、自然環境に関する問題もみんなに共通しています。これらは、住んでいる人みんなの利害に関わるので、⑧政治的な問題ということができるでしょう。政治とは、異なった利益を調整して、集団の秩《ちつ》序《じょ》を作り出していく活動のことです。民主主義社会では、政治は言論の活動によって行われます。

　先ほど、「苦しみを取り除き、楽しみを増やすことは、探究する動機になる」と書きました。しかし、ある人の苦しみを減らしたり楽しみを増やすことは、ときには、その逆の効果を他の人に与えたりします。川で魚を釣《つ》ることを楽しみにしている人がいる一方で、あまりに多くの釣り人が来て、その地域の魚が減ってしまうと地域住民には不利益です。利害の対立をうまく解消することは政治の役割です。きちんとデータを出して、理由のしっかりした話し合いをして、双方《そうほう》が納得できる結論を導き出すのです。

　あるいは、同じ職業を目指すのでも、ただ就職するためのスキルや知識に関心を持つことから、⑨一歩前に進んだ考えに立って、探究してみましょう。たとえば、レストランについて考えてみましょう。そもそもレストランとは何でしょうか。自宅で食べるのではなく、外食する理由はなんでしょうか。レストランで食べたい料理とは何でしょう。レストランに人は何を求めているでしょうか。そして、美味しい料理とは何でしょうか。もっと根本的に、「食」とは人間にとって何なのでしょうか。こういうテーマなら、料理人になりたい、レストランを経営したいと思っているだけのテーマではありません。これらのテーマは、外食産業全体のテーマであり、だれでもが外食をしますので、だれにとってもテーマになります。

　それらは、ただ今ある仕事先で自分が働くというよりは、新しい産業や新しい文化を生み出す大きな発想のもとになるようなテーマだと言えるでしょう。探究の動機とそこから生まれてくるテーマは、日常生活を送るなかでの素朴《そぼく》な疑問から生まれてくるものです。

（河野哲也『問う方法・考える方法「探求型の学習」のために』より・一部改）

※1　興行…料金をとってもよおしものをすること。
※2　公衆衛生…社会の人々の健康。それを守るための活動。
※3　法規…法律上のきまり。

問一　――線部①「人間らしい生活を提供してくれます」とありますが、なぜですか。最もふさわしいものを選び、記号で答えなさい。

ア　人間にとって文化とは人とのつながりを意味しており、それを求めることが人間らしい生活へとつながるから。

イ　人間にとって笑うという文化行為が大切であり、それを求めることが人間らしい生活へとつながるから。

ウ　人間が生きていく中で不便を取り除くことが文化であり、それをは、「ケーキの作り方が知りたい」「自動車の運転ができるようになりたい」「うまくダンスが踊《おど》れるようになりたい」といったように、「ある行《こう》為《い》ができるようになりたい」という気持ちのことです。

[ C ] この何かができるようになりたいという気持ちは、「何かを達成して、自分が世界のなかで効力を持てる存在になりたいという気持ち」でもあります。自分を含《ふく》めただれかの苦しみを取り除《のぞ》きたいとか、だれかに楽しさを与えたいといった目的を持ち、そのために何かができるようになりたいというのが人間の学びへの動機になります。ごく単純に言えば、楽しいこと、面白いことをやりたい、そして嫌《いや》なことを避《さ》けたいという気持ちに素直になり、そのために何かがやりたいと思うことが動機づけとなるのです。

何かをうまく達成するためには、先人たちの残してくれた知識が役に立ちます。ひとつ目の「見取り図や地図のようなもの」がそれにあたります。逆に言えば、何かをできるようになりたい。それで苦しみを取り除いたり、楽しみを増やしたりしたい、そういう気持ちがなければ、知識を求める意欲が湧《わ》かないのです。⑤いくら先人の築いた知識があっても、自分の行動の役に立ってくれなければ意味がありません。

では、どうすれば、何かができるようになりたいと思うでしょうか。それは、まさに何かをやってみたり、あるいは、だれかが何かをやっているのを見たりして、それが苦しみを取り除き、楽しみを与えてくれているのを知る経験から生まれます。

たとえば、近所のレストランがとても素敵な料理を出してくれます。家族や友人と楽しく食事をすると、みんな仲がよくなります。そうなれば、こんな店をやってみたいと思うことでしょう。自分なりにやってみたい。ここをこうしたい。もっとうまくやってみたい。こういう気持ちが、私たちの中に生じてくるのは不思議ではありません。

自分の好きな料理を出そうとして、レストランを経営するには、どのような技術と知識が必要でしょうか。調理の技術だけで済むわけがありません。栄養学、※2公衆衛生、関連する※3法規、食品と流通の知識。これだけでもまだ全然足りません。オリジナルな商品がないと他店との競争に負けそうです。店の外見も内装も、清潔で、オシャレにしないといけません。そして、店《てん》舗《ぽ》を経営するには、経営学の知識が必要です。化学から美術、保険から人間関係の心理学まで、何でも関係してきます。一見すると、自分と縁遠《えんどお》いと思った知識も、お店を経営しようとすると全部関係してくることがわかります。⑥とてもよいレストランを作ろうと思ったら、たくさん学ぶべきことがあることに気づくでしょう。

このように具体的に何かができるようになりたいという意欲が、知識とスキルの必要性を理解させ、さらにそれを改良しようとする気持ちにつながります。探究の時間の根底を支えているのは、何かをしようとする意欲であり、動機です。これが、行為に関係する知識を得ようとする探究につながります。

教える側は、学ぶ側が意欲を持てるような経験をさせてあげなければなりません。現代の教育格差とは、子どもが家庭で与えられる経験の格差も大きく反映していると考えられます。学校は⑦それを補う必要があると思います。

さて、今取り上げたレストランの話は職業に直結してきますね。ある職業に関心を持って、それにつこうと努力するのは大切です。でも、学

【国　語】（五〇分）〈満点：一〇〇点〉

【注意】※字数制限のあるものは、句読点および記号も一字とする。

［一］次の文章を読んで、あとの問いに答えなさい。

人間の行う知的活動には二つの種類があるといってよいでしょう。ひとつは苦しみを減らす活動で、これを「文明」と呼ぶことにします。もうひとつは喜びをもたらす活動で、これを「文化」と呼びましょう。

医療《いりょう》は、ケガや病気を治療し、予防しようとするのですが、それは苦しみを減らそうとする努力です。水道事業も、渇《かわ》きの苦しみや汚《よご》れた水を飲むことの危険性、遠くまで水を汲《く》みにいかなければならない不便さをなくそうとするものです。交通ルールは、事故を防ぎ、安全でスムーズな道路の運行を作り出そうとしています。これらはなくてはならない必要なものを生み出すという意味で、文明だと言えるでしょう。

他方で、素敵な音楽を演奏する。美味《おい》しい料理を作る。楽しいお祭りやイベントを運営する。脚本《きゃくほん》を書いて、お芝居《しばい》を興行※1する。これらは人々に喜びを与えるものですから、文化と言えるでしょう。文化は、命の維持《いじ》を超《こ》えた価値を作り出し、①人間らしい生活を提供してくれます。

もちろん、全てのものが二つにかっちりと分類できるわけではありません。スポーツはやって楽しいものですが、同時に健康づくりや病気の予防にもなるでしょう。家屋は、人が雨露《あめつゆ》をしのいで休息と睡眠《すいみん》をとる場所ですが、外見や調度が美しく、心のゆとりを与えてくれるものにもなります。これらは、②文化と文明の両面を持っていると言えます。

しかし、［③］は不必要な贅沢《ぜいたく》品だと言うことはできません。私が、東日本大震災が起こった三カ月後くらいに被災《ひさい》地にお見舞《みま》いに行ったときのことです。まだ公共施設《しせつ》で寝泊《ねとま》りしている人たちが、お子さんから高齢者《こうれいしゃ》の方まで、小説や勉強になる本が読みたいと訴《うった》えていました。被災した人々は、まだまだ生活が厳しい中でも、必要な情報を知りたいからというだけでなく、［③］としての楽しみを得ようとして書物を探していたのです。小さな仮設図書館が開かれると、ひっきりなしにいろいろな年代の方が本を借りにきました。このときほど、人間は根源的に［③］を必要としているのだと実感したことはありません。［③］を求めるのは人間であることの証《あかし》です。

今、文化と文明という大きな枠組《わくぐ》みを述べましたが、探究型の授業のテーマとなるのは、このどちらか、［a］両方に関わっているはずです。つまり、苦しいことを減らそうとするのか、楽しいことを増やそうとするのか、あるいは、その両方を兼《か》ねたものかです。

探究型の授業を行うのに、一番大切なのは、学ぶ側か学ぼうとする意欲を持っているかどうかです。初等中等教育で行うべき最も大切な教育は、生徒に一生学ぼうとする動機づけを与えることです。これが蔑《ないがし》ろにされては学習が成り立たず、学習のないところには教育は存立しえません。

［b］、人はどういうことに学ぼうとする意欲を持つでしょうか。「知りたい」という気持ちには、大きく言って④二種類の動機があると思います。ひとつは、世界がどうなっているかが分かるような、一種の見取り図のようなもの、あるいは地図のようなものがほしいという願望です。これは子どもの頃からの好奇心《こうきしん》に近いものです。

もうひとつは、何かができるようになりたいという気持ちです。これ

MEMO

大切なことはメモしておこうネ！

# 2022年度

# 解答と解説

《2022年度の配点は解答欄に掲載してあります。》

## ＜算数解答＞

【1】 (1) 0.24 (2) 63 【2】 (1) 150m (2) 15540円 (3) 9通り

【3】 (1) 13% (2) 150g (3) 250g

【4】 (1) 1800人 (2) 6人 (3) 12か所

【5】 (1) ア 15 イ 24 (2) 時速42km (3) 24km

【6】 (1) 175.84$\text{cm}^3$ (2) 1：4 (3) 21.98$\text{cm}^3$

【7】 (1) 45個 (2) 19個 (3) 16個

○推定配点○

【1】,【2】 各4点×5 他 各5点×16 計100点

## ＜算数解説＞

### 【1】 (四則計算)

(1) (0.625－0.375)×(0.4＋0.56)＝0.25×0.96＝0.24

(2) □＝(0.8－2.022÷3)×500＝0.126×500＝63

### 重要 【2】 (植木算，数の性質，差集め算，割合と比，場合の数)

(1) 5×3＝15(m)につき，本数の差は15÷3－15÷5＝2(本) したがって，周の長さは15×(12＋8)÷2＝150(m)

(2) 定価で売った商品の利益…700×0.3＝210(円) 2割引きで売った商品の利益…700×(1.3×0.8－1)＝28(円) したがって，利益の合計は210×70＋28×(100－70)＝14700＋840＝15540(円)

(3) 各位の数の和が3の倍数になる場合…0と3，1と2，1と5，2と4，4と5 したがって，3の倍数になるのは1＋2×4＝9(通り)

### 重要 【3】 (割合と比)

図1

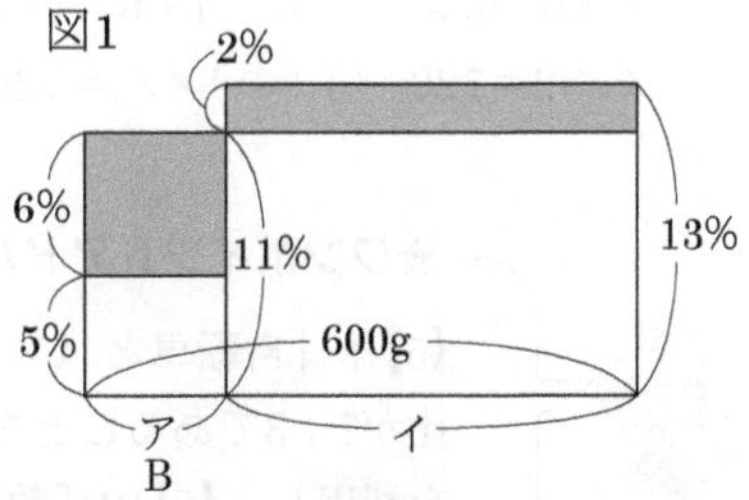


(1) (2×15＋1×9)÷(2＋1)＝13(%)

(2) (1)より，右図1において色がついた部分の面積が等しく，ア：イは(13－11)：(11－5)＝1：3 したがって，Bは600÷(1＋3)＝150(g)

図2

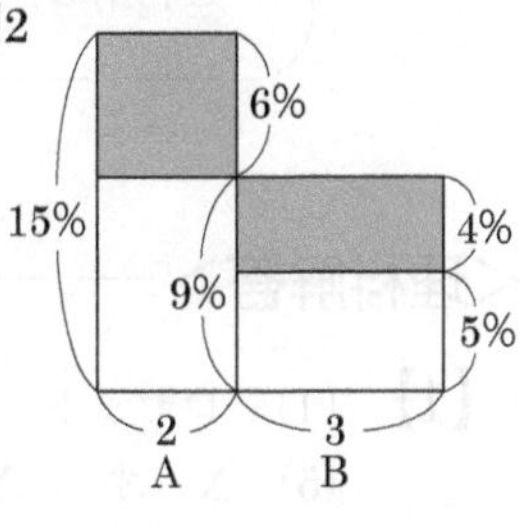


(3) 右図2より，9%の食塩水を作るにはAとBの重さの比が，(9－5)：(15－9)＝2：3になる。したがって，9%の食塩水は150÷3×(2＋3)＝250(g)

### 【4】 (割合と比，ニュートン算)

(1) 450＋27×50＝1800(人)

(2) (1)より，1800÷(6×50)＝6(人)

(3)　450÷11＝40(人)…10　　40＋27＝67(人)　(2)より，67÷6＝11…1　　したがって，ゲートの数は12か所

重要【5】 (速さの三公式と比，旅人算，グラフ，割合と比，単位の換算)

(1)　ア…グラフより，45－30＝15(分)　　イ…③は30÷(3＋7)×3＝9(分)であり，アより，15＋9＝24(分)

(2)　イより，バスの時速は16.8÷24×60＝42(km)

(3)　(2)より，自転車の時速は42÷7×3＝18(km)　したがって，AB間は(42＋18)÷60×24＝24(km)

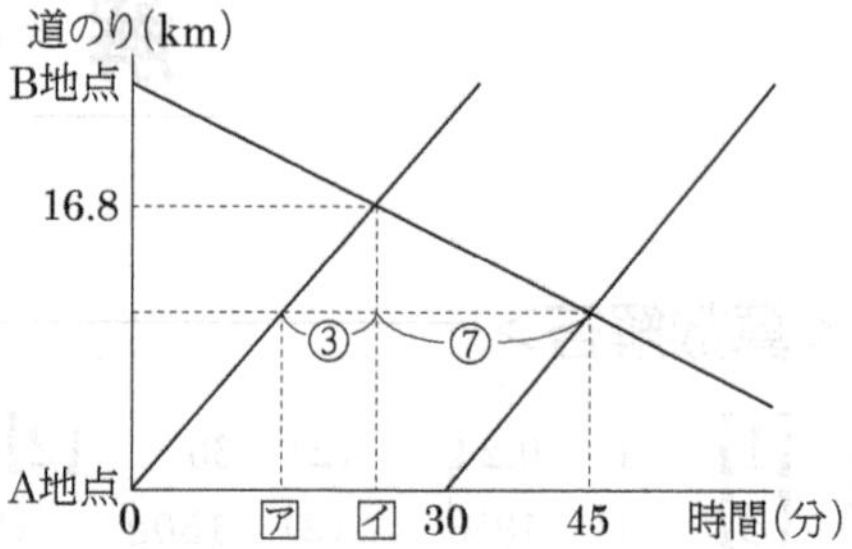


【6】 (平面図形，立体図形，図形や点の移動，相似，割合と比，速さの三公式と比)

基本　(1)　(4×4×12－2×2×6)÷3×3.14＝56×3.14＝175.84($cm^3$)

基本　(2)　(2×6)：(4×12)＝1：4

重要　(3)　Aが動いた距離…0.5×36＝18(cm)　　下図より，円錐Aと円錐イの相似比は2：1，体積比は8：1　　したがって，円錐台アの体積は2×2×3.14×6÷3÷8×(8－1)＝7×3.14＝21.98($cm^3$)

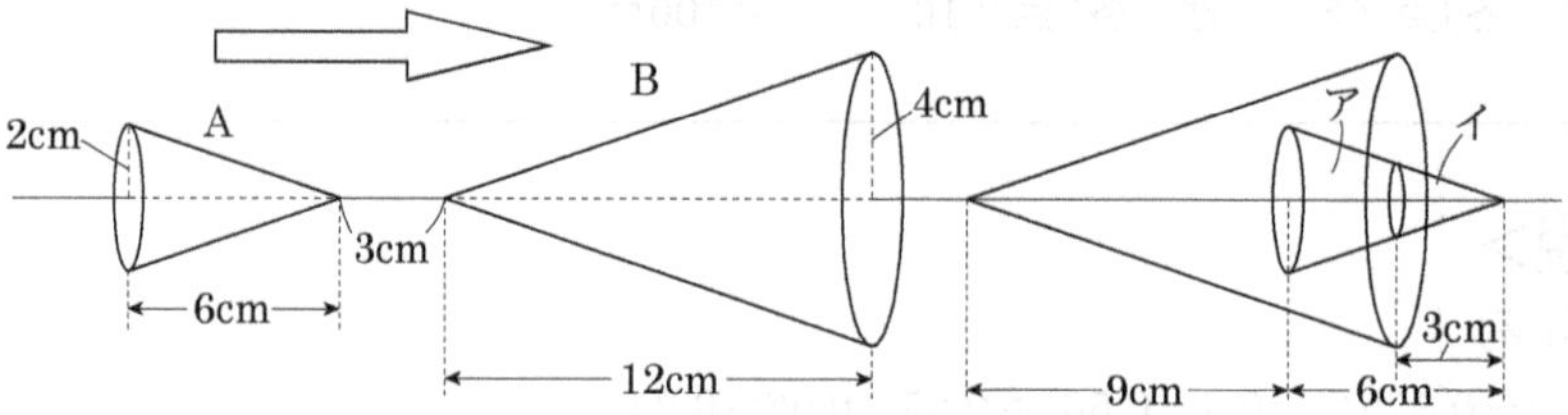


【7】 (平面図形，数列・規則性，植木算)

基本　(1)　(1＋9)×9÷2＝45(個)

やや難　(2)　1＋2＋～＋□＝(1＋□)×□÷2＝190より，(1＋□)×□＝190×2＝380＝20×19　したがって，1辺のご石は19個

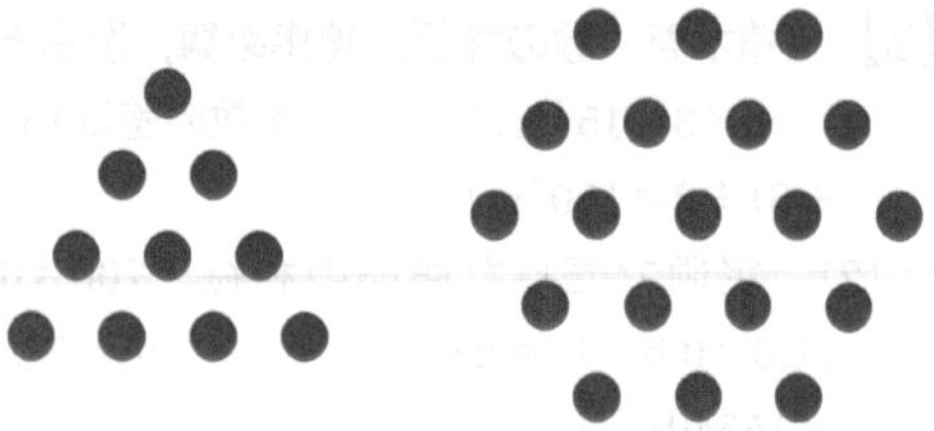

(3)　正六角形の場合，中心にある1個から，その周りに1×6＝6(個)，2×6＝12(個)，～と個数が順に増えていく。1＋6×(1＋2＋～＋△)＝1＋6×(1＋△)×△÷2＝721より，6×(1＋△)×△÷2＝720，(1＋△)×△＝720÷3＝240＝16×15　　したがって，1辺のご石は15＋1＝16(個)

★ワンポイントアドバイス★

【5】イ「自転車とバスが初めて出合う時刻」は，「バスの間隔が30分」であり速さの比が7：3であることを利用する。【6】(3)「重なった部分の体積」は「相似比と体積比」を利用し，【7】(2)「数列の和」はそれほど難しくはない。

## <理科解答>

【1】 (1)　ロゼット　　(2)　多年生植物[多年生草本]　　(3)　エ，ク　　(4)　イ，オ
(5)　X　オ　　Y　エ　　Z　イ　　(6)　(トンボ)　ヤゴ　　(モンシロチョウ)　アオム

シ[イモムシ]　(7)　A　エ　B　カ　C　ア

【2】　(1)　1.28万km　(2)　ウ　(3)　エ　(4)　ウ　(5)　ウ　(6)　エ
(7)　32.6°

【3】　(1)　ア　(2)　ウ　(3)　9.6g　(4)　4.7%　(5)　①　ホウ酸　②　50g
(6)　30.6g

【4】　(1)　②と⑦　(2)　③と⑤　(3)　オ　(4)　10.5秒　(5)　17.5秒

○推定配点○

【1】　各3点×7((3)～(7)各完答)　【2】　各3点×7　【3】　各3点×6((5)完答)
【4】　各4点×5((1)・(2)各完答)　計80点

## ＜理科解説＞

### 【1】　(生物－動物・植物)

基本　(1)　ナズナ・タンポポ・ヒメジョオンなどの越年草はロゼッタの状態で冬を越し，春から夏に結実し種子をつくる。

(2)　ススキやジャガイモのように地下に根やくきを残し，何年も開花を繰り返す植物を多年生植物(多年生草本)という。

基本　(3)　タイプ4は秋から冬にかけて葉の色が変化したあと葉を落とすイロハモミジ・サクラ・イチョウやポプラなどの落葉樹である。

(4)　一年中緑の葉をつけているのは，ツバキ・サザンカ・スギ・アオキなどの常緑樹である。

(5)　バッタはたまご，ミノガ・セミ・トンボはよう虫，モンシロチョウはさなぎのすがたで冬越しする。

基本　(6)　トンボのよう虫はヤゴ，モンシロチョウのよう虫はアオムシである。

(7)　木の枝にたまごのすがたはカマキリ，土の中でよう虫の状態はカブトムシ，親のすがたの状態はダンゴムシである。アゲハは木の幹や枝にさなぎ，ミツバチは巣の中に成虫，ヒキガエルは親のすがたで土の中で冬眠している。

### 【2】　(天体・気象・地形－地球と太陽・月)

基本　(1)　140万km÷109.3＝1.2808……より1.28万kmである。

重要　(2)　太陽は北半球では南に傾いて動くので影の先端は北側を移動する。よってCは北となり，Dは東となる。

(3)　影の先端の動きが直線状になるのは春分・秋分のときなので，9月22日があてはまる。

重要　(4)　山手学院は明石市より東にあるので，太陽が南中する時刻は早い。地球は4分で1度の速さで自転しているので，4分×(139.6－135)＝18.4(分)早く南北に引いた線に重なる。11時52分－18.4分＝11時33.6分となるので(ウ)があてはまる。

(5)　秋分の日の南中高度＝90°－北緯＝90°－35.4°＝54.6°より(ウ)となる。

(6)　日本で夏至の時，オーストラリアでは当時となるので日が短くなり，図では手前が西，奥側が東となるので(エ)が正解となる。

(7)　オーストラリアの冬至の南中高度＝90°－南緯－23.4°＝90°－34.0°－23.4°＝32.6°となる。

### 【3】　(物質と変化－水溶液の性質・ものの溶け方)

基本　(1)　食塩の結晶は立方体，(イ)はミョウバン，(ウ)はホウ酸の結晶の形である。

基本　(2)　ホウ酸水は酸性なのでBTB液は黄色になる。

(3)　表2より20℃の水にとける物質の量は水の体積に比例することがわかる。100gには4.9g溶けるので4倍の400gの水には4.9×4＝19.6(g)溶ける。ほう和水溶液にするにはあと19.6－10＝9.6(g)溶かせばよい。

(4)　水溶液の濃度(％)＝$\dfrac{\text{溶質の重さ}}{\text{溶質の重さ＋水の重さ}}\times100=\dfrac{19.6}{19.6+400}\times100=4.67$より4.7％となる。

重要　(5)　食塩は80℃の100gの水に38.0g溶けるので，100g：38.0g＝$x$：74.0gより$x$＝194.7gに水の量がなるとほう和水溶液になる。ホウ酸は80℃の100gの水に23.5g溶けるので，100g：23.5g＝$x$：47.0gより$x$＝200.0gに水の量がなるとほう和水溶液になる。よって，ホウ酸の方が先に溶け残りが出て，250－200＝50(g)の水を蒸発させたときである。

(6)　(5)では水は200gになっているので，40℃で200gの水にとけるそれぞれの量は，表1より食塩は36.3×2＝72.6(g)，ホウ酸は8.9×2＝17.8(g)である。はじめにとかした量から引くと74.0＋47.0－(72.6＋17.8)＝30.6(g)である。

**【4】　(力のはたらきー物体の運動)**

基本　(1)　「おもりの重さ」以外の条件が同じ2つは②と⑦が糸の長さ48cm，はなす角度45°で等しく，おもりの重さが30gと70gで異なる。

(2)　「糸の長さ」以外の条件が異なる2つは③と⑤がおもりの重さ50gではなす角度が30°で糸の長さが48cmと108cmで異なる。

(3)　実験②の条件では10往復で14.0秒なので1往復1.4秒なので，5.0秒では3往復して，地点Cから折り返す位置にいることがわかるので，(オ)となる。

重要　(4)　実験④は糸の長さが108cmから27cmで$\dfrac{1}{4}$になると10往復の時間は$\dfrac{1}{2}$になるので$21.0\times\dfrac{1}{2}=$10.5(秒)となる。

(5)　ふりこの長さは108cmと108－60＝48(cm)となり，それぞれの$\dfrac{1}{2}$の時間の和になる。$21.0\times\dfrac{1}{2}+14.0\times\dfrac{1}{2}=17.5$(秒)となる。

**★ワンポイントアドバイス★**

全体的に基本的な出題で初めて見るような問題はないと思われる。解いたことのある問題だと思っても問題文をしっかり読んで問題文の中にある数値や考え方のヒントを見逃さないようにすることが大切である。計算問題に関しては，類題をしっかり演習しておくことで正解を導ける。

## ＜社会解答＞

【1】　問1　イ　問2　①　カルデラ　②　ア　③　ア　問3　ウ
問4　①　(ア)　リマン(海流)　(イ)　日本(海流)　②　(特徴)　海岸線が入り組んでいること。　(理由)　波がおだやかな入り江となっているため。[水深が深いため。]
問5　①　(ア)　長良(川)　(イ)　木曽(川)　②　輪中　③　(役割)　長良川と揖斐川が合流し，増水しないようにすること。　問6　エ

【2】　問1　三内丸山(遺跡)　問2　イ　問3　エ　問4　蝦夷　問5　ウ　問6　ア
問7　ア　問8　ウ　問9　イ　問10　イ　問11　ア　問12　イ→ウ→エ→ア
問13　イ　問14　ウ　問15　ウ　問16　ビゴーはフランス人で日本はフランスの領事裁判権を認めていたから。　問17　ア　問18　ウ　問19　エ　問20　ウ

【3】　問1　永久　問2　イ　問3　エ　問4　①　ア　②　男女雇用機会均等(法)

問5 (1) ウ (2) カ (3) イ 問6 ① WHO ② エ

○推定配点○

【1】 問1・問2②・③・問3・問6 各1点×5 問4②・問5③ 各7点×3 他 各2点×6

【2】 問1・問4・問12 各2点×3 問16 7点 他 各1点×16

【3】 問1・問4②・問6① 各2点×3 他 各1点×7 計80点

## <社会解説>

### 【1】 (地理―日本の国土と自然，土地利用・資源，工業)

問1 本州の中央部には日本アルプスとよばれる飛驒山脈，木曽山脈，赤石山脈がそびえている。

問2 ① 阿蘇山の巨大なカルデラの中には水田や畑，牧草地や町が広がっている。 ② 太陽光発電用のパネルは，家や学校の屋根などさまざまな場所に設置できるので，その発電設備容量は，近年，急激に増加している。 ③ 地熱発電は，火山などの地下にある高温の熱水や水蒸気などを利用しているが，近年，住民の反対により，その発電設備容量は伸びていない。

問3 環境省は，環境保全・整備，公害の防止，原子力安全政策を所管する行政機関で，環境保全・整備との関連から国立公園も管理している。

問4 ① 日本列島を北上する暖流は，日本海側を北上する対馬海流，太平洋側を北上する日本海流(黒潮)がある。逆に南下してくる寒流は，日本海側を南下するリマン海流，太平洋側を南下する千島海流(親潮)がある。 ② ウ，エの地域は，小さな岬と湾がくり返すのこぎりの歯のような海岸でリアス海岸とよばれている。リアス海岸の湾の中は，波がおだやかで水深が深いことから港として使われている。

やや難 問5 長良川は，河口より少し手前で揖斐川と合流する。長良川と揖斐川の間にある土地は有名な輪中となっている。なお，長良川が河口手前で合流した揖斐川と木曽川の河口付近は三重県に属していることも地図帳で確認しておこう。

問6 京浜工業地帯から東京湾沿いを千葉県側にのびていく京葉工業地域は，化学工業の製品出荷額が多い。

### 【2】 (日本の歴史―縄文時代から平成時代)

基本 問1 三内丸山遺跡は，縄文時代の代表的な遺跡で，5500年ほど前から1500年以上続き，最大で500人が住んでいたといわれている。

問2 垂柳遺跡は，青森県南津軽郡田舎館村にある弥生時代中期の水田遺跡で，東北地方ではじめてみつかった弥生時代の水田跡として知られる。

問3 馬借は，室町時代の運送業者であり，エが誤りとなる。

問4 坂上田村麻呂は，蝦夷の指導者阿弖流為を和平交渉のために朝廷に連れて行った。しかし，朝廷は阿弖流為を処刑しようとしたので，田村麻呂は，朝廷に阿弖流為の命を助けるように強く頼んだが，聞き入れられなかった。

問5 奥州藤原氏が勢力を伸ばした時期には，藤原氏の摂関政治がおとろえ，かわって，上皇による院政が行われるようになっていた。

問6 下線部eは南北朝の動乱を示している。この動乱をきっかけとして，守護大名が台頭してきた。

基本 問7 室町幕府の将軍の補佐役として管領が置かれ，京都を支配し，御家人を統率する侍所の長官とともに，有力な守護が任命された。

問8 14世紀になって津軽(青森県)の十三湊に根拠地を置く豪族の安藤氏が，蝦夷地(北海道)にいるアイヌの人々と交易をおこなうようになった。

問9　C(平安時代)とD(室町時代)の間であるから，モンゴル帝国の登場が，その間の時期にあたる。

問10　棄捐令とは，江戸時代に財政難になった旗本や御家人を救うために出された法令のことである。旗本や御家人は，生活苦を補うために札差から借金をしていた。その札差に，債権放棄や債務繰延べを命令した，幕府による武士救済令である。

やや難　問11　検見法が，年々の豊凶を実際に収量検査を実施して，年貢量を決定するのに対して，定免法はあらかじめ年貢量を決めておき，三年あるいは五年という一定期間，限定の年貢量を徴収する。江戸時代には，この両方の方法が行われていた。

問12　イ：薩英戦争(1863年)→ウ：薩長同盟(1866年)→エ：大政奉還(1867年10月)→ア：王政復古の大号令(1867年12月)。

問13　戦後の農地改革により，地主が持つ小作地を政府が強制的に買い上げて，小作人に安く売り渡した。その結果，多くの自作農がうまれた。

重要　問14　植木枝盛起草の「東洋大日本国国権按」は，最も民主的な私擬憲法である。アは大日本帝国憲法，イは五箇条の御誓文である。

問15　当時の県令は，中央集権を確立するために，政府が派遣していた。

問16　当時のフランスは自由平等の民主主義思想も育っていて，フランス人のビゴーは明治政府の言論弾圧に対して批判的であった。その批判を込めたビゴの発行した『トバエ』(風刺漫画雑誌)を政府が取り締まれなかったのは，領事裁判権を不平等条約で認めていたので，外国人を取りしまっても日本に裁判権がなかったため，裁判は実現できないからである。

問17　この時代の日本の最大に輸出品は生糸である。

重要　問18　Gは1929年の世界恐慌をあらわしている。したがって，それは，関東大震災(1923年)と二・二六事件(1936年)の間に起きた。

問19　沖縄返還，日中国交回復は，ともに1972年であり，大潟村干拓事業の始まり(1957年)から減反政策の始まり(1970年)の間の時期には該当しない。

問20　食糧管理制度とは，主食である米などの食糧の価格や供給等を，政府が管理する制度をいう。1942年2月21日制定の食糧管理法に基づき創設された。同法は1995年に廃止された。

## 【3】 (政治ー憲法の原理・基本的人権，政治のしくみ，その他)

問1　憲法第11条では，「基本的人権の享有」と「永久の権利」を規定している。

問2　ア，ウ，エは精神の自由である。イのみが身体の自由となる。

問3　UNICEFは，国連児童基金の略称で，第二次世界大戦によって荒廃した国々の子どもたちに緊急の食料を与え，健康管理を行う目的で1946年に設立され，開発途上国の子どもや母親に長期の人道援助や開発援助を行ってきた。そして，緊急援助基金から開発機関へと発展した。今では，すべての子どもが持つ生存，保護，発展の権利を保護することを任務とする。

問4　①　雑誌『青鞜』を発行していた青鞜社は，平塚雷鳥が，女性差別からの解放をめざすため設立した文学団体である。『ホトトギス』は正岡子規の援助をもとに創刊された俳誌。『学問のすゝめ』は福沢諭吉が人間の平等と民主主義をわかりやすく説いたもの。『浮雲』は樋口一葉の作品。　②　女性差別をなくすために，1985年に男女雇用機会均等法が，1999年には，男女共同参画社会基本法が，それぞれ制定された。

問5　表現の自由は「公共の福祉」のみによって制限される。したがってヘイトスピーチは公共の福祉に反するのである。また，ヘイトスピーチは，憲法第13条で規定されている「個人の尊重」からしても許されることではない。

問6　WHO(世界保健機関)は新型コロナウィルス感染症予防に関する調査・研究・発信もおこ

なっている。日本において，発令された新型コロナウィルス感染症緊急事態宣言は，憲法に記されてはいないので，エは誤りとなる。

★ワンポイントアドバイス★

【1】問1　日本アルプスのすぐ東にはフォッサマグナがあり，日本列島は，ここを境に「く」の字逆にしたようになっている。【1】問4②　リアス海岸の湾では，貝やわかめの養殖などがさかんに行われている。

## ＜国語解答＞

一　問一　エ　　問二　ア　　問三　文化　　問四　ウ　　問五　イ　　問六　エ
問七　(例)　レストランを経営するには，技術だけでなく一見自分と縁遠いと思われる知識も必要だから。　問八　エ　　問九　イ　　問十　エ

二　問一　ウ　　問二　エ　　問三　ウ　　問四　イ　　問五　ア　　問六　エ　　問七　エ
問八　(1)　(例)　いろんな気持ちがいっぱいで，何か伝えたいことがあってもうまくできない(ところ)　　(2)　お日さまのにおい

三　①　告示　　②　優先　　③　通訳　　④　地層　　⑤　身辺　　⑥　刻(む)
⑦　有識者　　⑧　果物　　⑨　さいこう　　⑩　とうばん

○推定配点○

一　問四・問六　各2点×2　　問七　10点　　他　各4点×7
二　問一　2点　　問八(1)　8点　　他　各4点×7　　三　各2点×10　　計100点

## ＜国語解説＞

一　**(論説文－要旨・大意・細部の読み取り，指示語，接続語，空欄補充，文と文節，記述力)**

問一・問三　空らん③のある段落で，③は「不必要な贅沢品だと言うことはでき」ないと述べているので，③は「文化」である。この段落で，東日本大震災で被災した人々が，生活が厳しい中でも楽しみを得ようと書物を探していたことに，人間は根源的に「文化」を必要としているのだと実感したと述べていることから，文化のことである――線部①の理由として，エが適切。③のある段落内容を踏まえていない他の選択肢は不適切。

問二　――線部②前までで述べているように，「文化」は生活の不便さなどをなくすもの，「文明」は喜びを与えるものなので，「電話」を例に説明しているアが適切。イは文明と文化の説明が逆になっている。ウの「裁判」では「勝つ」ことも「負ける」こともあるので不適切。エは文化の説明だけになっている。

問四　空らんaは前後のどちらかという意味で「あるいは」があてはまる。空らんbは直前の内容を踏まえてあらためて問いかけているので「では」があてはまる。空らんcは直前の内容に続けてつけ加える内容が続いているので「そして」があてはまる。

やや難　問五　――線部④のある段落から続く9段落をまとめると，「何かができるようになりたい」という動機は「何かをやってみたり……だれかが何かをやっているのを見たりして，それが苦しみを取り除き(＝文明)，楽しみを与えてくれる(＝文化)のを知る経験から生まれ」る→世界がどうなっ

ているかという知識とスキルの必要性や改良しようとする気持ちにつながる，ということを述べているので，イが適切。「何かができるようになりたい」という動機と，「何かができるようになりたい」ために知識とスキルの必要性と改良しようとする動機を説明していない他の選択肢は不適切。

基本 問六　――線部⑤の「いくら」は後に「ても(でも)」をともなって量や程度のはなはだしいさまを表すのでエの「あっても」が受けている。

重要 問七　――線部⑥直前で述べているように，⑥の「学ぶべきこと」とは「調理の技術だけで」はなく「一見すると，自分と縁遠いと思った知識」のことなので，これらが必要であることを理由として，指定字数以内にまとめる。

問八　――線部⑦は「学ぶ側(＝子ども)が意欲を持てるよう」にし，「家庭で与えられる経験の格差」を補う経験のことなので，エが適切。アの「経済的事情により」は不適切。子どもが意欲を持って主体的に取り組むことを説明していないイ，ウも不適切。

問九　――線部⑧は「方向性の違う人が集まっても話し合える共通のテーマ」についての説明で，「異なった利益を調整して，集団の秩序を作り出していく」ことなので，イが適切。「異なった利益を調整して，集団の秩序を作り出していく」ことを説明していない他の選択肢は不適切。

重要 問十　――線部⑨後で⑨の説明として，たとえばレストランとは何かを考えることはだれにとってもテーマになるように，そうして考えることは，今ある仕事先で自分が働くというよりは，新しい産業や文化を生み出す大きな発想のもとになるようなテーマであり，日常の素朴な疑問から生まれてくるものである，と述べているので，エが適切。就職するためのスキルや知識のためだけでなく，日常の素朴な疑問から新しい産業や文化が生まれるようなものであることを説明していない他の選択肢は不適切。

**二　(小説－心情・情景・細部の読み取り，空欄補充，記述力)**

基本 問一　空らん①は恐ろしさや緊張のあまり，体が丸まって小さくなるさまを表すウが適切。アは本来の姿を変える，やせるほど思いこむこと。イはみずから進んで差し出すこと。エは心を悩ますこと。

問二　――線部②は，マーブルもようの子のような犬たちは人間に捨てられたり，虐待されていたため，どうやって人間に接したらいいかわからないだけという村田さんの話に対するものなので，エが適切。村田さんの話を踏まえていない他の選択肢は不適切。

問三　マーブルもようの犬の鳴き声が今まで聞いたことのない音だったためびっくりし，信じられなかったことで――線部③のようになっているので，ウが適切。信じられない鳴き声をどうとらえれば良いかわからなくっていることを説明していない他の選択肢は不適切。

問四　――線部④は，たいへんなことがあったマーブルもようの犬にも困難を乗り越えて前に進んでいこうとするパワーがそなわっている，という村田さんの話に自分も重ねていることを表しているので，イが適切。困難を乗り越えて前に進んでいこうとしているマーブルもようの犬に自分を重ねていることを説明していない他の選択肢は不適切。

重要 問五　空らん⑤は逆接の「それでも」に続いているので，「わたしだけ，レオンが死んでしまってから時間を止められてしまったみたいになっている」こととは相反する内容のアがあてはまる。

問六　――線部⑥は，「わたし」に心を開こうとしているマーブルもようの犬に，さらに近づいても大丈夫だろうかと緊張している様子を表しているので，緊張していることを説明しているエが適切。マーブルもようの犬とさらに親しくなれるか緊張していることを説明していない他の選択肢は不適切。

重要 問七　――線部⑦後で描かれているように，兄は美咲に自分の口でしゃべってほしくて，わざと白い犬が欲しいと言ったのに，両親が先に話し出してしまったことを注意しており，⑦はそのことを表情で表しているので，エが適切。両親に対する不満を説明していない他の選択肢は不適切。

やや難 問八 (1) 空らん(1)には，マーブルもようの犬との「共通点」が入るので，冒頭の場面で「わたし」がマーブルもようの犬に対して感じている「あの子だって，ほんとうはなにか伝えたいことがあるのかもしれない。だけど，うまくできなくて，それでも，心のなかはいろんな気持ちでいっぱいなのかもしれない」という心情を，指定字数以内にまとめる。

(2) 「そのとき，ふわりと……」で始まる場面で，マーブルもようの犬が「わたし」に体をよせてきたとき，レオンのにおいと同じ「お日さまのにおい(8字)」がしたことが描かれている。

重要 三 **(漢字の読み書き)**

①は一般に広く告げ知らせること。②は他のものより先にあつかうこと。③は異なる言語を話す人の間に立って，訳してそれぞれの相手に伝えること。④はある厚さと広がりをもった層状の岩体。⑤は身のまわり。⑥の音読みは「コク」。熟語は「深刻」など。⑦は広く物事を知っている人。⑧は熟字訓なので熟語として覚える。⑨はもう一度盛んにすること。⑩は投手として出場すること。

**★ワンポイントアドバイス★**

小説では，どういう出来事がきっかけで心情が変化しているかをしっかり読み取っていこう。

MEMO

大切なことはメモしておこうネ！

データ対応

収録から外れてしまった年度の
問題・解答解説・解答用紙を弊社ホームページで公開しております。
巻頭ページ＜収録内容＞下方のQRコードからアクセス可。

※都合によりホームページでの公開ができない内容については，
次ページ以降に収録しております。

ウ　こぼしさまのことを話すおばあさんの話しぶりがあまりに楽しそうで、あっけにとられていた。

エ　こぼしさまの話をするおばあさんに合わせながら、上手な聞き役になって大人びたふるまいをした。

問八　――線部⑦「もらったふきをむねにかかえ」とありますが、この文章中での「ふき」の役割を説明したものとして最もふさわしいものを選び、記号で答えなさい。

ア　山を思うおばあさんの心の表れであり、それを受《う》け継《つ》ぎ大切にしようとする「ぼく」の気持ちを象徴《しょうちょう》するもの。

イ　一人ではかかえきれない山の秘密を聞いてしまった「ぼく」の、気まずさや心の重さを具体的に表したもの。

ウ　おばあさんが先祖の代から管理してきた山をゆずり受け、「ぼく」が自分のものにしていくことを暗示するもの。

エ　トマトのおばあさんのそれまで知らなかった一面と、それを知った「ぼく」の成長とをたとえているもの。

問九　――線部⑧「あまり長い時間を、その小山ですごすようなことはしないようにした」とありますが、それはなぜですか。最もふさわしいものを選び、記号で答えなさい。

ア　「ぼく」が小山でこぼしさまに会えるかもしれないと気づいていることはだれにも知られていないはずで、わすれられない特別な場所になった小山は、あえて行かなくてもいつでも思い出せるようになったから。

イ　「ぼく」が手入れをして遊び場にしていた山は、おばあさんにとって先祖の代から管理してきた大事な場所で、これ以上山をあらされたくないという意図を、こぼしさまの話によって伝えられていると気づいたから。

ウ　「ぼく」にとってこぼしさまの話は、おばあさんと二人だけの秘密であり、他の人がこぼしさまを見つける前に自分がうまく探し出すことができれば、これ以上小山に興味を持って近づこうとする人はいなくなると思ったから。

エ　「ぼく」にとっても、おばあさんからこぼしさまの話を聞かされたことで、小山はよりたいせつな場所になり、むやみに立ち入り自然を乱したり騒《さわ》がしくしたりすれば、その存在をそこなってしまうことになる気がしたから。

三　次の――線部について、カタカナは漢字になおし、漢字は読みをひらがなで答えなさい。なお、漢字はていねいにはっきりと書くこと。

① センレンされた身のこなし。

② 走り終わった後、ほおをコウチョウさせていた。

③ 古い市役所のチョウシャを取りこわす。

④ クリスマスイブをセイヤともいう。

⑤ 武士は主君にチュウセイをちかう。

⑥ 地球は巨大なジシャクである。

⑦ 親コウコウはできる時にしておいたほうが良い。

⑧ ゲキヤクなので取りあつかいに注意する。

⑨ 世界には貧富の差の激しい国がある。

⑩ 群馬では養蚕業が盛んであった。

イ　おばあさんから、下処理のしかたを教わっただけでなくお土産にまで持たせてくれたふきを、家に帰ってからおいしく食べたことが、「ぼく」の中でいつまでも忘れられないものになっているということ。

ウ　おばあさんと一緒《いっしょ》にいずみの岸でふきを摘《つ》みながらこぼしさまの話をしたことが、まるで夢の中の出来事のように感じられ、ふきのにおいだけが現実のものとして「ぼく」の中に留められているということ。

エ　ふきを採集する際にお手伝いをしたり、その皮をむくおばあさんとならんで話を聞いたりしたことで、「ぼく」の中でおばあさんの話の記憶が身体的な感覚と一体となり強く残っているということ。

問三　＝＝線部③－A「鬼門山」、③－B「こっちの村」、③－C「むこうの村」の位置関係を、方位に注意して解答らんのマスの中に記号A～Cで書きこみなさい。

※一マスの中に、記号は一つまでしか入りません。

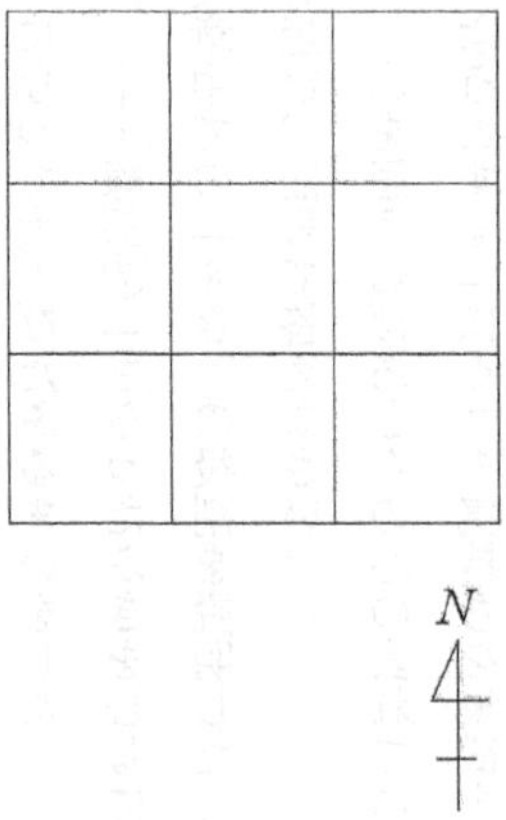


問四　――線部④「□のわるい」とありますが、「何か良くないことが起こりそうだ、不吉だ」という意味の表現になるように、空らんにあてはまる語をひらがな三字で補いなさい。ただし、本文中の空らんにはすべて同じことばが入ることとします。

問五　――線部⑤「ぼくはひざをのりだした」とありますが、なぜですか。最もふさわしいものを選び、記号で答えなさい。

ア　こぼしさまについてのおばあさんの的確な説明になるほどと思ったから。

イ　こぼしさまが、まだどんなまものなのか分からずに、おそれていたから。

ウ　こぼしさまの正体をおばあさんが知っていることにおどろいたから。

エ　こぼしさまの話に強く興味をもち、さらにくわしく知りたかったから。

問六　※でおばあさんが語ったこぼしさまの話として、ふさわしくないものを一つ選び、記号で答えなさい。

ア　ほとんど姿を現さないが、おもしろ半分に人と関わることがあった。

イ　村人と関わりをもつと山をあらす、おそろしい山の主であった。

ウ　動きがはやくいたずら好きだが、そそっかしくもあった。

エ　山に住み、わざわいをもたらすものから守ってくれた。

問七　――線部⑥「ぼくはため息をついた」とありますが、この時の「ぼく」の説明として最もふさわしいものを選び、記号で答えなさい。

ア　こぼしさまを見つけたいけれども、それがむずかしいと分かり、やる気がそがれてがっかりした。

イ　こぼしさまはもういないと思いながらも、おばあさんの魅力《みりょく》的な話に聞き入り、ひきこまれていた。

すようなことは、なるべくしないほうがいいだろうね。こぼしさまの話を知らない人が、びっくりするといけないから。」

「ぼく、いつでもひとりでくるんだ。」

「それならいいね。」

ぼくは安心した。⑦もらったふきをむねにかかえ、峠道をゆっくり考えながら歩いた。そして、あの小山は、どうしても自分のものにしなければならないと思った。


この話を、こんなことからきいておいて、ほんとうによかったと、いまでもつくづく思うことがある。その後も、トマトのおばあさんは、あいかわらず、ぼくの家へ野菜を売りにきた。だが、この小山で出あったことはない。

いつだったかこぼしさまのかっこうがよくわからなかったので、家にきたおばあさんを、追いかけていってきいたことがあった。

「そうだねえ。おばあさんも知らないねえ。ぼうやがすきなようにきめてごらん。」

おばあさんはそういってわらった。しかし、ぼくにはなかなかきめられなかった。小山へくるたびに、なんとなく、草の下や岩のかげを、のぞいてみたりした。

こうして、その小山はぼくにとって、ますますたいせつな、わすれられない場所になった。さいわい、ぼくがそんな場所を知っていることは、だれにも気がつかれなかった。ぼくのほうも用心するようになり、それまでのように、⑧あまり長い時間を、その小山ですごすようなことはしないようにした。

やがて、また暑い夏がやってきた。ぼくはもう、もちの木の皮もはがさなかった。こんなだいじな小山の木を、すこしでもきずつけるようなまねは、もったいなくてできなかったのだ。


（佐藤さとる『だれも知らない小さな国』より・一部改）

問一　――線部①－A「しょぼしょぼさせた」、①－B「めぼしい」、①－C「しなびた」とありますが、これらの語の本文中での意味として最もふさわしいものをそれぞれ選び、記号で答えなさい。

(A)「しょぼしょぼさせた」
ア　生気のないまなざしでみた　イ　なつかしそうに見まもった
ウ　状況《じょうきょう》が分からずまばたいた　エ　警かいしながらながめた

(B)「めぼしい」
ア　めったにないほど上等な
イ　とりわけおいしそうに映る
ウ　形が変わっていてめずらしい
エ　目についたものから手当たり次第に

(C)「しなびた」
ア　品がよく整った　イ　器用によく動く
ウ　年れいを感じさせる　エ　元気がなくおとろえた

問二　――線部②「だからぼくは、いまでもふきのにおいをかぐと、このときのことを思いうかべる」とありますが、どういうことですか。その説明として最もふさわしいものを選び、記号で答えなさい。
ア　一人で小山の手入れをしておばあさんにほめられたことと、お手伝いをしておばあさんの役に立てたことが、ふきを通したほこりや喜びとして、原風景のように「ぼく」の中にあり続けるということ。

たまに山の手入れをするのは、トマトのおばあさんの先祖だった。それは、おばあさんの家が、代々このあたりで一けんだけ大工をかねていたためだそうだ。ほこらの修理をするついでに、草かりをしたり、木の下えだをはらったりしたものらしい。

そして、長いあいだたった。いつのまにか、こぼしさまの話まで、すっかりわすれられていった。

ただ、〝近よってはならない、□のわるい山〟ということだけがのこった。こぼしさまは、こわい〝まもの〟にかわり、ほこらもなくなった。この山も、とうのむかしに村人の持ち山になっているということだが、いまでも、山の手入れはしないのだという。

「古い話だよ。おばあさんもわすれていたくらいだからね。さっきぼうやを見たとき、きゅうに思いだしたんだよ。ぼうやのことをこぼしさまの生まれかわりじゃないかと思って、びっくりしたのさ。だけど、こんな大きいこぼしさまはいないねえ。」

おばあさんは、たのしそうにそういってわらった。⑥ぼくはため息をついた。

「おもしろい話だねえ。」

おばあさんは静かにいった。

「そうかい。そんなにおもしろいかい。」

「こぼしさまって、ほんとにいたのかなあ。」

「さあ。」

と、おばあさんはだまっていた。だが、ぼくは、こぼしさまというおかしな人に、すっかりひきつけられていた。

「ねえ、おばあさん、そのこぼしさまっていう小人が、いまでもいたら、ずいぶんおもしろいだろうね。」

「そうだねえ、おもしろいだろうねえ。」

「ぼく、さがしてみようかな。」

「見つかりっこないよ。とてもすばしっこいんだから。」

それはそうかもしれない、と、そのときぼくは思った。ほんとうにいるなら、たったいまだって、どこかの草の下で、くすくすわらいながらきいているかもわからない。あの草あたりがあやしいな、と思うと、わらいをこらえているこぼしさまのようすが、目に見えるような気がした。といっても、ぼくはこの小さなこぼしさまが、いまでも生きているとは思わなかった。もしも生きていて、いまでもこの小山に住んでいるのなら、ずいぶんたのしいだろうと思っただけだ。そのくせ、ちょっとこわいような気もした。

（ぼくの小山はたいしたもんだ！）

おばあさんの、日にやけた顔を見あげながら、ぼくはそう考えた。いずみの水が、きらきらかがやいていた。ぼくは、おなかがすいているのもわすれて、じっとしていた。

おばあさんは、できあがったふきをそろえて、二つにわけた。その一つをふきの葉でつつみ、草でしばってくれた。

「もうお昼はすぎたようだね。ぼうやも早くお帰り。」

「うん。」

うけとりながら、ぼくはきいてみた。

「ぼく、ときどきここへ遊びにきてもしかられないかしら。」

「だいじょうぶ。人はめったにこないよ。だけど、おおぜいで山をあら

※

がたっていたという。

ところがこのこぼしさまは、いたずらが大すきだった。ときどき、とんでもないいたずらをひきおこしては、村人たちをわらわせたり、こまらせたりした。また、村であらそいごとがあると、たいていは、どちらもひどいめにあわされた。ときには、いっぽうだけがねらわれることもあった。そのときは、そのほうがわるいときまっていた。だいたいが、小さいうえに、目にもとまらないほどすばしこかったから、めったなことではすがたを見せなかった。それでも、ときどきは失敗したという。

あるとき村の人が石うすで豆をひいていると、一つぶずつ落としてやるあながふさがってしまった。豆を指でおしこむと、もりあがって出てきてしまう。はておかしいなと思って、石うすをはずしてみると、ひとりのふとったこぼしさまが、あなの中で顔をまっかにして、ふんばっていた。おもしろ半分に、このあなの中にはいってみたところが、からだがいっぱいで、出られなくなってしまったのだ。そこへ上から、ぎゅうぎゅう豆をおしこんだものだから、こぼしさまは必死になって、ふんばっていたわけだ。

村の人は、おかしさをこらえながら、はしの先でおしだしてやった。スッポン！と、音がしてぬけると、こぼしさまは、ぺこりと頭をさげて、たちまち、どこかへ見えなくなってしまったそうだ。

また、いなごとりの子どもに、つかまえられたこともある。

こぼしさまは、いなごの背にまたがって、ぴょんぴょんのりまわしていた。それがおもしろくて、むちゅうになっていたものだから、ついうっかり、いなごとりの子どもに、いなごといっしょにつかまってしまった。子どものほうはそれに気がついて、紙のふくろに入れると、しっかりにぎって家へとんで帰った。こぼしさまは、いなごがにげるといけないので、子どもが家へ帰って口をあけるまで、ふくろをやぶらずに、じっとしていたそうだ。そして、子どもがそっとのぞきこんだとき、とびだしていってしまった。

また、村のわかものが、この小山のわきの小川で（おそらく、段々岩のあたりだったのだろう）、うなぎの夜づりをした。すると、どこからか、にぎやかな歌声や、手びょうしの音がする。おやおや、どこかで、おめでたの集まりでもあったかな、と思っていると、やがて、上流から湯のみ茶わんが一つ、夜目《よめ》にも白く流れてきて、わかものの足もとにぴたりととまった。思わず手にとってみると、なんと、ぷうんとよい酒のにおいがする。底のほうに、さかずき三ばいほどの、酒がはいっていたのだ。そして、ピチャピチャと水音がして、この茶わんを運んできたらしいふたりのこぼしさまが、大急ぎでにげていったそうだ。

宴会《えんかい》の主は、もちろんこぼしさまで、たまたま近くにきていたわかものにも一口ふるまってくれたわけだった。

こんな話が、だれからともなくつたわって、村の人たちは、小山をあらさないように気をつけるようになった。

だから、そのころの小山は、二つの村のどちらにもはいっていなかった。こぼしさまのご領地として、だれも近よらないようにしていたのだ。

しかし、いつのころからか、こぼしさまは、すがたを見せなくなった。めいしんぶかい村人たちは、世の中がうるさくなったので、こぼしさまは小山にとじこもってしまったのだと思った。そして、小山へ近よってはいけないということを、ますますかたく守っていた。

おばあさんは、どっこいしょと、すわりなおした。

昼近い太陽は、やっと杉林の上から顔を見せた。この暗い三角平地にも、いっとき、明るい日光がさしこんでいた。ぼくは、ふきの葉をもてあそびながら、じっと耳をすませた。おばあさんは、せっせとふきの皮をむいていた。②だからぼくは、いまでもふきのにおいをかぐと、このときのことを思いうかべる。また、このときいた話を考えると、ふきのにおいをいっしょに思いだすこともある。

「ここは③—A鬼門山《きもんやま》という名まえがあってな。」

おばあさんは、この山についている名まえのことから話しはじめた。

「ぼうやは知らないだろうけれど、鬼門というのは、④□のわるい方角のことでね。ここでいえば、こっちのほうかな。東と北のあいだだから。」

そういって、がけのほうを指さした。

「反対の南と西のあいだを、裏鬼門といってね。やっぱり□がわるい方角なんだよ。ところが、この山は、むかしから二つの村のさかいめにあって、③—Bこっちの村からは鬼門にあたり、③—Cむこうの村からは裏鬼門にあたっているのさ。そんなことから、鬼門山というんだろうね。」

その説明をきいて、ぼくはちょっと不安になった。

「それじゃあ、ここは□がわるいの。」

「そういうね。この山には、まものがすんでいて、むやみにあらすとたたりがあるって。いまでもめったに人は近よらないよ。」

ぼくは、ぞくっとして思わずおばあさんにからだをすりよせた。しかしおばあさんは、にこにこしていた。

「こわがることはないよ。そのまものというのが、とてもおもしろいんだから。いまの人はまものの正体なんか、なにも知らないんだよ。」

「おばあさんは知ってるの。」

「知ってるとも。」

「どんなまもの。」

「それが、たしか〝こぼしさま〟といってな。小さい小さい人のことさ。」

「こぼしさま？」

「そう。起き上がり小法師というのがあるだろう。あの小法師という字を書くんだよ。このくらいの人ということなんだろうね。」

おばあさんは、指で大きさを説明しながらそういった。⑤ぼくはひざをのりだした。

「その小さな人はなあに。」

「まものさ。」

「それがわるいことをするの。」

「いやいや。ほんとはわるいことなんかしなかったんだよ。それどころか、むかしは二つの村をわるい神さまから守ってくれたらしいんだね。」

「ふうん。」

おばあさんは、そこで一息いれた。

大むかしから、この小山には、一寸法師のこぼしさまがたくさん住んでいた。そのために、わるい神さまも鬼門を通ることができなかった。この小山にへびがいないのも、そのころからこぼしさまが見つけしだいにたいじしたからで、へびのほうが近よらなくなったのだそうだ。だからむかしは、このいずみのわきに、こぼしさまをまつった小さなほこらな目つきで、ぼくをながめ、①-A目をしょぼしょぼさせた。

「ぼくだよ。おばあさん。」

　ぼくは、大いそぎでそういった。おばあさんは、そろそろと近づいてきて、ぼくの顔をのぞきこんだ。

「おやおや、ぼうやだったのかい。」

と、あたりを見まわした。

「ひとりで？」

　ぼくは、だまってうなずいた。

「ぼうやは、こんなところまで遊びにくるのかい。」

「ときどきくるよ。」

「えらいんだね。だけど、おばあさんはびっくりしたよ。だれもいないと思ったからね。」

　やっと安心したように、おばあさんはにこにこした。そして、ぼくが苦心して作った道や、きれいになっているいずみのまわりに気がついたようだった。

「友だちと、こしらえたのかい。」

「ぼくひとりで……。」

　もしかしたら、しかられるかもしれないと思って、ぼくは口ごもった。しかし、おばあさんはにこにこして、

「ほうほう、ひとりでね。」

と、ぎゃくにほめてくれた。ぼくはほっとした。

「この山は、おばあさんとこの山？」

「そうじゃないけどね。」

「おばあさんは、なにしにきたの。」

「ふきをとりにきたんだよ。この山のふきは、やわらかくておいしいのでね。毎年いまごろになると、とりにくることにしているんだよ。」

　そういいながら、トマトのおばあさんは、もうこしをまげて、①-Bめぼしいふきを、ぷつりぷつりととりはじめていた。ぼくは、ふきを食べることなど、考えつきもしなかったので、感心してしまった。さっそく、おばあさんの手つきをまねて、てつだいをはじめた。

　ふたりでとったおかげで、たちまち、おばあさんの持ってきたかごに、はいりきれないほどになった。

「こりゃたくさんできたね。すこしおかあさんに持っていっておくれ。いまきれいにしてあげるから。」

　トマトのおばあさんは、いずみの岸に、かわいた落ち葉をあつくしき、ぼくとならんでこしをおろした。
　①-Cしなびた手がじょうずにふきの皮をむくのを、ぼくは、横からだまって見ていた。
「さっき、おばあさんがびっくりしたのはね、わけがあるんだよ。」

と、おばあさんは、ふいにいった。

「ぼくがいたからだろ。」

「それはそうだけど、この山の古い話を思いだしたからだよ。」

「ふうん。どんな話。」

「おばあさんがね、ずっとむかしのころ、年よりからきいた話。」

　手を休めて、しばらく考えているようだった。

「とてもおかしな話だよ。」

「それ、話してくれる？」

「するともさ。」

授精によるものです。その結果、全体の50％近くが、わずか3、4頭の優秀《ゆうしゅう》な雄《おす》（兵庫県産）の子孫という驚《おどろ》くべき状況《じょうきょう》が生み出されています。有効な個体数でいうと実に20頭程度。人間に例えると、男女10組のペアの持つ遺伝的な多様性しかもっていないということになります。

かつて和牛は、体の大きさ、肉質など、産地ごとに特徴《とくちょう》を持っていました。しかし、牛肉の輸入自由化を機に、安い外国産の肉に対抗《たいこう》して、国産ではオイシサ、いわゆる霜降《しもふ》り肉の追求が徹底《てってい》されるようになりました。その結果、体はあまり大きくはありませんが、肉質の優れた兵庫県産のものに需要《じゅよう》が集中したのです。

（京都産業大学「テントウムシからトキまで生物の環境への適応について考える——希少動物の保護、増殖《ぞうしょく》は21世紀の課題——」https://www.kyoto-su.ac.jp/project/st/st03_05.html）

**やしお**　そうなんだ。知らなかったな。
**ゆきこ**　どうして和牛はこんなことになってしまったのかな？
**やしお**　生産者が［　　　　］せいかな。
**ゆきこ**　今はいいかもしれないけど、将来問題が起こるんじゃないかなあ。そうしたら、おいしい和牛が食べられなくなっちゃうんじゃ……。

(1)　空らんに当てはまる説明を、考えて書きなさい。
(2)　ゆきこさんが将来起こるのではないかと心配している問題は、どのようなものだと考えられますか。(1)の答えと本文（説明文）の内容をふまえて答えなさい。

二　次の文章を読んで、あとの問いに答えなさい。

この文章は、「ぼく」が小学校三年生の夏休みのできごとである。

そのころのある日曜日、ぼくは板きれをけずった手製のボートを持って、小山へいった。まだ昼前のことだ。

いずみの岸にひざまずき、ボートの走りぐあいをためすのに、むちゅうになっていた。ふと杉林《すぎばやし》の中に、人のけはいがするのに気がついて、ぼくは顔をあげた。だれかなかまがやってきたのかとびっくりしたが、おとなのせきばらいだった。その人は、だんだんこちらへ近づいてきた。

——この山の持ち主かな——。

にげだそうか、それともどこかにかくれようかと、ちょっととまどった。にげだすほどのわるいことは、していないつもりだったが、他人の山にかってにはいりこんで、道を作ったり、草をかったりしたのは、よくなかったかもしれない。こんな峠山《とうげやま》の近くでは、やはりどなりつけられるかもしれない。

とにかく、ボートをだいて、いつでもかけだせる用意をしていると、その人が、やぶの中から出てくるのが見えた。

ぼくのよく知っている、トマトのおばあさんの、しわくちゃな顔だった。

ずいぶん前からぼくの家へ、野菜を売りにくる人だ。このおばあさんの持ってくるトマトが、特別に上等で、いつもじまんにしていたので、ぼくはトマトのおばあさんとよんでいた。

ぼくのほうは、すっかり安心してしまったが、ぼくを見つけたおばあさんのほうは、びくっとして、立ちどまった。ふしぎなものを見るよう

問四　――線部④－A「多様」、④－B「進化」の対義語をそれぞれ漢字二字で答えなさい。

問五　空らん ⑤a 、 ⑤b 、 ⑤c 、 ⑤d にあてはまる語の組み合わせとして最もふさわしいものを選び、記号で答えなさい。

ア　a ところが　b そして　c ところが　d あるいは
イ　a 次第に　b あるいは　c 次第に　d つまり
ウ　a ところが　b こうして　c だから　d こうして
エ　a 次第に　b つまり　c もちろん　d つまり

問六　――線部⑥「しかし、それで人間に優劣がつくわけではありません」とありますが、このように述べることによって筆者はどのようなことを伝えていると考えられますか。最もふさわしいものを選び、記号で答えなさい。

ア　人間は管理を楽にするために、点数、記録や収入といった尺度にあてはめて他の人を見ることがあるが、もともと平等である人間に差をつけて評価するのは望ましくないということ。
イ　人間が他の人より優れた結果を残したときに、優れているかどうかの「ものさし」以外にもあるたくさんの価値にしたがって、その結果が高く評価されるべきであるということ。
ウ　人間にはそれぞれに個性があり、良い記録や高い評価をつけること自体は悪くないが、もっと生物の原則である違いを認めようという方向に変わっていかなければならないということ。
エ　人間は「ものさし」で測ることに慣れてしまうと、その楽な状態からぬけ出せなくなるため、「ものさし」に頼らずに人間の本当の価値を測れるようになっていくことが大切だということ。

問七　⑦にある二か所の空らんにあてはまる表現としてふさわしいものを二つ選び、記号で答えなさい。

ア「高い収入を得られるように他人から評価されるようにしなさい」
イ「勉強ができるからといって社会で通用するとは限らないんだ」
ウ「どうしてみんなと同じような仕事しかできないんだ」
エ「みんなと同じようにしっかり仕事をしなさい」
オ「自分が納得できるような仕事をするべきだ」
カ「他人とは違うアイデアを思いつきなさい」

問八　次の文が入る最もふさわしい場所を、文章中の［ア］～［エ］から選び記号で答えなさい。

> そして、ばらつきがあることを許せなくなってしまうのです。

問九　本文の内容に関連した次のやりとりを読んで、あとの問いに答えなさい。

**やしお**　「違い」を大切にすることが大事だという筆者の主張は、面白かったね。
**ゆきこ**　そうだね。でも、「はずれ者」がいなくなっちゃうことはないのかな?
**やしお**　筆者はそうはならないと説明しているけど……。
**ゆきこ**　こんな記事をネットで見つけたから、読んでみて。

> 国内でたくさん飼育されている動物の中でも、このような危うさをもったものがいます。黒毛和牛(正式には黒毛和種)です。現在国内では数十万頭が飼育されていますが、そのほとんどは人工

みんながお金持ちになりたいと思っている中で、仕事をして高い収入を得ている人たちも評価されるべきです。

⑥しかし、それで人間に優劣がつくわけではありません。

人間が作りだした「ものさし」も大切ですが、本当は、その「ものさし」以外にも、たくさんの価値があるということを忘れないことが大切なのです。つまり、「違い」を大切にしていくことなのです。

「ものさし」で測ることに慣れている大人たちは、皆《みな》さんにこう言うかもしれません。

「どうしてみんなと同じようにできないの？」

管理をするときには、揃っている方が楽です。バラバラだと管理できません。そのため、大人たちは子どもたちが揃ってほしいと思うのです。

しかし本当は、同じようにできないことが、大切な「違い」なのです。そんな違いを大切にしてください。

おそらく、皆さんが成長して社会に出る頃《ころ》になると、大人たちは、今度はこう言うかもしれません。

⑦
「　　　　　」
「　　　　　」

（稲垣栄洋『はずれ者が進化をつくる　生き物をめぐる個性の秘密』より）

問一　――線部①「平均値からはずれているものが邪魔になるような気になってしまいます」とありますが、なぜですか。最もふさわしいものを選び、記号で答えなさい。

ア　平均値から大きくはずれたものは、取り除いても良いことになっているから。

イ　ふつうのものが好まれると、そこにあわないものは嫌《きら》われてしまうから。

ウ　複雑な自然の現象を理解しようとするときの、理論がくずれてしまうから。

エ　自然が生み出したはずれ者は、人間にとって敵になるおそれがあるから。

問二　――線部②「虚ろな存在」とありますが、それはどのようなものですか。その説明として最もふさわしいものを選び、記号で答えなさい。

ア　自然界にある平均値より値の低いものを取り除いて、数値が上がるように処理されたもの。

イ　ものごとを単純にとらえられるようにするために人間によってつくり出された、実体のないもの。

ウ　平均から離れた値をある程度ふくむものであり、人間にとって必ずしも有益な数値とは限らないもの。

エ　人間にとっては大切なものだが、数値を理解しない自然界の生物にとっては何の意味も持たないもの。

問三　――線部③「生物はバラバラであろうとします」とありますが、それはなぜだと筆者は考えていますか。理由が書かれている部分を、解答らんにつながるように四十字でぬき出し、はじめと終わりの三字を答えなさい。

**［　　　　　　　　　］ていくことができるから。**

だったと考えられています。［⑤c］、その中に飛ぶことの苦手な個体が生まれました。鳥なのに飛べないなんて、本当にはずれ者です。ただ、ニュージーランドには、キウィを襲《おそ》う猛獣《もうじゅう》がいなかったので、飛んで逃《に》げる必要がありません。飛ぶのが苦手な鳥は、飛ぶことが少ないので、エネルギーを使いません。その分、エサも少なくてすむかもしれませんし、節約したエネルギーでたくさん卵を産むことができるかもしれません。こうして飛ぶのが苦手な「はずれ者」が、飛ぶのが苦手な子孫をたくさん産み、飛べない鳥に進化していったと考えられているのです。

［⑤d］、ブラキオサウルスは、全長二五メートルを超《こ》えるような巨大な恐竜《きょうりゅう》です。ところが、ブラキオサウルスの仲間のエウロパサウルスは、馬くらいの大きさしかありません。ブラキオサウルスの仲間にしては、とても小さな体なのです。

　エウロパサウルスの祖先は巨大な恐竜だったと考えられています。ところが、エウロパサウルスはエサの少ない島で進化をしました。そのとき、小さな体の者が生き残り、やがて、小さな恐竜へと進化を遂《と》げたのです。

　新たな進化をつくり出すのは、常に正規分布のすみっこにいるはずれ者なのです。

　人間が作り出したものは揃《そろ》っています。

　鉛筆《えんぴつ》の一ダースの本数がバラバラでは困ります。

　一メートルのものさしの目盛りが、一本一本違《ちが》っては困ります。

〔　ア　〕人間は、バラバラな自然界の中で、均一な世界を奇跡的《きせきてき》に作り上げてきたのです。

　しかし、自然界はバラバラです。

　自然界では、違うことに意味があるのです。

　あなたと私は違います。けっして同じではありません。

　ただし、違いはありますが、そこに優劣《ゆうれつ》はありません。

　例えば、足の速さは、それぞれ異なります。ですから、足の速い子も遅《おそ》い子もいます。これが運動会になれば、足の速い子は一位になるし、遅い子はビリになります。しかし、それはそれだけのことです。〔　イ　〕

　自然界から見たら、そこには優劣はありません。ただ、「違い」があるだけです。

　人間は優劣をつけたがります。しかし、生物にとっては、この「違い」こそが大切なのです。足の速い子と遅い子がいる、このばらつきがあるということが、生物にとっては優れたことなのです。〔　ウ　〕

　ところが、単純なことが大好きな脳を持ち、ばらつきのない均一な世界を作りだした人間はときに、生き物にばらつきがあることを忘れてしまいます。〔　エ　〕

　私たちは人間社会で暮らしているのですから、人間の作りだした尺度を無視することはできません。人間が作りだした尺度に従うことも大切なことです。

　すべての人が勉強をしている現代社会で、テストで良い点を取って、偏差値《へんさち》が高い優秀な学校へ進学できる人たちは、評価されるべきです。

　多くの人たちがスポーツに取り組む中で、一流と呼ばれるアスリートとして、良い記録を出したり、良いパフォーマンスを見せてくれる人たちは、高い評価を得るべきです。

【国　語】〈五〇分〉〈満点：一〇〇点〉

【注意】※字数制限のあるものは、句読点および記号も一字とする。

一　次の文章を読んで、あとの問いに答えなさい。

人間が複雑な自然界を理解するときに「平均値」はとても便利です。そのため、人間は平均値を大切にします。そして、とにかく平均値と比べたがるのです。

平均値を大切にすると、①平均値からはずれているものが邪魔《じゃま》になるような気になってしまいます。

みんなが平均値に近い値《あたい》なのに、一つだけ平均値からポツンと離《はな》れていると、何だかおかしな感じがします。何より、ツンと離れた値があることによって、大切な平均値がずれてしまっている可能性もあります。そのため、実験などではあまりに平均値からはずれたものは、取り除いて良いということになっています。

はずれ者を取り除けば、平均値はより理論的に正しくなります。値の低いはずれ者をなかったことにすれば、平均値は上がるかもしれません。

こうしてときに「平均値」という、自然界には存在しない②虚《うつ》ろな存在のために、はずれ者は取り除かれてしまうのです。

しかし、実際の自然界には「平均値」はありません。「ふつう」もありません。あるのは、さまざまなものが存在している「多様性」です。

③生物はバラバラであろうとします。そして、はずれ者に見えるような平均値から遠く離れた個体をわざわざ生み出し続けるのです。

どうしてでしょうか。

自然界には、正解がありません。ですから、生物はたくさんの解答を作り続けます。それが、④—A多様性を生み続けるということです。

条件によっては、人間から見るとはずれ者に見えるものが、優れた能力を発揮するかもしれません。

かつて、それまで経験したことがないような大きな環境《かんきょう》の変化に直面したとき、その環境に適応したのは、平均値から大きく離れたはずれ者でした。

そして、やがては、「はずれ者」と呼ばれた個体が、標準になっていきます。そして、そのはずれ者がつくり出した集団の中から、さらにはずれた者が、新たな環境へと適応していきます。こうなると古い時代の平均とはまったく違った存在となります。

じつは生物の④—B進化は、こうして起こってきたと考えられています。

進化というのは、長い歴史の中で起こることなので、残念ながら、私たちは進化を観察することはできません。

しかし、「はずれ者」が進化をつくっていると思わせる例は見られます。

たとえば、オオシモフリエダシャクという白いガは、白い木の幹に止まって身を隠《かく》します。が、ときどき黒色のガが現れます。白色のガの中で、黒色のガははずれ者です。[⑤a]、街に工場が作られ、工場の煙《えん》突《とつ》から出るススによって、木の幹が真っ黒になると、目立たない黒いガだけが、鳥に食べられることなく生き残りました。[⑤b]、黒いガのグループができていったのです。

ニュージーランドに棲《す》むキウィは、飛べない鳥です。鳥が飛べないなんて、おかしいですよね。じつは、キウィの祖先は飛ぶことのできる鳥ちに事態は深刻化し、死期が早まってしまうということ。

問六　――線部⑥「翌日」とは何月何日のことか、漢数字で答えなさい。

問七　――線部⑦「やるせなげな」のここでの意味として最もふさわしいものを次から選び、記号で答えなさい。

ア　自分に対して激しく怒っているような
イ　言葉で伝えられないことに悩《なや》んでいるような
ウ　どうしようもなく切なく悲しそうな
エ　体調が悪く今にもたおれそうな

問八　――線部⑧「私は茫然とした」とありますが、それはなぜですか。※の間に書かれた「私」の心情の流れを、順を追って具体的に説明しながら、解答らんに合わせて七十五字以内で答えなさい。

コンタが入院して、［　　　　　　　　　　］から。

問九　――線部⑨「つぶやいてみる」の「つぶやき」に込められた気持ちはどのようなものだと考えられますか。最もふさわしいものを次から選び、記号で答えなさい。

ア　小さい頃のコンタが走り回っていた庭に雪が降りつもるのを見ていたら、その下に眠るコンタがかわいそうに思えてきた。この冷たい雪が早くやみ、あたたかい春が来てくれればいいと願う気持ち。
イ　白い雪が静かに積もる庭を見ていたら、子犬だった白いコンタが喜んで遊んでいた姿が思い出された。犬は人間よりも寿命《じゅみょう》が短いので仕方がないと思いつつも、やはり目の前からコンタがいなくなったことをまだ信じたくない気持ち。
ウ　雪が周囲の音を吸い取っていくような光景を見ていたら、コンタの不在がはっきりと意識されてきた。長年共に過ごしかわいがってきたのに、様々な異変と向き合えないまま、あっという間に死なれてしまった愛犬に安らかに眠ってほしいという気持ち。
エ　大粒の雪が庭をおおっていく様子を見ていると、コンタの不調から目をそらさず適切な治療《ちりょう》を受けさせていれば良かった、と雪が降り続くように後悔の念が生まれてきた。せめてこの静かな庭に眠るコンタに、詩をささげることで許してもらいたいと祈《いの》る気持ち。

## 三

次の――線部について、カタカナは漢字になおし、漢字は読みをひらがなで答えなさい。なお、漢字はていねいにはっきり書くこと。

① 手続きをカンソ化する。
② 夏にギンカクジを訪ねる。
③ カクセイ器で話をする。
④ 彼女はいつものんきにカマえている。
⑤ ジソンシンを傷つけられる。
⑥ わたしはエダマメを食べるのが好きだ。
⑦ イッシャクはおよそ三十センチメートル。
⑧ 車窓から外の景色をながめる。
⑨ 後世に語り伝えたい話。
⑩ 苦労してお金を工面する。

は何となくコンタは○さんのところへでも預けてあるのだという気がしてならなかった。それが、きょうの雪のふる庭を見ているうちに、なぜかコンタの死が実感としてやってきた。雪はボタン雪にちかい大粒《つぶ》のもので、それが絶え間なく音もなしに白くなった庭の上に降りつもって行くのを眺《なが》めていると、そこに仔犬の頃のコンタが転げまわって遊んでいる姿が眼にうつり、すると年老いたコンタの死んだことがハッキリとわかってきた。それは淋《さび》しいとか悲しいとかいうものではなく、何とも名づけようのないムナシサであった。もし私に詩才があれば、そういう心持を詩に託《たく》することが出来よう。しかし私には、その才能もない。ただ、先輩《せんぱい》の抒情《じょじょう》詩人を口真似《まね》して、次のように⑨つぶやいてみるだけだ。

コンタの庭にコンタを眠らせ
コンタの上に雪ふりつもる……

（角川書店編『犬の話』所収　安岡章太郎「コンタの上に雪ふりつもる」より
・送り仮名を一部改めた）

＊以って瞑すべし…それぐらいできれば死んでもしかたがないと思う気持ち。

問一　――線部①「米寿」とは何歳《さい》のことですか。次から選び、記号で答えなさい。

ア　六十歳　イ　七十歳　ウ　七十七歳　エ　八十八歳

問二　――線部②「大儀で」とはどのような意味ですか。説明として最もふさわしいものを次から選び、記号で答えなさい。

ア　大げさで　イ　不愉快《ゆかい》で　ウ　悲しくて　エ　おっくうで

問三　――線部③「情無し」と「私」が当時を振り返って考えているのはなぜですか。説明として最もふさわしいものを次から選び、記号で答えなさい。

ア　コンタが、昔のように体を動かすことができなくなっているのを見ても、老いの深刻さを心配してやらなかったから。

イ　足を汚すのがいやだというコンタのまなざしに気づいていたにもかかわらず、何も手伝ってやらなかったから。

ウ　本当は風呂に入るのがいやなのに、カメラマンが来るからといって石鹸《せっけん》やかけ湯を我慢させていたから。

エ　あと二週間しか生きられないのが分かっていたらもっと優しくしてやれたのに、全くおとろえに気づかなかったから。

問四　空らん ④ に入る動詞として最もふさわしいものを次から選び、記号で答えなさい。

ア　まぜ　イ　さし　ウ　おり　エ　くべ

問五　⑤は引用ですが、これについてあとの問いに答えなさい。

Ⅰ　ほぼ同じ内容を含んでいる引用を用いた一文をここより前から抜きだし、はじめの五字を答えなさい。

Ⅱ　どういうことをいっているのですか。本文をふまえた説明として最もふさわしいものを次から選び、記号で答えなさい。

ア　人間は自分がいつか死ぬことを知っているが、犬は自らの死期がいつであるか、考えてもいないということ。

イ　生きているものはいつか死ぬと頭では分かっているが、死はある日突然思ってもみないうちにやってくるということ。

ウ　生きているものはみな、死ぬ時は何らかの前触《まえぶ》れがあり、それが始まったらもはや死から逃《のが》れられないということ。

エ　どのような生き物も、ちょっとした体調不良をごまかしているうる。それがいま、風呂場のタイルの上に垂れ流してしまったのだから、コンタ自身がどんなにか情ない想いをしているに違いなかった。

　本来なら、こういうことがあれば、コンタの老い先がもはや長くはないことを察知すべきであったろう。しかし、なぜか私はコンタに死期がくるということが信じられなかった。ずいぶん弱っていることは知っていたが、それでもまだあと一年や二年は生きているものとばかり考えていたのだ。まだ、目は見えていたし、歯もシッカリしていた。そして毛艶《けづや》も決して悪くはなかったからだ。それに何よりも、げんに自分の傍《そば》で生きているものが、ある日、ぽっくり死んでしまうなどということは、到底《とうてい》有《あ》り得《う》べからざることのように思われたのだ。まことに、

⑤……死は前よりしも来《きた》らず、かねて後に迫《せま》れり。人、皆《みな》、死する事を知りて、まつこと、しかも急ならざるに、覚えずして来《きた》る……。

とは、このことであろう。

　コンタは、しかし風呂場で湯を使ったその翌日から具合《ぐあい》が悪くなったというわけではない。むしろわれわれの眼からは、真白く洗われたコンタは、いつにも増して凛々《りり》しく見え、食欲もあり、散歩も元気にした。それが一月十四日の夕刻、来客があり、私は一緒に街に出て食事をしたあと、家に帰ってみると暖炉《だんろ》のそばで寝《ね》ていたコンタが、何か吐《は》いている。よく見ると、吐瀉物《としゃ》のなかに血が混《まざ》っているので、かかりつけの獣《じゅう》医《い》のＯさんに電話で相談すると、すぐ連れてくるようにとのことだった。Ｏさんは、ふだんから何でもない病気を騒《さわ》ぎ立て、人をおどかすような獣医ではない。むしろ、のんびりし過ぎるくらい、のんびりかまえている人なのだ。私は即刻《そっこく》、家内《かない》の運転する車にコンタを乗せて、Ｏさんのところへ連れて行った。コンタは、ふだんから車に来るのは大好きで、ドアをあけてやりさえすれば、いつでも喜んで飛び乗ってくるのだが、この日は前脚をドアのステップにかけたなり、体を私が支えてやらなければ自分の力では自動車の中にも上れないほど弱っていた。しかし、何ということだろう。それでも私は、これでコンタが永遠に帰ってこなくなるだろうとは考えられなかったのだ。

　⑥翌日、Ｏさんから電話で連絡があり、コンタは腎臓《じんぞう》の機能が悪くなって、このままでは尿毒症《にょうどくしょう》を起こすおそれがあるので、何とか尿を出させるように努めているとのことであった。私は初めて不吉な予感を覚えた。風呂場で小便をしたときのコンタの⑦やるせなげな眼つきが憶い浮かんだからである。私が「急性の腎臓炎《えん》でも起こしたのでしょうか」と訊《き》くと、Ｏさんは「いや、急性というわけじゃありません。ずっと前から少しずつ機能が衰えていたのです。まァ老衰《ろうすい》でしょうね」とこたえた。

　老衰か、老衰とあっては仕方がない。普通、紀州《きしゅう》犬は十歳ぐらいまでしか生きられないように聞いている。それをコンタは満五年近くも長く生きのびたのだ。このままイケなくなるとしても、＊以《も》って瞑《めい》すべきだろう。しかし、Ｏさんは名医である。ことによったら、という気持ちは、まだ私のなかでつづいた。翌々、十七日の昼間、私はＯさんの診療所《しんりょうじょ》をたずねた。すでに前夜から、点滴《てんてき》をうけているコンタは、相変らず尿が出ず、尿毒症の症状があらわれたのか、こんこんと眠りながら、ときどき小さな声で泣いていた。そして、その晩、私がＯさんに電話で連絡をとり、もう一度、診療所に出向いてみると、たったいまコンタは息を引きとったばかりであった。⑧私は茫然《ぼうぜん》とした。

※

　あれから一と月、私はまだコンタの死んだのが本当のことだと思えない。遺体《いたい》を庭の片隅《かたすみ》に埋《う》め、家内が花と水をそなえてやっているが、私

二　次の文章を読んで、あとの問いに答えなさい。

二月十七日、東京ではことし初めて雪らしい雪がふった。二、三日、めずらしく暖《あたた》かい日がつづき、この日も朝、眼を覚ましたときは雨で、春先《さ》きのような暖かさだった。それがミゾレまじりになり、雪になって、昼近くから逆に冷えこんできた。

わからないものだな――、と私は思った。この日からちょうど一と月まえの一月十七日、コンタの死んだことを憶《おも》い出したからである。兼好《けんこう》法師《ほうし》は、死というものは正面からやってくるとは限らない、むしろ必ず背後から忍《しの》びよってくるものだといっているが、これは人間の場合だけではない、犬の死ぬときだって同じである。

コンタはことし数え十六歳《さい》、人間なら①米寿《べいじゅ》にも相当する年恰好《かっこう》だから、お祝いをしてやらなくてはならない。とついこの正月、皆《みな》さんに言ったばかりであった。無論、そんな老犬がこれからさき、そう長く生きられるとは思ってはいなかったが、まさかそれから二週間そこそこで死ぬとは、夢にも考えられなかったのである。

実際、コンタの体力がこの一、二年、ひどく衰《おとろ》えていることは、何かにつけて明らかだった。朝夕の散歩も、数年前までは三十分から一時間ぐらいずつもやらせていたが、この一年ばかりは二十分も歩くと、もうへとへとで自分の方から家へ帰りたがるようになっていた。それに、みちみち小便をするのでも、牡犬《おす》らしく後脚《あし》の片方をピンと上げるやり方はめったにせず、たいていは四つ脚を地べたにつけたまま、何か不安げな眼《ま》な差《ざ》しで私の顔など見上げながら、やっていた。コンタにしてみれば、そんな恰好で放尿《ほうにょう》するのは、わびしくてタヨリない想《おも》いだったが、それでも片脚上げて立っているのが②大儀《たいぎ》でたまらず、自分の小便が両脚の間を流れて行く気分の悪さを我慢《がまん》していたのであろう。私は、そういうコンタを見るにつけて、哀《あわ》れさよりも妙《みょう》に滑稽《こっけい》なおもいがしたものだ。何という情無《なさけな》しの主人だろう。

③情無しといえば、あれはコンタの死ぬ一週間ばかり前のことだ。カメラマンのS氏が雑誌のグラビア写真をとりにくるというので、その前日、私はコンタを風呂《ふろ》場で洗ってやった。コンタは、もともと水は怕《こわ》がらない方だし、とくに私の言うことはよくきくから、いつもおとなしく体を洗わせる。しかし元来は野性的な日本犬なのだ。無闇《むやみ》に自分の体に触《さわ》られるだけだって好きではないのに、体中に石鹸《せっけん》を塗《ぬ》りたくられて湯をぶっかけられることなんか、まったくありがた迷惑《めいわく》もいいところ、イヤで仕方がないのだが、主人のすることだからというのでジッと我慢していたのである。

とくに、その日は寒かった。濡《ぬ》れた体がすぐ乾くように、部屋には暖《だん》房《ぼう》をきかせ、ストーヴにも薪《たきぎ》をたくさん［　④　］て温かくしておいたが、風呂場には暖房はない。コンタの体に湯をかけてやると、そのときは気持ちよさそうにしているが、すぐに冷えるらしく、体を震《ふる》わせはじめた。それでまた湯をかけてやると――こんなことは初めてなのだが――流し場で小便をしはじめた。不潔にはちがいなかったが、私はコンタを叱《しか》る気にはなれなかった。

（ああ、こまった！　相済《あいす》みません、こんな粗相《そそう》をしちまって……）

と言うように、私の顔を申し訳なさそうに見詰《つ》めるコンタのオドオドした眼つきを見ると、私は叱るよりも自分の方が辛《つら》い気がした。コンタは仔《こ》犬の頃、まだ庭の隅《すみ》の小舎で飼っていたときでも、自分のねぐらのまわりでは排泄《はいせつ》はしたことがないくらい、シモの始末はよかったのであ

問七　空らん ⑦ にあてはまる語として最もふさわしい表現を選び、記号で答えなさい。

ア　理論　イ　野生　ウ　個性　エ　良心

問八　――線部⑧「元気もくれる」とありますが、筆者がそう考えるのはなぜですか。全体を通じた説明として最もふさわしいものを選び、記号で答えなさい。

ア　答えの出ない日常の疑問を正直に並べていくことで、思考は日常から哲学へと進化するから。

イ　他人と対話しながら考えていくことで、日常生活での他人とのコミュニケーションも変わっていくから。

ウ　主体的に問いを考え、広げていくことによって、探求しようとする能力が人間にあることを実感できるから。

エ　問いを出し、考えることによって自分の内面が明確になり、これからの考え方が変わっていくから。

問九　＝＝線部「の」のうち性質が同じものを二つ選び、記号で答えなさい。（解答順は問いません。）

A「望んでもいないのに」　B「このような問い」

C「小さい子の」　D「入れようとしているのは何か」

E「考えるのも楽しいし」　F「気の進まないこと」

問十　次のやりとりを読んで、あとの問いに答えなさい。

**ゆきこ**　やしおさんは、大きくなったらどんな仕事をしたい？

**やしお**　うーん、まだ特にこれという仕事は決めていない……。みんなに楽しんでもらえる仕事ができたらなぁ……、とは思うけれど。

**ゆきこ**　やしおさんは人気者だから、ぴったりかもしれないね。それなら、たとえば「人を楽しませる仕事」にはどんな仕事があるのかなぁ。

**やしお**　そこなんだ。コントや落語で笑ってもらうのも楽しそうだけれど、もの作りも、その製品を使ってその人の生活が楽しくなるのは素敵だな、と思う。そうするとどちらも「人を楽しませる仕事」になるよね？

**ゆきこ**　本当だね……。「人を楽しませる仕事は何？」っていう質問だと、いまひとつ話が深まらないね。私の［　　］がよくなかったのかもしれない。そもそも……、やしおさんが「楽しい」のはどんなとき？

**やしお**　放課後に、みんなで公園でサッカーをしているときかな。

**ゆきこ**　（A　　　　　）

**やしお**　その通りだね、野球も楽しいな。仲間といっしょに何かするのが楽しいのかもしれないなぁ。

**ゆきこ**　（B　　　　　）

**やしお**　一人ではできないことも、仲間がいるとがんばれることってあるような気がするよ。

①　［　　］にあてはまる表現として最もふさわしいものを本文（26～24ページ）から四字で抜き出し、答えなさい。

②　やしおさんの答えにつながるようにA、Bにあてはまるゆきこさんの「問い」を、それぞれ十字以上で、自分なりに考えて答えなさい。

と共感する問いであったりする。

　そして問いそのものについて話し合い、問いについてさらに問うていく。「何でそれが疑問なのか？」「他にこういうことも問えるんじゃないか？」と、問いじたいをさらに深めていく。

　たとえば、お金に関してであれば、「何のためにお金がいるのか」「どうやったら効率よくお金を稼《かせ》げるのか」「どれくらいのお金がいるのか」等々の問いが出てきたとする。そうしたらさらに関連して、「なぜ自分はお金が必要なのか」「お金で買えないものは何か」「お金で物を買って自分が手に入れようとしているDのは何か」「お金と名誉《めいよ》とどちらが大事か」などと問いを広げていく――こうした問いを考える作業は、慣れてくればそれほど難しくないし、対話の場で他の人といっしょにやるのは、とても楽しく、スリリングである。

　このように自分で見つけた問いは、考えるEのも楽しいし、自分でついつい考えてしまう。哲学対話の後、多くの人が「すごく頭を使った」とか「考えすぎて疲れた」という感想をもつ。

　にもかかわらず、気Fの進まないこと、もともと興味がないことを考えた時とは違って、充実感がある。とても晴れやかでうれしそうな表情をする。学校でやると、生徒たちは喜々として「楽しかった！」「いっぱい考えた！」と言う。地域コミュニティでやった時は、「これまでの人生でいちばん幸せな時間だった」と言われたこともあった。

　考えることは、エネルギーも使うが、⑧元気もくれる。自ら問いたいことを問い、そこから考えることは、普段《ふだん》私たちが知っている、「問題を解くために考える」＝「考えさせられる」のとは、まったく違うのである。

（梶谷真司『考えるとはどういうことか』より・一部改）

問一　――線部①「『問い』」とありますが、「哲学」するには、例えばどのような「問い」が良さそうだと筆者は述べていますか。最もふさわしいものを選び、記号で答えなさい。

ア　明日の話し合いのテーマは何。

イ　この計算問題はどれが正解。

ウ　学校にマンガを持って行ってはなぜいけないの。

エ　読みかけの本はどこにしまったの。

問二　空らん［②］にあてはまる語としてふさわしい表現を本文中の※部分から十字で抜き出して答えなさい。

問三　――線部③「つなげ」る、とありますが、これと同じ意味で用いられている動詞一語を※部分の中の、――線部③より後から抜き出し、言い切りの形で（答え方の例に合わせて）答えなさい。

例・答えない→答える

問四　空らん［④］にあてはまる一字を選び、記号で答えなさい。

ア　着　イ　不　ウ　利　エ　無

問五　――線部⑤「『考える』」とありますが、ここではどのような意味ですか。解答らんに続くように二十字以内で説明しなさい。

問六　――線部⑥「力」とありますが、ここではどのような「力」のことですか。説明としてふさわしくないものを選び、記号で答えなさい。

ア　同じような疑問を持つ人を発見する力。

イ　年齢や境遇に応じて問いを持つ力。

ウ　問い自体を自分でさらに掘《ほ》り下げていく力。

エ　今まで気にしなかったような問いに気づく力。

たことがないのであれば、問題はどうやって断るか、だけなのかもしれない。それも、もっともらしい言い訳などせず、一言「忙《いそが》しいから無理」と言えばすんだりする。

こうして問いを重ねることで、考えることは広がり、別の角度からものを見られるようになる。哲学的かどうかはともかく、問いは思考を動かし、方向づける。だから、考えるためには問わなければならない。重要なのは、何をどのように問うかである。

**問うとは自ら問うこと**

とはいえ、私たちは、そもそも問うことに慣れていない。私たちがもっぱらやってきたのは、与えられた問いについて考えることだけである。典型的なのは、やはり学校である。

学校で使う教科書には、たくさん「問い」がのっている。それらは、望んでもいないAのにいきなり目の前に突《つ》き出される。だがそうした教科書の問いは、テストも成績評価もなかったら、まして学校から離《はな》れたら、誰も「面白そう！」とか「解きたい！」などと思わないだろう。それでも問答④用で「解け！」と言われる。それで仕方なく解く。

このBのような問いは、決められた手続きが分かっていれば、答えにたどり着くことができるが、それが分からなければ、答えは出ない。正解以外は答えではなく、自分の思うように考えて自分なりの答えを出すことは許されていない。それを解くプロセスを⑤「考える」と呼び、「考えて解け！」と言われる。

だが、教科書に出てくる問いを見て、「これこそ私が考えたかったことだ！」と思う人は、おそらくただの一人もいないだろう。そのように押《お》しつけられた、興味もない問いを「解く」ことは、考えることではない。考えさせられているだけで、強《し》いられた受け身の姿勢を身につけるだけである。

しかも、いやいや解いているので、答えが出てしまえば、さらに問い、考えることにはつながらない。それで終わってしまう。自ら問わなければ、考えることはないのだ。では自ら問うとはどういうことか。

考えるには、考える動機と⑥力がいる。自分自身が日ごろ、疑問に思っていることはつい考えたくなる。考えずにはいられない。こういう考える力をくれる問い、つい考えたくなる問い、考えずにはいられない問い、それが自分の問いであり、そうした問いを問うのが、自ら問うことである。

私たちは誰しも、年齢《ねんれい》や境遇《きょうぐう》によって、いろんな自分の問いをもっているはずだ。小さい子どもであれば小さい子Cの、思春期なら思春期の、社会人なら社会人の、子育てをしていれば子育て中の、年をとったらそれなりの、介護《かいご》されていれば介護されているからこその問いがある。

そこまで生活に密着していなくてもいい。哲学対話のイベントや授業では、（テーマは決まっていることも決まっていないこともあるが）参加者が自ら考えて問いを出すことを大切にしている。自分たちが問いたいことを問うため、自ら問うことに慣れるためである。

参加者がいろんな問いを出して、他の人がどんなことを疑問に思っているのかを共有する。それは、自分がまったく疑問に思わない、とても⑦的な問いであったり、「たしかにそれって分かんないよね」

【国　語】（五〇分）〈満点：一〇〇点〉

【注意】　※字数制限のあるものは、句読点および記号も一字とする。

一　次の文章を読んで、あとの問いに答えなさい。

**問うことではじめて考える**

「問い、考え、語り、聞くこと」としての哲学《てつがく》において、もっとも重要なのは「問うこと」である。①「問い」こそが、思考を哲学的にする。たとえば、「今日は何しようかな、疲《つか》れてるしなぁ、今週中にあれ片づけなきゃいけないのに、……そういえば、昼ご飯、何食べよう？」——こういうのは「考える」ということとは違《ちが》う。頭の中で何となく思いが巡《めぐ》っているだけである。「考える」というのは、もっと自発的で主体的な活動を指す。それは「問い」があってはじめて動き出す。問い、答え、さらに問い、答える——この繰《く》り返し、積み重ねが思考である。それを複数の人で行えば、対話となる。

問いによって考えるようになるということは、[ ② ]によって考えることが変わってくるということを意味する。つまり、問いの質によって思考の質が決まるのである。そして、どのような問いを③つなげていくかによって、思考の進み方が変わる。

漠然《ばくぜん》としたことしか考えられないのは、問いが漠然としているからだ。抽象的《ちゅうしょうてき》なことばかり考えるのは、問いが抽象的だからだ。明確に問うことができれば、明確に考えることができ、具体的に問えば、具体的に考えられる。考えが同じところばかりグルグル回っていて、先に進めないのは、問いに展開がないからだ。

「何かいいことないかなぁ」と考えているだけでは、いろんなよさそうなこと、楽しそうなことが頭に浮《う》かんでは消え、「あーあ、つまんないなぁ」とグチるだけになる。その代わりに次のように問いをつないでみる。

「いいことってどういう意味だろう？　楽しいこと？　ためになること？　誰《だれ》にとっていいこと？　誰にとって楽しいこと？　自分にとって？　みんなにとって？　みんなって誰？　自分はどんな時に楽しいと感じる？　最近楽しかったのっていつ？　自分のためになることって何？　自分に必要なもの？　何のために、いつ必要なもの？……」

こうして問いを重ねていくと、考えが前進する。すると、「いいこと」が具体的に見つかるかもしれないし、やらなければいけないことがはっきりして「いいことないかな」などと考えている場合ではないと思うかもしれない。いずれにせよ、先に進める。

「何であの人はこんな面倒《めんどう》なことばかり頼んでくるんだろう？」と思っているだけでは、鬱陶《うっとう》しい、非常識だ、ワガママだ、いい加減にしろ！　等々と、心の中で相手をののしるだけだろう。そうではなく、こんなふうに問うてみる。

「あの人が頼んでくることって本当に必要？　なんで私はそれを面倒だと思うの？　あの人の言うことっていちいち聞かなきゃダメ？　あの人との付き合いって私にとってどれくらい大事？　断ったらどういう問題が起きるの？……」という具合《ぐあい》に。

ひょっとすると、〝あの人〟自身が何か別の問題を抱えているのかもしれない。また私が過剰《かじょう》に反応して、必要以上に言うことを聞こうとしているのかもしれない。それは私が気弱で断れないだけかもしれないし、他人に〝いい顔〟をしたいだけかもしれない。結局は断っても大し

三　次の――線部について、カタカナは漢字になおし、漢字は読みをひらがなで答えなさい。なお、漢字はていねいにはっきりと書くこと。

①　馬の耳にネンブツ。
②　金品をゲンジュウに管理する。
③　ジョウリュウ水から薬品を作る。
④　情報はどんどんカクサンした。
⑤　セイトウ派の学説。
⑥　ジュウライのやり方。
⑦　祖父のイサンを相続する。
⑧　テキイをむき出しにする。
⑨　最高の評価に値する。
⑩　物語の背景を考える。

問三　――線部③「言葉には、こうして特異性と普遍性というものが同居しているものです」とありますが、どういうことですか。次の文はこれについて説明したものです。空らんにふさわしい内容を指定の字数で答えなさい。

「イェーウトゥゴ」という言葉は、夜がとても暗い西アフリカの奥地に住むフルベ族独特の言葉であるが、［（十五字以内）］ためという意図ではだれもが納得できるということ。

問四　空らん［④－A］、［④－B］に最もふさわしい語を次から選び、それぞれ記号で答えなさい。

ア　ささいな　イ　せまい　ウ　大きい
エ　広く　オ　小さく　カ　豊かに

問五　――線部⑤「最後の一人の話者がおそらく亡くなったのでしょう」とありますが、その結果どのようなことが起きると考えられますか。二十字以内で説明しなさい。

問六　――線部⑥「しかし～消えているらしいのです」とありますが、それはなぜですか。説明として最もふさわしいものを次から選び、記号で答えなさい。

ア　交通機関や通信技術の発達とともに、それぞれの国や土地を出て、世界を旅して見聞を広げようとする人が増えたから。
イ　交通の普及や通信技術の進歩とともに、便利な都市部に人口が密集し、地方で話されていた言語を使う人が少なくなったから。
ウ　交通機関や通信技術の発達によって、世界中から人が集まるようになり、共通の言語が必要になったから。
エ　交通や通信技術の進歩によって、世界の流行を知った小国が、それに合うように自国の文化を変えていこうとしているから。

問七　――線部⑦「その時その時で『強い』国、『豊かな』国の言葉の言葉が使われる」とありますが、なぜ「その時その時」でちがうのですか。その理由を解答らんにつながるように本文中から十四字で抜《ぬ》き出して答えなさい。

［（十四字）］から。

問八　――線部⑧－A「忘れない」、⑧－B「優劣もない」、⑧－C「かけがえのない」のうち、性質の異なるものを一つ選び、A、B、Cの記号で答えなさい。

問九　――線部⑨「そのかけがえのなさは比較できるものではない」と筆者が考えるのはなぜですか。説明として最もふさわしいものを次から選び、記号で答えなさい。

ア　使っている本人にも説明できないような繊細な言葉は、文字で書き残せるかどうかで優劣が決まるものではないから。
イ　話者の数の多さにかかわらず、どの言語にもそれぞれの民族の文化を世界に発信する権利があるから。
ウ　言語はその民族や土地の暮らしと結びついたものであり、それぞれに異なる価値を持っているから。
エ　公用語として認められているかどうかで、その言語の重要度が高いか低いかをはかることはできないから。

※問題に使用された作品の著作権者が二次使用の許可を出していないため、問題を掲載しておりません。

［二］

どうして消滅する速度が急に速まったのか。それは交通機関や通信ツールやシステム、とくにインターネットの急激な普及《ふきゅう》で世界が「　④－B　」なっているからですね。昔は世界のあちこちに住む人たちは、自分の生まれた土地に暮らして、そんなに動きませんでした。動く手段がなかった。それぞれの国、それぞれの地方の暮らしをしていたけれど、いまは世界の各地からすぐに集まることができる。メールによる通信ならこれこそ一瞬《しゅん》です。人々が集まるといっしょになにかしますね。世界中の人たちが同じようなことを同時にやり始めます。これを「グローバリズム」と呼んだりします。そして世界中から人が集まれば、どんな言葉を使いましょうか、という問題になる。

⑦その時その時で「強い」国、「豊かな」国の言葉が使われることになるでしょう。これまでも、英語の時代の前には、スペイン語が強かった時代もあるし、オランダ語が力をもっていた時代もあるし、あるいはヨーロッパでフランス語を話すのは知識人のたしなみだったという時代もあります。その時にさまざまな理由から優位にいるとみなされる言語です。いまは英語が強い。そうすると、ますます英語を使う人たちが増えて、すると、だんだん小さな言葉の出番がなくなっていく。

でも言語どうしの序列や優勢劣勢《れっせい》というのは、おもに政治的、経済的な理由で決まるもので（現代では成熟した文化をもっていても経済的に奮《ふる》わなければ、言語の「覇権《はけん》」というものはにぎれません）、ひとつ忘れ⑧－Aないでほしいのは、言語そのものには上下も優劣も⑧－Bないということです。十五億人が話す言語だから尊くて大切でえらくて、百五十人しか話す人がいない言語だから「別になくてもいいんじゃない？」とは、だれにも言えないとわたしは思います。あるいは、たくさんの話者がいるのに、公用語として認められていないから、重要度が低いなんていうこともない。言葉はそれぞれがかけがえの⑧－Cないもので、⑨そのかけがえのなさは比較《ひかく》できるものではないと思うからです。

（鴻巣友季子『翻訳教室』より）

問一　空らん①に最もふさわしい文を次から選び、記号で答えなさい。

ア　その言葉で民族の歴史を表している
イ　その言葉でなければ言い表せない
ウ　その言葉が世界共通の感覚を表している
エ　その言葉なしでは日本語が成り立たない

問二　――線部②－A「ぼちぼち」、②－B「ひょっこり」、②－C「しゃあしゃあ」とありますが、これらの言葉の使い方がすべて正しい組み合わせのものを次から選び、記号で答えなさい。

ア
A　梅の花もぼちぼち咲き始めたころでしょう。
B　自動車の前に子どもがひょっこり飛び出した。
C　彼には謝罪する気などしゃあしゃあない。

イ
A　一人ぼちぼち走って帰った。
B　なくした物がひょっこり出てきた。
C　彼女は危機からしゃあしゃあと逃《のが》れた。

ウ
A　ぼちぼち水が天井《てんじょう》からたれてくる。
B　晴れていた空の様子がひょっこり変わった。
C　妹が恥《は》ずかしそうにしゃあしゃあと現れた。

エ
A　では、ぼちぼち出かけましょうか。
B　先週、町で祖母にひょっこり出会った。
C　弟はしかられても、しゃあしゃあとしている。

この小さな小さな珊瑚の島のマピア諸島に、二〇〇五年に調べたときには、たった一人だけ、マピア語という言語を話す人の記録がありました。だから言語人口一人です。しかしその言語を話す人が一人しかいなかったらどうなるでしょう？　二組のみんなにも聞いてみましょう。

「話ができない」

「さみしい」

「だから、しゃべりかたを変える」

「どんなふうに変える？」

「たとえば、英語にするとか」

そうですね、言語人口が減るということは、しばしば経済的に政治的にだんだん弱い立場になっていることを示します。すると、まず移住が起きるでしょう。そして話者がたくさんいる言語に移っていく。マピア島でもそういうことが起きたのだと思います。昔、マピア語はもっと多くの人が話していましたが、だんだんとその地方の公用語や共通語へ吸収されていき、代々継承《けいしょう》されなくなって、言語人口が減っていった。

二年後の二〇〇七年の英語の言語文献《ぶんけん》（encyclopedia of the world's endangered languages — Christopher Moseley）を見ると、そこには、

Mapia: ...extinct

と書かれていました。「消滅《しょうめつ》」したという意味です。⑤最後の一人の話者がおそらく亡《な》くなったのでしょう（追記：さらに二年後の二〇〇九年のEthnologueというサイトのデータでは話者が一人となり、「ほぼ消滅した言語」という記載《きさい》になっている）。

あるひとつの言語が消滅するってどういうことだと思いますか？　また二組のみんなに聞いてみましょう。

「文化が……そのマピア語で発達していた文化とかも消えちゃう」

そう、言葉は文化に根ざしたものだし、文化は言葉によって支えられています。だから、言語が消えると、そこの文化全体にもきっと影響《えいきょう》がありますね。もちろんマピア島の暮らしは英語でだって営めます。でもゆくゆくはどんな影響があると思いますか？

「お祭りとか儀式《ぎしき》とか、マピア語でやっていたそういうものはやらなくなると思う」

そうですね。それから、人と人との繋《つな》がり方も変わっていくでしょう。マピア語でたくさん話しあったこと、家族や友だちとの思い出、そういうものが語り継《つ》がれなくなるかもしれない。The Missing Pieceを読んだとき、「それを記憶のなかで何百回も読み返します」と言いました。でも、その物語をその言葉で理解できる人が自分以外にいなくなったら、物語について語りあうことも語り継ぐこともできなくなります。それが文字をもたない言語の場合は、書き残すことも困難になります。

現在、「小さな言語」が大変なスピードで消えていっていると言われています。もちろん言葉というのは自然に発生し、使われなくなって消える、ということを大昔からくりかえしています。⑥しかし二十世紀の終わりから二十一世紀にかけて加速度的に消えているらしいのです。二週間に一つぐらい消えているという学者もいます。

【国　語】〈五〇分〉〈満点：一〇〇点〉

※字数制限のあるものは、句読点および記号も一字とする。

一　次の文章を読んで、あとの問いに答えなさい。

公用語というものがあっても、やはりその言語圏《けん》や地方や民族にはそれぞれの文化もあるし生活や習慣もあります。ちがう歴史をもっています。［　①　］ということもありますね。日本語で考えてみると、擬音《ぎおん》語・擬態《ぎたい》語なども繊細《せんさい》です。「②—Aぽちぽち」とか「②—Bひょっこり」とか「②—Cしゃあしゃあ」などこの音でなくては微妙《びみょう》なニュアンスが伝わらないだろうと思わせるユニークさがある。

使っている本人にも説明できない言葉の陰影《いんえい》というのはどの言語にもありますね。

さて、ナイジェリアにも住んでいる民族でフルベ族という人たちがいます。お隣《となり》のカメルーンにも住んでいますが、フルベ族にはこんな言葉があるんだそうです。カタカナで表記するのが難しいのですが、

イェーウトゥゴ

です。これは、言語学者の江口一久《えぐちかずひさ》という先生が西アフリカに長年暮らして、親しんだ言葉なのですが、どういう意味でしょうか？「イェーイ」みたいな、音からすると楽しい意味のような気がしますが、動詞の働きをするようです。

「夜の闇《やみ》のなかで寂《さび》しくしている人をその寂しさから解放するために声をかける」

という意味なんです。一語でこれだけの意味があるんですよ。独特の言葉です。西アフリカの奥《おく》地のほうに行くと、終夜間営業のコンビニなんてないし、電灯がほとんどない地域もあるので、夜がとても暗いんです。夜の闇が深いのですね。闇というものには、本質的に「死」の暗示があるでしょう。闇に接して人は死を想《おも》う。その闇をはらうために、人々は言葉を使います。だれかと話したり、昔《むかし》話を語ったり、歌ったり、人と言葉でコミュニケーションをするんですね。

この「イェーウトゥゴ」などは、その土地独特の環境《かんきょう》や風習があって初めて出てくる語だけど、聞いてみると、だれもがうなずける意味をもっているでしょう。③言葉には、こうして特異性と普遍《ふへん》性というものが同居しているものです。

世界にある五千〜七千ぐらいの言語のなかには、英語という十数億の人が話している言語もあるし、一万人ぐらいの言語もあるし、もっと少ない、百人とか三十人とかいう言語もあります。

たとえば、ニューギニア島を知っていますか。地図で見てみましょう。オセアニアにあります。東はパプアニューギニア、西はインドネシアに分かれています。インドネシア領の西パプア州を見てください。島の西のほうにあるバードヘッド半島という、鳥の頭のような半島です。そのちょっと東に、ショーテン諸《しょ》島というのがあります。ショーテン諸島の少し北西側、赤道のわずか上ぐらいに、小さな小さなマピア諸島というのがあります。この島はふつうの地図にはなかなか載《の》っていないと思います。

地図に載せられないぐらい小さな珊瑚礁《さんごしょう》の島です。珊瑚礁が隆起《りゅうき》して出来たこの諸島には、四つの島があり、そのなかでいちばん［④—A］島でも、長いほうの全長が四・二㎞ぐらい。三十分もあれば歩いて一周できるぐらいの小ささです。

に見ている。

4　不調で欠席が多いことに引け目を感じ、周囲の視線をいつも気にしている。

本文中の表現

A　ああいうの描くのも上手なんだね

B　……あ、そう

C　その夜は、疲れたのか、ぐっすりと眠れた

D　わたしの率直な感想は、観客が多いだけ

ア　1とB　イ　2とC　ウ　3とD　エ　4とA

三　次の——線部について、カタカナは漢字になおし、漢字は読みをひらがなで答えなさい。なお、漢字はていねいにはっきりと書くこと。

① タイレツを組んで行進する。

② 問題のヨウテンを解説する。

③ 窓からゼッケイが見える。

④ 海岸の近くではエンガイで車がさびる。

⑤ 家を建てる前にソクリョウする。

⑥ 集団のトウセイがとれていない。

⑦ 選手のけがのショチをする。

⑧ 資源のセツヤクを意識する。

⑨ 台風の時に河川に近づいてはいけない。

⑩ 事態の収拾につとめる。

かな。

**やしお**　「佐野さんへ」ばっかりのやつ？

**ゆきこ**　そう。それを見てがっかりしていたよね。

**やしお**　実花は小さい頃《ころ》からこれまで、運動会とかいろんな行事に出られなかったから、いろんな事に消極的になってしまうところがあったんだと思う。三学期に（　１　）をやらなかったこともそうだよね。

**ゆきこ**　そうだね。そして、そういう実花は、卒業式当日にも特別期待などしないようにしていた。それは、「（　２　）」という表現から分かるよね。

**やしお**　そうだね。だから、証書をもらいに行く時にも、特別な気持ちはなかった。

**ゆきこ**　当日出席できたことで満足、って納得しようとしていたんだものね。それなのに二宮先生は、「（　３　）」と考えていてくれた。「やられた」は、その時気持ちがあふれてしまった自分自身への驚きなんじゃないかな。

**やしお**　「やられた」という表現には、みんなへの気持ちも表れているように思えるよ。がんばりを二宮先生に認めてもらえて嬉しかったのはもちろんだけど、みんなからも拍手をもらった時は、サイン帳でがっかりした分、大きく気持ちが動いたんじゃないかな。でも、実花としては（　４　）から先生に「やられた」せいにしているということなのではないかな。

**ゆきこ**　その中で光樹君は、実花の性格を一番理解しているのかもしれないね。最後の「わたしにはありがたかった」とあるのは（　５　）を分かってくれたと感じたことを表しているのではないかな。

**やしお・ゆきこ**　小学校六年生って多感な年ごろだよね。

①　（1）にあてはまる表現を、本文（物語）中から六字で抜きだして答えなさい。

②　（2）にあてはまる表現を、本文（物語）中から二十五字で抜きだし、はじめの五字を答えなさい。

③　（3）にあてはまる表現を、本文（物語）中から十一字で抜きだし、はじめの五字を答えなさい。

④　――線部⑦の場面での「実花」の心情を（4）にあてはまるように十五字以上二十字以内で考えて答えなさい。

⑤　光樹君は「わたし」の何を分かってくれたのですか。（5）にあてはまる表現として最もふさわしいものを選び、記号で答えなさい。

ア　きまりわるさ　　イ　おちつかなさ

ウ　はらだたしさ　　エ　ほこらしさ

問八　本文から読み取れる「実花」の性格を1～4から、それが分かる本文中の表現を═══線部A～Dから選び、その組み合わせとして最もふさわしいものをア～エから選び、記号で答えなさい。

「実花」の性格

1　なかなかやる気を出せないのんびり屋で、"Let it be"に救いを見出している。

2　引っ込み思案で友達とうまく付き合えないが、本当はもっと距離を縮めたい。

3　大人びたところがあり、自分の心理状態や周囲の状態を客観的

ウ　病弱でずっと運動会に参加できなかった私は、六年生なので今まで以上に準備してきた。当日は一位になることで両親を喜ばせられたし、かっこいい高田君の新たな面も見られたから、がんばって良かったと感じたということ。

エ　生まれて初めて運動会に出ることになった私は、準備期間もずっと盛り上がって興奮していた。たくさんの観客に囲まれて思いがけず良い成績を残せたことで、参加することに意義があると感じたということ。

問四　――線部④「夢中になってしまった」とありますが、それはなぜですか。最もふさわしいものを選び、記号で答えなさい。

ア　自分の困った状況や至らないところを反省して、一生懸命《けんめい》努力するのとは違う人生への向き合い方を、驚くような言葉で教えられたから。

イ　「大丈夫」という言葉よりももっと無責任な言葉で、何事もまじめに考えなくても良いといわれてまじめさから解放され、とても気楽になったから。

ウ　メロディーと合わないような歌詞の内容にかえって魅力《みりょく》を感じ、病弱な自分も強い気持ちを持って良いのだと許された気がしたから。

エ　マリア様が言うことならば大体のことは素直に受け止めるべきなので、毎日力んで暮らしていた自分の生活を反省したから。

問五　――線部⑤「ぼんやり授業を聞いてみた」とありますが、「わたし」はなぜそのようにしてみたのですか。本文をふまえて十字以上十五字以内で答えなさい。

問六　――線部⑥「がっかりした」とありますが、それはなぜですか。最もふさわしいものを選び、記号で答えなさい。

ア　三学期は一度も休まずに登校して友だちとも今まで以上に仲良くなれたので、自分からもニックネームで呼んでみなかったことや、バレンタインデーに高田君にクッキーをあげなかったことを後悔しているから。

イ　三学期は今までで一番休まずに登校できて、すっかり元気になったことが分かったと思っていたのに、サイン帳には休みがちなことを批判《ひはん》されていて、印象というものは簡単には変わらないことを感じたから。

ウ　今までで一番休まず思い出も作れた最終学期で、みんなと同じくらいサインも集めたのに、そこに書かれた名字のままの呼び名からは、友だちとの距離が近くなりきらなかったことが改めて感じられたから。

エ　今までで一番休まず登校した三学期は、みんなを笑わせることができるくらいクラスにもなじんで順調だったが、サイン帳には触《ふ》れられていなかったので、もっと面白いことをいえば良かったと思ったから。

問七　――線部⑦「最後の最後に、やられた」とありますが、次はこの時の「わとし」の心情についての会話です。これを読んであとの各問いに答えなさい。

**やしお**　実花が「やられた」と思っているのは、拍手された時の気持ちかな。嬉しくなかったのかな。

**ゆきこ**　どうかな。サイン帳でがっかりさせられたことは関係あるの生は、笑顔でわたしを見た。

「佐野さん。あなたは一番、学校に来ました」

　わたしは意味がわからなくて、先生の顔を見つめ返した。

「佐野さん。あなたはクラスの誰《だれ》よりも、一生懸命《けんめい》、学校に来たと思います。日数では、ありません。本当に、よくがんばったね」

　わたしは二宮先生に、

「はい」

　と小さく返して、頭を下げて卒業証書を受け取った。涙《なみだ》がぽたぽたっ、と一緒にもらった卒業アルバムの上に落ちてしまった。涙ってこんなに急にこぼれるんだと、びっくりした。パチパチと誰かが拍手《はくしゅ》を始めて、クラスのみんなが拍手をしていた。わたしが泣いているからだ。拍手はやめてほしいと思ったけど、よけい涙が止まらなくなってしまった。みんなの前で泣いたのなんて初めてだ。二宮先生が変なことを言うから。⑦最後の最後に、やられた。教室の後ろの自分の机にもどるとき、光樹くんと目があった。彼はもちろん拍手もしてないし、不機嫌《ふきげん》な顔をしている。

　……かわいそうな、佐野。

　とでも言ってる表情だ。それも、わたしにはありがたかった。でも「日数では、ありません」という二宮先生の言葉は、本当に嬉しかった。日数じゃなくて、がんばって来てたというところを、先生は見ていてくれた。


（中島たい子『がっかり行進曲』より）

問一　――線部①「冷めている」のここでの意味として最もふさわしいものを選び、記号で答えなさい。
ア　夢を見終わり、ぼんやりした状態。
イ　迷いがなくなり、集中した状態。
ウ　眠気が吹《ふ》き飛んで、よく見える状態。
エ　高ぶりがなく、おちついた状態。

問二　――線部②「そっけない口調」とありますが、その説明として最もふさわしいものを選び、記号で答えなさい。
ア　ほめられたのにばかにされたと感じたので、高飛車な態度を示している。
イ　ほめられたのに早く帰りたくて急いでいるから、無視したい気持ちを示している。
ウ　ほめられたのに愛想のない返事をして、この話題に興味がないことを示している。
エ　ほめられたのにうれしくない口ぶりをすることで、信用していない気持ちを示している。

問三　――線部③「運動会も出たら出たで、いろいろある」とありますが、どういうことですか。最もふさわしいものを選び、記号で答えなさい。
ア　生まれて初めて六年生で運動会に出た私は走るのが遅くて不安だったが、思いがけず一位になった。高田君の子供っぽさは残念だったが、一人前に片付けもできたのでもうみんなへの引け目はないと感じたということ。
イ　初めて運動会に参加できた私は、当日まで落ち着いて過ごした。特別に思えた日を迎《むか》えたが、やっていることは実は練習と同じだと思ったり友だちのいつもとは違う面を発見したりして、何事も経験だと感じたということ。

な、とか、ママの言うとおりにしようとか、しないとか、わたしの気持ちなんて誰もわかんないんだ！　とか頭にきたりもした。でも、そのまましときなさい、ってマリア様は言う。そっか、いいのか、そのままにしといて……と大発見をした感じ。「大丈夫」っていう言葉より、それは全身にじーんときた。

がっかりしたままでいい……そのままにしときなさい。

もちろん呼吸はつらいけど、なんだかゆっくり休めた。学校に行っても、無理しないようにとか、考えるのをやめた。よくわからないまま必死で休んだところのノートを写すのも、やめた。ただ、⑤ぼんやり授業を聞いてみた。そしたら、みんなより遅れてるから授業がわからないんじゃなくて、たぶんわたしは算数が苦手なんだということがわかった。ママにそう話したら、学校の教科書とは違う、クイズみたいな算数の本を買ってきてくれた。それはとても面白《おもしろ》く読めた。クリスマスにはパパが、その曲が入ってるアルバムと、同じバンドの他のアルバムもくれて、二枚のCDを何度も何度も聴《き》いた。彼らが、ドリトル先生やパティントンと同じ国のミュージシャンだというのも、嬉しかった。音楽に興味を持ってから、本屋さんや図書館に行っても、今まで見なかった棚《たな》を見るようになった。岩崎《いわさき》さんに言わせれば、わたしも「オトナになった」のかもしれない。

六年生の三学期は、今までで一番学校を休まなかった。だったら遠慮《えんりょ》しないでアルバム委員も、やってみればよかったと思った。バレンタインデーには、自分で作ったココアクッキーを学校に持っていって、ノリちゃんと岩崎さんにあげた。二人ともすごくおいしいと喜んでくれた。ミッチーは高田くんとは「わかれた」そうで、違《ちが》う男の子にあげていたけど、今年は手作りじゃなくてトリュフという高級なチョコだとみんなに自慢《じまん》して見せていた。わたしが、

「トリュフって、豚《ぶた》が探すキノコだよね？」

思い出して言ったら、まわりの女子がみんな、どっと笑って、ミッチーは嫌《いや》な顔をしていた。バレンタインデーが終わると、みんなの話題は、「サイン帳、買った？」に変わった。わたしも、チェックの柄《がら》のサイン帳を買って、卒業式までに、みんなに書いてもらった。どれだけ多くのサインとメッセージを集められるかにかかってるから、あまり仲良くない子も「書いて」と来る。「じゃ、わたしのも書いて」と返せるから、わたしもけっこうな数のサインを集めた。でも、それに添《そ》えられているメッセージは、

『佐野さんへ　中学では、もっと学校にきてね！』

『佐野さんへ　元気で学校に来れるといいね』

『佐野さんへ　病気なおるといいね』

『佐野さんへ　学校に来いよ！』

ほとんどがこんな感じだった……。最後まで、わたしはそういう人で「佐野さん」のままだったな、とサイン帳をながめて、⑥がっかりした。がっかりしたまま、卒業式の日になった。まあ休まなかっただけ、幸せだと思わなきゃいけない。

講堂で校長先生から代表の人が卒業証書をもらって、みんなで一組の教室に戻ってくると、二宮先生が一人一人に声をかけながら、卒業アルバムと卒業証書を手渡していった。

「佐野実花さん」

わたしは呼ばれて前に出た。スーツを着ていつもよりやせて見える先

「だいじょうぶ。明日は出るから、運動会に」聞こえないと思うけど、わたしは小さく返した。

C その夜は、疲《つか》れたのか、ぐっすりと眠《ねむ》れた。

そしてついに、生まれて初めて、六年生で！　わたしは運動会に出た！　ハードル走では、遅《おそ》いグループではあったけれど、前を走ってた人がコケて、わたしが一位になってしまった。パパとママは、わたしよりも嬉しそうだった。だって二人とも生まれて初めて、子供の運動会の応援に来れたのだから。でも、D わたしの率直な感想は、観客が多いだけでリハーサルとあまり変わらない、だった。ただ「運動会の本番だ」と、誰《だれ》もが思っているだけ。それが違《ちが》いのような気がした。足が速い高田くんは、ほとんどの競技で一位になって、そのたびに女子がさわいで、足の悪い三井くんは、体操服は着ていたけれど先生と一緒にテントの下でほとんど見学していて、光樹くんは、かったるそうに一番最後にゴールラインをまたいでいた。

ふだん学校ではしっかりしてる子が、お父さんやお母さんと一緒にいると違って見えるのもおもしろかった。高田くんのお母さんは、お姉さんみたいに若くて美人で驚《おどろ》いたけど、高田くんが「ママ、ママっ！　早く来てっ」と、お母さんのことを呼ぶのを見ちゃったら、もう次のバレンタインデーで悩《なや》むことはないなと思った。

③運動会も出たら出たで、いろいろある。

それがわかった。出てみないと、それもわからないから、やはり出れてよかった。終わって、グラウンドに出した椅子《いす》や机をみんなと一緒に教室に戻《もど》しながら、そう思った。

運動会の後には、続いて合唱祭という行事があったけれど、さすがに疲《つか》れが出たのか、発作《ほっさ》が起きてしまった。

けれど、すごい「出会い」があった！

音楽の先生が合唱祭のために選んだ曲の一つに、わたしは④夢中になってしまったのだ。本以外で、こんなにすごいと思うものは今までなかった。合唱用に編曲されているけれど、イギリスのとても有名なバンドの曲で、古い曲だけどすごく有名だよ、とパパも言っていた。合唱では英語のままで歌ったけれど、日本語に訳した歌詞を読んだとき、物語を読んでじわっときてしまうように胸が熱くなった。最初は低く静かに始まり、さびのところで高い音になるけどずっとやさしくて、教会の音楽みたいな、すこし悲しいけど温かい気持ちになるメロディーに、ショックを受けるような詩がのっかっていた。

**そのままにしときなさい。**

神様がそんなことを言うなんて！　信じられなかった。歌詞の中でそう言うのはマリア様だ。うちは仏教だけど、イエスキリストを産んだのがマリア様だってことぐらいは知ってる。昔の絵や、教会にある像を見れば、やさしいお母さんみたいな神様だ。神様は、ああしなさい、こうしなさい、今の自分を変えなさい、って言うものだと思っていた。「なにもするな」と言う神様がいるなんて、びっくり。“Let it be”「ほっときなさい」「あるがままに」っていう意味だと、辞書にも出てる。

そのままでいいの？　わたしも？

発作が起きて合唱祭には出れなかったけれど、あまりつらいと思わなかった。いつもは、早く治さなきゃと思って、明日は元気になるかなと毎晩願って、よくなってないといらいらした。なにがいけなかったのかめられたからって、べつに嬉《うれ》しくもないけれど。最後の運動会がもうすぐだもんね」

「その調子で気をつけて過ごしなさい。最後の運動会だね」

「うん。もし出れたら、最初で、最後の運動会だね」

去年よりがんばってないぶん、どこか①冷めているわたしがいた。

そして、明日は運動会！　という日が今年も来た。リハーサルでは、低学年の誘導《ゆうどう》をしたり、当日はタイムの記録や音響《おんきょう》もまかされるから、六年生は先生と同じぐらいに準備で忙《いそが》しかった。さすがにその日は、お稽古《けいこ》だからと先に帰る人もいなくて、「最後だから、思い出になる運動会にしようね！」と盛りあがって、みんな遅《おそ》くまで残っていた。光樹くんも、応援幕《おうえんまく》にアニメのキャラクターを描《か》いて、最後まで色を塗《ぬ》っていた。

久しぶりに帰り道が一緒《いっしょ》になったので、バスの中でわたしは光樹くんに話しかけた。

「Aああいうの描くのも上手なんだね」

「あんなのは簡単だよ。写すだけだから」

彼は返したけど、②そっけない口調だった。わたしもそれ以上は話しかけなかった。わたしたちが降りるバス停が近づいてきて、光樹くんがブザーを押《お》した。降りるとすっかり暗くなっていて、バイバイも言わないで、自分の家へと歩き出した光樹くんを、わたしは呼び止めた。

「光樹くん！」

彼はびっくりしたようにふりむいた。

「あのさ、今さらだけど、去年はポンポンを届けてくれて、ありがとう」

なんのことかわかってないようだった。

「去年の運動会の日に、応援ダンスで使った白のポンポン、届けてくれたよね」

ああ、と光樹くんは思い出したみたいだ。笑っているような困っているようなゆがんだ表情なのが暗くてもわかった。一年前の自分がやったことを恥《は》ずかしく思ったのかもしれない。あのあといろいろあって彼も「オトナ」になったから、思い出したくないのかなと思った。すると、彼は言った。

「さわって、みたかったんだ」

えっ？　とわたしは聞き返した。

「あの、フワフワにさ。実はおれも作ってみたかったんだ。クシで細かく裂《さ》いてくのとか見てて、面白そうで」

「B……あ、そう」

「どうなってるかわかったから、家で作ってみたよ。うまくできたし。言うなよ、人に」

光樹くんは真面目な顔をしていた。わたしは、うん、とうなずいた。

まさか、彼がポンポンを作りたかったなんて……わたしの想像をはるかに超《こ》えていた。そして光樹くんはチラッとわたしを見て、つぶやいた。

「……あいつにやるのも、もったいないし」

わたしは彼を見つめた。さわってみたかったし、ミッチーにあげたくもなかった。どちらもウソではないだろう。

「じゃ、明日」

と、光樹君は手をあげた。

「うん、明日」

「明日は、オレなんも届けないから。クロネコヤマトじゃないから」

光樹くんは背を向けて行ってしまった。

いる。

ウ　Aは印刷技術によって布教がより広範囲に行われるようになれば、聖職者も石の寺院にいれば良いわけではなくなることをいい、Bはデジタル革命によって知識人たちの学問が時代遅れになることをいっている。

エ　Aは印刷技術によって本が安くなれば、聖職者が話す内容も平凡《へいぼん》になっていくことをいい、Bはデジタル革命によって知識人が新しい専門的な知識を身に付けなければならなくなることをいっている。

問三　――線部③「はしくれ」の意味として最もふさわしいものを選び、記号で答えなさい。

ア　その部類の先輩としてはリーダー格である者、という誇《ほこ》らしさの表現。

イ　その部類の一員になるために常に勉強し続けたい、という意志を込めた表現。

ウ　その部類の仲間であるふりをしているよそ者、という遠回しの表現。

エ　その部類に一応所属している大したことはない者、という謙《けん》そんの表現。

問四　空らん（④）にあてはまる文として最もふさわしいものを選び、記号で答えなさい。

ア　それは、言い切れないんだ　イ　それは、本当なんだ

ウ　それは、場合によるんだ　エ　それは、自分次第なんだ

問五　――線部⑤「『花』」の例にならって、「具体的なもの」と「抽象的なもの」の関係になるものを一組自分で考え、わかりやすく答えなさい。（ただし「花」「バラ」「ユリ」「チューリップ」は使ってはいけません）

問六　――線部⑥「文字は人間を自由にする」の意味として最もふさわしいものを選び、記号で答えなさい。

ア　人間は、経験したことがらに名前を付け文字にすることで、未来に向けて歴史を残したり、離《はな》れたところにいる人とも意思を通じ合わせたりできるようになるということ。

イ　人間は、ひとつひとつの物事や気持ちなどを文字で特定のことばに表し、それをたくさん集めることによって物事の神秘を好きなだけ学べるということ。

ウ　人間は、言語という他の動物とは異なる伝達手段を手に入れたので、文化圏《けん》ごとに異なる文字を発明し、これまで知らなかった新しい物事を理解するようになるということ。

エ　人間は、個別の物事から共通する性質を取り出し、ことばで表すことによって、世界を広く高度な思考でとらえる力を持てるようになるということ。

二　次の文章を読んで、あとの問いに答えなさい。

夏休みが終わった学校では、じきに運動会の練習が始まった。

「体調悪いので、見学していいですか?」

何度か体育の先生にそう言って、わたしは元気でも授業を二回に一度は見学にした。具合が悪くなる夜は、いらいらしてご飯やお菓子《かし》を食べ過ぎることもわかってきて、そういうときは、あまり食べないで早く寝るようにもした。ママは「自己管理ができている」とわたしを褒《ほ》めた。褒

なる。つまり、一般的な「読解能力」がアップしたということだ。

それだけじゃなく、「花」ということばを使って文章を作って自分の考えを表現したり、「花」という概念をめぐって考えてみることもできるようになります。だから、「読む」力というのは、ことばを通して、「書く」力や「考える」力につながっているんだ。

なぜそんなことが可能なのかというと、ことばというのが、ただひとつの具体的なものを指すのではなくて、抽象的なものを表すものだからだ。「花」ということばは、バラもユリもチューリップもすべて、その意味のなかに含《ふく》んでいます。それだけじゃなく、実際にそこに咲いているバラや、あっちに活《い》けてあるユリも、「花」ということばで表すことができます。

ことば以外のものには、この力はありません。たとえば、映像と比べてみよう。テレビに花の映像が映し出されている場合、別に辞書を調べなくても、その映像が示したいものは見ればわかります。でも、それはつねにどこかの庭や公園に咲いている、ある特定の花を表しています。「このピンクのチューリップ」だったり、「その白いユリ」というふうにね。いま映っているピンクのチューリップを、あの赤いバラを表すのに使うことはできない。映像というのは、それをいくらたくさん見ても、個々の具体的な「事例」についての知識が増えるだけで、一般的な「映像能力」みたいなのをアップさせることはできないんだ。だから、映像だけでは、ことばのように自由に思考を組み立てることはできない。

本を読んで、自由に使いこなせることばの数や表現の種類を増やしていけば、思考する力や世界を理解する力を高めることができる、という考え方には、だから十分な理由があると僕は思う。そういう意味で、「⑥文字は人間を自由にする」というのは正しい、と考えているんだ。

（石田英敬『自分と未来のつくり方』より）

※大伽藍…寺院の大きな建て物。

問一 ——線部①「テレビを見て過ごす時間と、本を読んで過ごす時間というのは、意識の成り立ち方が違う」とありますが、その「違い」を説明したものとして最もふさわしいものを選び、記号で答えなさい。

ア 将来のために能動的に意識を動かす姿勢を身につけられるかどうかという違い。

イ 意識がこま切れになっても限られた自分の時間を守れるかどうかという違い。

ウ 自分の意識を動かして外部と関わることができるかどうかという違い。

エ 画面から流れてくる他者の声を聞き取る力を身につけられるかどうかという違い。

問二 ——線部②－A、Bに「コレがアレを殺す」とありますが、これらについて説明したものとして最もふさわしいものを選び、記号で答えなさい。

ア Aは印刷技術によって本が多く出回るようになれば、聖職者にのみ読解できた秘密が共有されてしまうことをいい、Bはデジタル革命で誰もが自由に自分の考えを発信できるようになることをいっている。

イ Aは印刷技術によって本を読める人が増えれば、聖職者がそれまで果たしてきた役割が失われていくおそれがあることをいい、Bはデジタル革命の中で活字文化が存在価値を失っていくことをいってとも言うべきノートルダム寺院を殺すことになる、ということです。つまり、それまで教会に代表される石の建造物によって支えられていた信仰の中世が終わって、活版《かっぱん》印刷術によって多くの人が手にすることが可能になった本がつくり出す近代文明がはじまる――そういう文明の交代を象徴《しょうちょう》的に表現しているシーンだというわけですね。

そして彼がメランコリックだったのは、それが、彼の属する聖職者たちの世界の崩壊《ほうかい》を意味するからです。それまでは、聖職者たちが、本（写《しゃ》本《ほん》）を読み、字の読めない民衆を導いてきた。しかし、活版による印刷技術の登場によって、誰もが聖書や本を読み、知識を得る可能性が開けてきたんだ。

僕たちが考えてきたアナログ・メディア革命、あるいはその次にやってきたデジタル・メディア革命というのは、おそらくグーテンベルクの活版印刷術がもたらした革命に匹敵《ひってき》する、あるいはそれ以上のものです。つまり、中世が近代に変わるくらいの変化を文明に引き起こしつつあるということだね。

そして、そうした変化が起きようとするとき、『ノートルダム・ド・パリ』の副司教のように、それに対して後ろ向きの態度をとる人が出てきます。これは自戒《じかい》の念を込めて言うのだけど、それはたいてい、僕のような東大の先生だったり、この本を出版しようとしている岩波書店のようなインテリ向けの出版社やその読者だったり、ときには君たちの通う学校の先生だったり、もしかして君たちの教育熱心で学歴の高い親御《おやご》さんだったり、そして、きっと、『モモ』を書いた作者のエンデのような人たちなんだ。

なぜなら、彼ら知識人というのは――僕も一応その③はしくれなんだけど――、「活字文化」の人だからです。現代のこのメディア革命の時代のなかにあって、彼らは、『ノートルダム・ド・パリ』のなかの聖職者にたとえられる存在だ。

「現代の僧侶《そうりょ》」である知識人たちは、②―Bコレがアレを殺すんじゃないか、という危惧《きぐ》を抱《いだ》いている。つまり、iPhone や iPad が、活字本や新聞を殺してしまわないかっていうことだ。そこにはもちろん、映画やテレビやアニメやネットのような「テクノロジーの文字」がつくるようなものよりも、活字文化のほうがレベルが高い、という前提がある。だからネットやケータイに夢中になるやつはおかしいんじゃないかとか、テレビばっかり見てるやつはダメなんじゃないかとか、思いがちなわけですね。

では、彼らの考えは、時代遅《おく》れで間違ったものなんだろうか。

彼らが本を重視するのは、本は人間を自由にする、より高度な本を読むほどより自由に考える力をもつ人間になれる、と考えているからです。そして、僕の考えでは、（ ④ ）。

物事を考えるには、まず考える対象を抽象《ちゅうしょう》化し、概念《がいねん》としてとらえることができないといけないのだけど、それをするのは「ことば」のはたらきです。そして、「ことば」の力を育ててくれるものが、本なんだ。

夏目漱石《なつめそうせき》を読んでいて、なにか知らないことばに出会ったとしよう。たとえば仮に⑤「花」だとする。実際は、もっと難しいことばだろうから、最初は辞書を引く必要があるかもしれない。でも僕たちは、一度「花」という新しいことばを覚えれば、夏目漱石のその作品がよりよく読めるようになるだけじゃなく、次に漱石の別の作品や森鷗外《もりおうがい》や志賀直哉《しがなおや》に、「花」ということばが出てきたとしてもその意味を理解できるように

【国　語】〈五〇分〉　〈満点：一〇〇点〉

※答えはすべて解答用紙に記入すること。
※選たく問題はすべて記号で答えなさい。
※字数制限のあるものは、句読点および記号も一字とする。

一　次の文章を読んで、あとの問いに答えなさい。

　テクノロジーの文字を読まされて過ごす時間と、活字を読んで過ごす時間とは、いったいどこが違《ちが》うんだろうか。

　一度テレビを見はじめると、僕《ぼく》たちの意識はテレビの映像に向かって、ずっと駆動《くどう》しつづけます。僕たちが気がつかないところで、つぎつぎと「小さな現在」を奪《うば》われているからだ。これは、自分で意識を動かそうとしなくても、受動《じゅどう》的・自動的に意識がつくられていくということです。ただ、これは、見たり聞いたりという知覚のレベルでのことで、意志のレベルでの「受け身」とは同じではないということも確認しておこう。

　一方、本を読むときは、自分で意識を動かしていかなければ読み進めることができません。それをやめてしまうと、本は進んでくれない。

　本を読むときは、たとえ音読《おんどく》しなくても、頭のなかで自然と声に出して読んでいるよね。僕はそれを「意識の声」と呼んでいます。自分で意識をはたらかせたときに聞こえてくる声だからね。君が読んでいる文章はもちろん作者が書いたものだから、そこに書かれているのはたしかに作者の声だ。でも、それを読むには、君の力を必要とする。だからその声は半分は君の声でもあります。この声が聞こえるとき、つまり読んだり書いたりしているときというのは、君自身が、自分のことばの活動を活性化させ、意識をはたらかせているということなんだ。だけど、テレビを見ているときに聞こえるのは、きっとタレントや司会者の声で、そこに君の声はないよね。

　こんなふうに、①テレビを見て過ごす時間と、本を読んで過ごす時間というのは、意識の成り立ち方が違うということがわかってもらえたかな。

　ところで、みんなは、ビクトル・ユーゴーって知っていますか？『レ・ミゼラブル』（『ああ無情』）っていう長編小説で有名な、一九世紀のフランスの文豪《ぶんごう》であり、政治家でもあった人です。『レ・ミゼラブル』の小説は読んだことがなくても、ミュージカルやアニメにもなっているから、だいたいのお話は知っているんじゃないかな。

　そのユーゴーに、もうひとつ『ノートルダム・ド・パリ』という、一五世紀のパリを舞台《ぶたい》にした有名な長編小説があります。日本では『ノートルダムのせむし男』という題でも知られていて、こちらもミュージカルや映画、ディズニー・アニメ（『ノートルダムの鐘《かね》』）になっています。

　この作品のなかに、「コレがアレを殺す」っていう不思議なタイトルの章があります。そしてその前後には、ノートルダム寺院の副司教を務めるクロード・フロロという人物が、ニュルンベルクで印刷されたばかりのグーテンベルクの活字本とノートルダム寺院の石の※大伽藍《だいがらん》とを見比べながら、「②―Aコレがアレを殺すことになろう」って、メランコリックに（物憂《ものう》げに）つぶやく有名な場面が描《えが》かれています。

　彼が言おうとしたのは、「コレ」――当時グーテンベルクが発明したばかりの活字本が、「アレ」――中世の信仰《しんこう》の世界を支えてきた「石の書物」

# 解答用紙集

○月×日　△曜日　天気（合格日和）

◆ご利用のみなさまへ
＊解答用紙の公表を行っていない学校につきましては、弊社の責任において、解答用紙を制作いたしました。
＊編集上の理由により一部縮小掲載した解答用紙がございます。
＊編集上の理由により一部実物と異なる形式の解答用紙がございます。

人間の最も偉大な力とは、その一番の弱点を克服したところから
生まれてくるものである。――カール・ヒルティ――

東京学参株式会社

# ◇算数◇

※ 133%に拡大していただくと，解答欄は実物大になります。

【1】

| | | | |
|---|---|---|---|
| (1) | | (2) | |

【2】

| | | | |
|---|---|---|---|
| (1) | % | (2) | 通り |
| (3) | cm | | |

【3】

| | | | |
|---|---|---|---|
| (1) | 個 | (2) | 個 |
| (3) | 個 | | |

【4】

| | | | |
|---|---|---|---|
| (1) | 円 | (2) | 円 |
| (3) | 個 | | |

【5】

| | | | |
|---|---|---|---|
| (1) | 分　秒 | (2) | 分　秒 |
| (3) | 分　秒 | | |

【6】

| | | | |
|---|---|---|---|
| (1) | 通り | (2) | 通り |
| (3) | 通り | | |

【7】

| | | | |
|---|---|---|---|
| (1) | | (2) | mL |
| (3) | 秒間 | | |

山手学院中学校　2024年度　◇理科◇

※ 132％に拡大していただくと，解答欄は実物大になります。

【1】

| (1) | | (2) | | (3) | |
|---|---|---|---|---|---|
| (4) | | (5) | | (6) | | (7) | |

【2】

| (1) | | (2) | 秒速　　km |
|---|---|---|---|

| (3) | ① | ② | ③ | ④ |
|---|---|---|---|---|
| | ⑤ | | | |

| (4) | | (5) | |
|---|---|---|---|

【3】

| (1) | | (2) | | (3) | |
|---|---|---|---|---|---|
| (4) | | (5) | | (6) | | (7) | |

【4】

| (1) | | (2) | |
|---|---|---|---|

| (3) | 番号　－　記号 | (4) | | (5) | |
|---|---|---|---|---|---|

| (6) | | (7) | 鏡A | 鏡B |
|---|---|---|---|---|

# 山手学院中学校　2024年度　◇社会◇

※ 149％に拡大していただくと，解答欄は実物大になります。

【1】

| 問1 | 問2 | 問3 | 問4 | 問5 | | |
|---|---|---|---|---|---|---|
| | | | | | | 市 |

| 問6 |
|---|
| |

| 問7 | 問8 | | |
|---|---|---|---|
| | | | |

| 問9 ① |
|---|
| |

| 問9 ② | 問10 | 問11 | 問12 | 問13 |
|---|---|---|---|---|
| | 川 | | | |

| 問14 |
|---|
| |

【2】

| 問1 (1) | 問1 (2) | 問1 (3) | 問1 (4) | 問1 (5) | 問2 ① |
|---|---|---|---|---|---|
| | | | | | |

| 問2 ② | | | | 問3 | | | | | 問4 |
|---|---|---|---|---|---|---|---|---|---|
| | | | | | | | | | |

| 問5 |
|---|
| しくみになった。 |

| 問6 名称 | 問6 場所 | 問7 | 問8 | 問9 |
|---|---|---|---|---|
| | | | | |

| 問10 | | | | | | | | 問11 | 問12 |
|---|---|---|---|---|---|---|---|---|---|
| | | | | | | | | | |

| 問13 | 問14 | 問15 3番目 | 問15 5番目 |
|---|---|---|---|
| | | 班 | 班 |

【3】

| 問1 | | | | | | | 問2 ① |
|---|---|---|---|---|---|---|---|
| | | | | | | | |

| 問2 ② |
|---|
| |

| 問2 ③ | 問3 | 問4 | 問5 ① | | | |
|---|---|---|---|---|---|---|
| | | | | | | から墓場まで |

| 問5 ② | 問6 | 問7 ① | 問7 ② | | | | | |
|---|---|---|---|---|---|---|---|---|
| | | | | | | | | デザイン |

◇国語◇

山手学院中学校　２０２４年度

※１３０%に拡大していただくと、解答欄は実物大になります。

一

問一　問二　問三

問四　→　→　→　→

問五　問六

問七　ア　イ　ウ　エ

問八

問九　（1）　（2）　（3）　20　40　60

二

問一　①　②　③

問二

問三　問四　問五　問六

問七

問八　20　40　60

問九　問十

三

①　く

②　③　④

⑤　⑥　⑦　⑧

⑨　⑩

山手学院中学校　2023年度

◇算数◇

※ 133%に拡大していただくと，解答欄は実物大になります。

【1】

| | | | |
|---|---|---|---|
| (1) | | (2) | |

【2】

| | | | |
|---|---|---|---|
| (1) | 回目 | (2) | 度 |
| (3) | $cm^2$ | | |

【3】

| | | | |
|---|---|---|---|
| (1) | 個 | (2) | 個 |
| (3) | 個 | | |

【4】

| | | | |
|---|---|---|---|
| (1) | $cm^2$ | (2) | $cm^2$ |
| (3) | BF : FD = 　　　： | | |

【5】

| | | | |
|---|---|---|---|
| (1) | 番目 | (2) | |
| (3) | | | |

【6】

| | | | |
|---|---|---|---|
| (1) | 午前　　　時　　　分 | (2) | |
| (3) | 分　　　秒後 | | |

【7】

| | | | |
|---|---|---|---|
| (1) | A：　　通り，B：　　通り，C：　　通り，O：　　通り | | |
| (2) | 通り | (3) | 通り |

山手学院中学校　2023年度

# ◇理科◇

※ 132％に拡大していただくと，解答欄は実物大になります。

【1】

| | |
|---|---|
| (1) | |

| | | | | |
|---|---|---|---|---|
| (2) | ① | ② | ③ | ④ |

| | | | |
|---|---|---|---|
| (3) | | (4) | |

| | | |
|---|---|---|
| (5) | ①　　点 | ②　　点 |

【2】

| | | | | | |
|---|---|---|---|---|---|
| (1) | | (2) | | (3) | |
| (4) | | (5) | | (6) | |

【3】

| | | |
|---|---|---|
| (1) | A | ウ |

| | | | | | | |
|---|---|---|---|---|---|---|
| (2) | | | | | | |

| | | | | | |
|---|---|---|---|---|---|
| (3) | ① | ② | ③ | (4) | |

(5)

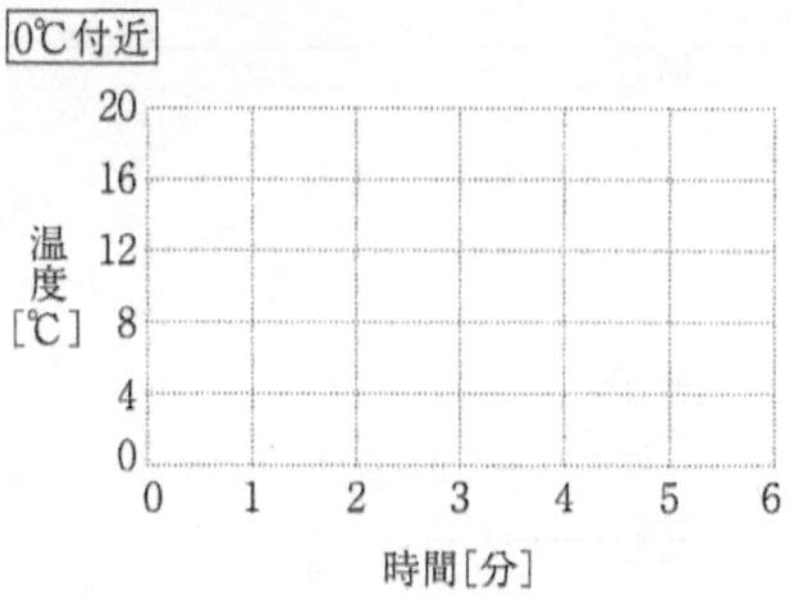


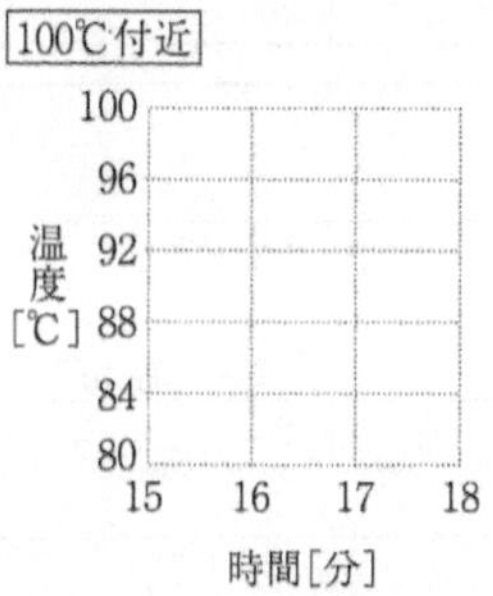


| | |
|---|---|
| (6) | |

【4】

| | | | | | |
|---|---|---|---|---|---|
| (1) | g | (2) | cm | (3) | cm |
| (4) | cm | (5) | cm | (6) | cm |

山手学院中学校　2023年度　◇社会◇

※ 143％に拡大していただくと，解答欄は実物大になります。

【1】

| 問1 | | | | 問2 |
|---|---|---|---|---|
| (1) | (2) | (3) | (4) | |
| | | | | |

| 問3 | 問4 | | 問5 |
|---|---|---|---|
| | B | C | |
| | | | |

| 問6 | | 問7 | 問8 |
|---|---|---|---|
| | 政策 | 平野 | |

| 問9 |
|---|
| |

| 問10 |
|---|
| |

【2】

| 問1 | | | 問2 | 問3 |
|---|---|---|---|---|
| X | Y | Z | | |
| | | | | |

| 問4 | 問5 | 問6 | 問7 | 問8 |
|---|---|---|---|---|
| | | | | |

| 問9 | 問10 | 問11 | 問12 | 問13 |
|---|---|---|---|---|
| | | | | |

| 問14 | 問15 | 問16 |
|---|---|---|
| | | |

| 問17 |
|---|
| 1つ目 |
| 2つ目 |

| 問18 | 問19 | 問20 |
|---|---|---|
| | | |

【3】

| 問1 | 問2 | 問3 |
|---|---|---|
| | | |

| 問4 | | 問5 | |
|---|---|---|---|
| ① | ② | ① | ② |
| か国 | | | |

| 問6 | | 問7 | 問8 | |
|---|---|---|---|---|
| A | B | | C | D |
| | | | | |

2023年度 山手学院中学校

# ◇国語◇

※128%に拡大していただくと、解答欄は実物大になります。

## 一

問一

問二

問三

問四 (1)

(2)

問五

問六

問七 (1)

(2)

(3)

問八 A

B

問九

問十 A

B

## 二

問一

ことを頼んだ。

問二

問三 A

B

問四

問五

問六

問七 (1)

(2)

(3)

## 三

①

②

③ く

④

⑤

⑥

⑦

⑧

⑨

⑩

山手学院中学校　2022年度　◇算数◇

※ 135％に拡大していただくと，解答欄は実物大になります。

【1】

| | | | |
|---|---|---|---|
| (1) | | (2) | |

【2】

| | | | |
|---|---|---|---|
| (1) | m | (2) | 円 |
| (3) | 通り | | |

【3】

| | | | |
|---|---|---|---|
| (1) | % | (2) | g |
| (3) | g | | |

【4】

| | | | |
|---|---|---|---|
| (1) | 人 | (2) | 人 |
| (3) | か所 | | |

【5】

| | | | |
|---|---|---|---|
| (1) | ア | | イ |
| (2) | 時速　km | (3) | km |

【6】

| | | | |
|---|---|---|---|
| (1) | $cm^3$ | (2) | A：B =　： |
| (3) | $cm^3$ | | |

【7】

| | | | |
|---|---|---|---|
| (1) | 個 | (2) | 個 |
| (3) | 個 | | |

# 山手学院中学校　2022年度　◇理科◇

※ 133％に拡大していただくと，解答欄は実物大になります。

【1】

| | | | |
|---|---|---|---|
| (1) | | (2) | |
| (3) | | (4) | |
| (5) | X | Y | Z |
| (6) | トンボ | モンシロチョウ | |
| (7) | A | B | C |

【2】

| | | | | | |
|---|---|---|---|---|---|
| (1) | 万km | (2) | | (3) | |
| (4) | | (5) | | (6) | |
| (7) | ° | | | | |

【3】

| | | | | | |
|---|---|---|---|---|---|
| (1) | | (2) | | (3) | g |
| (4) | % | (5) | ① | ② | g |
| (6) | g | | | | |

【4】

| | | | | | |
|---|---|---|---|---|---|
| (1) | と | (2) | と | (3) | |
| (4) | 秒 | (5) | 秒 | | |

# 山手学院中学校　2022年度　　◇社会◇

※ 147％に拡大していただくと，解答欄は実物大になります。

【1】

| 問1 | 問2 | | | 問3 | 問4 | |
|---|---|---|---|---|---|---|
| | ① | ② | ③ | | ①（ア） | ①（イ） |
| | | | | | 海流 | 海流 |

| 問4 |
|---|
| ② |
| 特徴 |
| 理由 |

| 問5 | | |
|---|---|---|
| ①（ア） | ①（イ） | ② |
| 川 | 川 | |

| 問5 | 問6 |
|---|---|
| ③ | |
| 役割 | |

【2】

| 問1 | 問2 | 問3 | 問4 | 問5 |
|---|---|---|---|---|
| 遺跡 | | | | |

| 問6 | 問7 | 問8 | 問9 | 問10 | 問11 |
|---|---|---|---|---|---|
| | | | | | |

| 問12 | 問13 | 問14 | 問15 |
|---|---|---|---|
| → → → | | | |

| 問16 | | | | | | | | | |
|---|---|---|---|---|---|---|---|---|---|
| | | | | | | | | | |
| | | | | | | | | | |
| | | | | | | | | | 30 |
| | | | | | | | | | |

| 問17 | 問18 | 問19 | 問20 |
|---|---|---|---|
| | | | |

【3】

| 問1 | 問2 | 問3 |
|---|---|---|
| | | |

| 問4 | |
|---|---|
| ① | ② |
| | 法 |

| 問5 | | | 問6 | |
|---|---|---|---|---|
| （1） | （2） | （3） | ① | ② |
| | | | | |

◇国語◇

山手学院中学校　２０２２年度

※１３０％に拡大していただくと、解答欄は実物大になります。

一

問一　問二　問三

問四　問五　問六

問七（35）

問八　問九　問十

二

問一　問二　問三　問四

問五　問六　問七

問八　（１）（35）ところ

（２）

三

①　②　③　④

⑤　⑥　む　⑦　⑧

⑨　⑩

MEMO

大切なことはメモしておこうネ！

# MEMO

大切なことはメモしておこうネ！

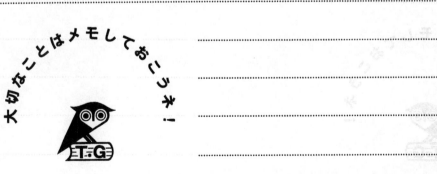

MEMO

大切なことはメモしておこうネ！

MEMO

大切なことはメモしておこうネ！

MEMO

大切なことはメモしておこうネ！

MEMO

大切なことはメモしておこうネ！

T.G

## 〈ダウンロードコンテンツについて〉

本問題集のダウンロードコンテンツ、弊社ホームページで配信しております。現在ご利用いただけるのは「2025年度受験用」に対応したもので、**2025年3月末日**までダウンロード可能です。弊社ホームページにアクセスの上、ご利用ください。
※配信期間が終了いたしますと、ご利用いただけませんのでご了承ください。

中学別入試過去問題シリーズ
**山手学院中学校　2025年度**
ISBN978-4-8141-3198-3

[発行所] 東京学参株式会社
〒153-0043　東京都目黒区東山2-6-4

書籍の内容についてのお問い合わせは右のQRコードから　⇒

※書籍の内容についてのお電話でのお問い合わせ、本書の内容を超えたご質問には対応できませんのでご了承ください。



2024年6月28日　初版